텍스트중심 번역학

텍스트중심 번역학

Text-based Translation Studies

이재원·조신 지음

한국문화사

서문

 번역이 하나의 학문 내지는 과학으로 논의되기 시작한 것은 기껏해야 수십 년 안팎이지만 그러한 시작을 위한 노력은 수천 년간 지속되었다. 그래서 우여곡절을 겪어 왔던 번역학에 대하여 이야기한다는 것은 결코 쉬운 일은 아니다. 그러나 한 가지 분명한 것은 번역학의 이야기는 '무엇을 번역해야 하는가'라는 질문과 궤를 같이했다는 것이다. 기존의 번역이론에서는 번역을 통해 '소리', '의미', '형태', '메시지', '형식', '의도' 등이 옮겨진다고 하는데, 여기에 덧붙여서 우리들은 번역에서 '텍스트', 좀 더 구체적으로 말하면 '텍스트성'이 옮겨진다고 과감하게 번역을 정의하고 번역학의 이야기를 펼친다. 여러분들은 『텍스트중심 번역학』을 통해 '텍스트로서의 번역'이 무엇인지 알 수 있으리라고 믿는다. 이 책을 저술하면서 많은 저자들을 차용했다. 쿤, 페어메어/라이스, 스넬-혼비, 슈톨체, 쿠스마울, 먼데이, 노이베르트/쉬리브, 김욱동, 안정효, 곽성희, 정혜용 … 이들께서 우리들의 차용을 당신들에 대한 오마주로 받아들여 줬으면 하는 바람이다.

 출판을 앞두고 자신의 부족함과 불완전성을 인정하던 석학들의 문구가 결코 겸양의 미덕만은 아니었음을 절감하게 되었다. 이제 종아리를 걷고 스승 앞에 선 제자의 심정으로 여러분들의 매서운 회초리를 기다리면서, 평생 그런 부족함과 불완전성을 보완하고 채워 나갈 각오를 세운다. 끝으로 이 책을 출판하는 데 정성을 기울여 주신 한국문화사 조정흠 부장님과 유동근 대리님을 비롯하여 편집부 여러분께 감사의 뜻을 전한다.

이재원 · 조신

목차

서문　5

머리말　9

1장　출발텍스트, 도착텍스트, 번역자　13

2장　과학으로서의 번역학　16

3장　텍스트중심 번역 이전사　22

4장　텍스트중심 번역의 발상　28

5장　기능주의 번역이론에서 텍스트중심 번역의 흔적　46

6장　스코포스 이론에서 텍스트중심 번역의 흔적　65

7장　텍스트중심 번역　84

8장　나가기　251

부록 1　Benjamin의 번역개념:
　　　　「번역자의 과제 Die Aufgabe des Übersetzers」를 중심으로　255

부록 2　정보성중심 번역:
　　　　한강의 『소년이 온다』의 영어본, 독일어본, 그리고 중국어본을 중심으로　283

참고문헌　306

머리말

번역은 텍스트와 관련 있고, 잘된 번역은 텍스트중심 번역이다. 언어에서 가장 중요한 것이 의사소통이라면, 의사소통은 오로지 텍스트에서만 실현되기 때문이다. 또한 번역이 의사소통과 관련 있다는 것은, 번역된 텍스트가 언어 간의 의사소통 수단의 역할을 하기 때문이다. 텍스트는 의사소통의 기본 단위이다. 언어와 달리 텍스트는 실제적인 현실태이다. 텍스트는 일곱 가지 텍스트성으로 이루어진 하나의 현실태를 의미하는데[1], "번역이 시원찮다"는 것은 이러한 텍스트성중심 번역이 제대로 이루어지지 않았음을 의미한다. "투박한", "매끄럽지 못한", "서투른", "미비한", "어색한", "부자연스러운" 등의 수식어를 가진 번역투나 심하면 오역 같은 경우가 바로 번역에서 텍스트성중심 번역을 염두에 두지 않았기 때문에 생기는 결과이다.

한자어 "飜譯"은 "옮기다", "통역하다", "뜻을 풀다" 등으로 해석되기 때문에 번역은 "어떤 언어로 된 글을 다른 언어의 글로 옮긴다" 정도로 이해된다. 이쯤에서 도대체 "무엇이 옮겨지는가"에 대한 대답은 지금까지 있어 왔던 여러 가지 번역이론과 관련 있다. 이를 테면, 번역을 통해 "소리", "의미", "형태", "메시지", "형식", "의도" 등이 옮겨진다는 것이다. 여기에 덧붙여서 우리들은 번역에서 "텍스트성"이 옮겨진다고 과감하게 번역을 정의한다.

의사소통의 차원에서 언어를 본다면, 번역에서 텍스트성중심 번역이 추

---

[1] 텍스트와 텍스트성 개념에 대해서는 본서의 8장을 참조할 것.

구되는 것이 당연하다. 왜냐하면 의사소통이라는 개념 속에 이미 텍스트 개념이 포함되어 있기 때문이다. 우리는 낱말이나 문장으로 소통하는 것이 아니라 텍스트로 소통한다. 수술 시에 의사가 간호사에게 "가위!" 또는 "실!"이라고 외치는 짧은 소리도 하나의 낱말이나 문장이 아닌 텍스트이기 때문이다.[2] 낱말이나 문장은 번역될 수 없다. 번역되는 것은 오로지 텍스트이다. 보통의 경우 번역자는 출발텍스트를 받아들고 곧바로 처음부터 번역을 시작하지 않는다. 출발텍스트의 제목과 목차뿐만 아니라 전체적인 내용까지 읽고서 해당 텍스트의 유형과 문체 등을 고려한 후 낱말 대 낱말의 초벌 번역 내지는 문장 대 문장 번역을 할 터이고, 이어서 의미 번역을 지나서 최종적으로 텍스트중심 번역에 몰두할 것이다.

기능주의 번역학파의 큰 축인 쿠스마울이 쿼크의 어법인 "의사소통 쪽으로 완전히 돌아섰네요"라는 말에 자신이 번역학의 "의사소통적 전환"(쿠스마울 2012: 14)에 들어서 있음을 직감했듯이, 우리들의 번역학도 그런 연장선상에 있다. 무엇보다도 텍스트중심 번역학은 텍스트언어학에 바탕을 두고 있으며, 텍스트언어학은 의사소통을 근저에 깔고 있기 때문이다. 언어를 의사소통 수단으로 바라보는 관점과 번역이 의사소통과 관련 있다는 관점은 두 언어 사이의 번역이 가능하다는 것을 의미한다[3]. 왜냐하면 "의사소

---

2 텍스트언어학이 본격적으로 출발하기보다 더 이른 시기에 독일의 언어학자 포르찌히는 『언어의 경이(Das Wunder der Sprache)』(1950/1975)라는 걸출 난 저서에서 다음과 같이 "한 낱말 레데(텍스트)"에 대해서 구체적으로 제시하고 있다: "더 이상 분절되지 않는 레데들이 있다. 이러한 레데들은 단 하나의 형태로 구성되어 있고, 아주 분명한 상황에서 발화되고, 대화 상대방으로 하여금 일정한 반응을 불러일으킨다. 이를 테면, 정지!, 들어와!, 조심해!, 도와주세요!, 아웃!, 끝났니? 그리고 수술 시에 외과 의사가 가위!, 솜!, 바늘! […] 이러한 레데들은 상이한 과제를 가지고 있다. 이러한 레데들은 요구하고, 전달하고, 묻고, 입장을 취한다. 그러나 이러한 레데들은 언제나 상황 내에서, 무엇을 요구하고, 무엇을 전달하고, 무엇에 대해서 묻고, 어떤 의미에서 입장을 취하는지, 충분할 정도로 분명하게 말한다." (포르찌히 1950/1975: 109).

3 노이베르트/쉬리브에게 있어서도 번역은 의사소통과 밀접한 관련이 있다: "번역자는 구체적

통"과 "보편적"이라는 개념은 서로 깊은 관련이 있기 때문이다. 그러나 라이프치히 학파에 속하는 노이베르트, 카데, 예거 등이 표어로 내걸었던 등가성(Äquivalenz) 또는 불변성(Invarianz)이 출발텍스트중심 번역이론이고, 구조의미론에 토대를 둔 나이다의 형식적 등가(formale Äquivalenz)와 역동적 등가(dynamische Äquivalenz)의 개념이 도착텍스트중심 번역이라면, 우리들의 텍스트중심 번역학은 출발텍스트와 도착텍스트를 동등하게 고려하는 번역이다. 그래서 뉴마크의 번역모델이 출발텍스트를 이해한 번역자가 이해된 내용을 도착텍스트로 옮기는 데 있어서 사용된 다양한 번역방식을 의미론적 번역의 대척점에 위치시켰지만(뉴마크 1988: 45 참조), 우리들의 텍스트중심 번역은 출발텍스트중심 번역과 도착텍스트중심 번역의 중간쯤에 존재한다.

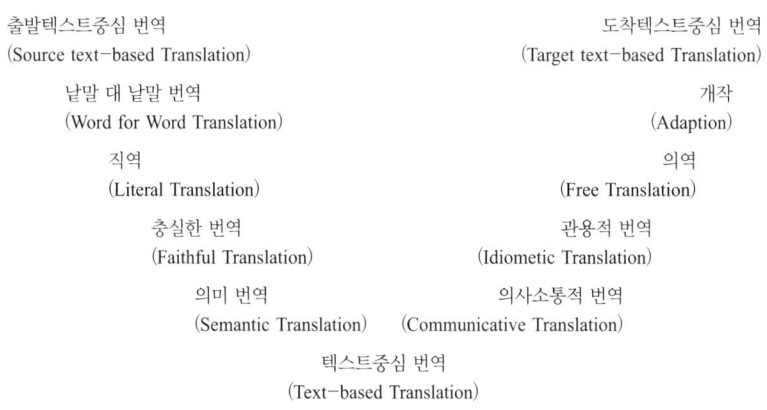

⟨표 1⟩ 텍스트중심 번역의 위치

인 상호작용 환경 내에서 번역 능력을 활용한다. 번역은 연설이나 다른 언어사용 사례와 마찬가지로 항상 의사소통 내에 내포되어 있다. 번역 실무는 의사소통 맥락과 이 의사소통 맥락이 번역 과정의 핵심인 의사결정에 미치는 영향을 설명하지 않고는 연구될 수 없는 의사소통 맥락이다." (노이베르트/쉬리브 2000/2013: 63).

페어메어의 "출발텍스트는 폐위되었다"라는 번역연구에서의 혁명적인 구절은 바르트의 에세이 "저자의 죽음(La mort de l'auteur)"(1968/1984)과도 궤를 같이 한다. 이것은 말 그대로 전통적으로 중요시되어 왔던 텍스트생산자인 저자가 사라졌음을 의미한다. 비평가들에게 저자가 어디서 태어나서 어떤 삶을 살아 왔는지는 텍스트분석에서 무척이나 중요한 자질이었지만 이제 그러한 저자의 행적은 해석자에게 그리 중요하지 않다는 것이다. 작품을 시작하고 마무리했던 저자는 이제 현대 예술에서 사라졌고, 그 대신 많은 것은 독자의 몫이 되었다. 이러한 출발텍스트 신화의 몰락은 데리다의 해체주의 번역과도 관련을 맺는다. 사실 따지고 보면 원전도 하나의 번역이나 마찬가지이다. 벤야민의 명민한 주장을 빌려 오면 그러하다는 것이다: "어떤 사기그릇의 파편이 다시 합쳐져서 하나의 그릇이 되기 위해서는 가장 미세한 파편의 부분들이 하나하나 이어져야 하는 것처럼 (비록 그 파편들이 서로 닮을 필요는 없지만), 번역도 이와 마찬가지로 원문의 의미를 비슷하게 하는 대신에 애정을 가지고 또 그 세부에 이르기까지 원문의 표현방식과 온축을 자기 고유의 언어 속에 동화시켜서, 원문과 번역의 양자가 마치 사기그릇의 파편이 사기그릇의 일부를 이루듯 보다 큰 언어의 파편으로 인식될 수 있도록 하지 않으면 안 된다." (벤야민 1972/1983: 329).

1장 출발텍스트, 도착텍스트, 번역자

번역행위에서 중요한 세 개의 정항은 "번역하는 사람(또는 기계)"과 "번역되는 텍스트(원문)" 그리고 "번역된 텍스트(번역문)"이다. 예전부터 이에 대한 다양한 명칭들이 전해져 내려오는데, 정호정(2007)은 번역하는 사람을 칭하는 네 가지 용어를 구분한다: "역자", "번역자", "번역사", "번역가". 이외에도 독일어권에서는 "통역자(Dolmetscher)", "언어중개자(Sprachmittler)", "모방자(Nachahmer)", "개작자(Nachdichter)", "모방자(Nachempfinder)", "표절자(Plagiator)", "해석자(Interpreter)", "해석자(Ausleger)", "변조자(Fälscher)", "해석자(Exeget)", "주해자(Glossator)", "해설자(Kommentator)", "해의자(Paraphrast)", "독일어로의 번역자(Verdeutscher)" 등이 있다. (스둔 1967: 10 이하 참조). 번역되는 텍스트를 가리키는 명칭으로는 "출발어", "출발언어", "원천언어", "원어" 그리고 "SL(source language)"이 있고, 이외에도 정호정(2007)의 연구에는 등장하지 않았지만 "원작", "원전", "원본", "고유텍스트" 그리고 "ST(source text)"도 있다. 마지막으로 번역된 텍스트, 즉 번역 결과물로서의 텍스트에 대한 명칭은 다음과 같다: "번역본", "번역문", "번역텍스트", "도착문", "도착텍스트", "도착어텍스트", "목표텍스트", "목표언어텍스트", "TT(target text)". (정호정 2007: 4 이하 참조). 이 외에도 이에 대한 용어로서 독일어권에서는 "등가물(Äquivalent)", "행간번역본(Interlinearversion)", "모사(Abbild)", "복사본(Duplikat)", "모사품(Reproduktion)", "대용(Ersatz)", "해의본(Paraphrase)", "정의본(Übertragung)", "개작본(Nachdichtung)", "복사본(Wiedergabe)", "해석본(Auslegung)", "해석본(Interpretation)", "위조품(Falsifikat)", "복사본(Kopie)", "모사품(Konterfei)", "영상(Spiegelbild)", "대용품(Surrogat)", "모방(Klische)", "형판(Schablone)", "변형(Variation)", "음역(Transkription)", "패러디(Parodie)", "트라베스(Travestie)", "윤회(Metempsychose)", "풍자화(Karikatur)" 등이 있다. (스둔 1967: 11 이하 참조). 이러한 다양한 용어들 중에서 번역되는 텍스트에 대한 명칭인 "원전", "원작", "원본", "ST(source text)", "고유텍스트"를 우리들이 채택하지 않는 이유는 어떤 텍스트도 아무것도 없는 무에서 시작하지 않기 때문이다. 즉 상호텍스트적 관련을 가지지 않는 텍스트가 존재하기 어렵다는 고려가 이 개념을 포기하게 만든다. 번역되는 텍스트도 이미 있었던 텍스트를 옮겨 쓰거나 바꿔 쓰거나 비판하여 새롭게 쓴 것이라는 대목은 크리스테바의 상호텍스트성 개념을 떠올리게 하지만, 어쨌든 그러한 주장은 가능하다. 나머지 용어 중에서 "출발어"도 "출발언어"의 준말이라 간주되므로 제외한다. 이제 남아 있는 것은 "출발언어"인데, "언어"를 번역한다는 것은 "언어" 속에 담겨 있는 중의적인 의미, 즉 체계중심 언어학에서의 "언어"와 언어사용중심에서의 "언어"의 차이점이 있다는 사실에서 유추히면, 통상적으로 번역이라고 칭하는 것은 후자와 관련 있다. 그래서 번역이 담지한 "실현된"이라는 핵심 의미자질을 고려해서 "출발언어"도 텍스트중심 번역체계에서 제외된다. 그래서 우리들은 "원천"이라는 중립적이지 않은 술어를 배재하고 "출발"이라는 은유 표현과 언어가 아닌 텍스트가 번역된다는 이유를 내세워 번역되어야 하는 텍스트를 "출발텍스트"라고 칭한다. 그렇다면 "출발텍스트"와 어울리는 상대개념은 "도착텍스트"가 될 것이다. 번역하는 주체를 칭하는 용어로서 "역자" 또한 "번역자"의 준말임을 고려해서 제외하면 "번역자", "번역사", "번역가"로 대별된다. 이때 중요한 차이는 접미사 "-자(者)", "-사(士)", "-가(家)"의 구분일 터인데, 이에 대해 정호정(2007)은 해당되는 용어사용의 적절성에 대해서 다음과 같이 주장하고 있다: "업무규정(job description)상의 고유 업무로서가 아니라 부수적인 업무로서, 혹은 외국어 학습과 같은 목적으로 전문적이고 직업적인 자격이 아닌 사람이 번역을 하는 경우에는 해당 텍스트의 '번역자'로, 전문적 훈련과정을 거쳐 고유업무로 직업적으로 번역하는 경우를 '번역사'로, 직업적 훈련 여부에 관계없이 번역에 매우 능하며 결과적으로 사회적 합의에 의해 일정 수준이상의 번역능력을 가진 것으로 인정받는 경우는 '번역가'로 세분하는 방안도 검토할 수 있다." (정호정 2007: 14). 우리들은 이러한 정호정(2007)의 견해에 어느 정도 동의하며, 텍스트성중심 이론이 직업으로서의 "번역사"나 일가를 이룬 사람으로서의 "번역가"만을 위한 것이 아니기 때문에 "번역자"를 번역하는 사람을 칭하는 술어로 정한다.

2장 과학으로서의 번역학

모든 학문들이 그러하듯 번역연구도 과학의 한 자리를 차지하려고 노력하고 있다. 그럼으로써 번역을 하나의 독립적인 "학(문)"으로 자리매김하고 이 분야에 대한 학문적 위상 정립을 위하여 명민한 과학사가인 쿤을 끌어들이는 것이 그리 낯설지는 않다. 1992년 오스트리아 빈에서 열린 번역학 대회의 기조강연에서 페어메어도 쿤을 언급한 적이 있다.

그러나 진보란 무엇인가? 과학에서 진보는 불확실한 개념이다. 나는 세 가지 진보가 있다고 생각한다. 하나는 새로운 생각이나 시각으로 곧장 건너뛰는 것으로, 쿤(1970)이 패러다임 변화라고 지칭한 극단적인 경우다. 다른 하나는 '소요적인(peripatetic)' 소용돌이로, 정도의 차이는 있으나 여러 번의 반복 후 원점으로부터 벗어선다. 마지막은 완벽한 원으로, 명백히 현재 진행형 이동은 있지만 같은 질문으로 돌아오는 특성을 갖는다. 그리고 원은 여러 개가 나란히 있어 각각 다른 시작점과 도착점을 가지고 있다는 사실 또한 별로 위안이 되지 못한다. 추가로 네 번째 형태의 진보도 있는 것 같다. 네 번째 유형은 지그재그로 움직이며 급속하게 전진하나 동시에 원을 그리며 돌고 무의미한 반복으로 많은 에너지를 낭비하지만, 결국에는 원점에서 어느 정도 거리가 떨어져서 결론을 내는 형태다. (페어메어 1994: 3 이하).

그러나 자세히 살펴보면 이것은 쿤의 독특한 이론인 과학의 진보 개념과 관련된 언급이고, 그가 말한 "진보 논의"는 번역학의 위상을 정립하기 위해서 관심을 가져야 하는 "학문의 자율성" 내지 "독자적인 학문" 개념과는 크게 상관없어 보인다. 물론 학문에 있어서 진보 개념의 정립도 중요하지만, 우선적으로 학문의 진보 이전에 어떤 연구분야가 하나의 자율학문(쿤의 용어를 빌리면 "정상과학")으로 간주될 수 있는가가 중요하다. 쿤은 자신의 주저 『과학혁명의 구조(The Structure of Science Revolutions)』(1962/1999)의 제4장 "수수께끼 풀이로서의 정상과학(Normal Science as Puzzle-Solving)"에서 정상과학의 문제들을 수수께끼 풀이에 비유한다.

> '수수께끼(puzzle)' 그리고 '수수께끼 푸는 사람(puzzle-solver)'이란 용어들은 앞의 단락에서 점진적으로 뚜렷해졌던 주제들의 몇 가지를 강조시킨다. 수수께끼는 여기에서 적용된 완전한 표준적 의미로서, 풀이에서의 탁월성이나 풀이 기술을 시험하는 구실을 할 수 있는 문제들의 특이한 범주를 말한다. 사전적 설명으로 '조각그림 맞추기(jigsaw puzzle)'와 '글자 맞추기 수수께끼(crossword puzzle)'이고, 이것들은 여기서 우리가 구별해야 하는 정상과학의 문제들과 공통된다는 것이 특징이다. (쿤 1962/1999: 63).

쿤의 견해에 기대서 추정해 보면, 번역에 관한 수수께끼 풀이방식이 없었던 고대 그리스·로마 시대는 번역이 하나의 자율학문으로서의 과학이 되지 못했던 시대 즉, 수수께끼 풀이방식을 장착한 패러다임이 존재하지 않았던 시기라고 할 수 있다. "범례" 또는 "어형 변화표"에서 유래한 패러다임 개념이 쿤에게 있어 중요한 이유는, 그가 패러다임을 "어느 일정한 시기에 전문가 집단에게 모형 문제와 풀이를 제공하는 보편적으로 인식된 과학적 성취들"(쿤 1962/1999: 13)이라고 간주하기 때문이다. 쿤의 과학 개념과 더불어 언어연구를 현대적 의미의 "과학"의 반열에 올렸다고 칭송받는 20세기 초의 소쉬르에게 있어서도 언어연구의 과학화는 중요하다. 그가 자신의 주저 『일반언어학 강의(Grundfragen der allgemeinen Sprachwissenschaft)』(1915/1967)의 첫 머리에 "언어현상과 관련 있는 과학(die Wissenschaft, welche sich auf die sprachlichen Erscheinungen bezieht)"(소쉬르 1915/1967: 1)을 들먹이면서 당시까지의 언어연구의 세 흐름이었던 고대 그리스·로마 시대에 호구지책에서 자유로운 자유민이 배워야 했던 수사학(rhetorica)과 동일한 심급에 있었던 문법(grammatica), 알렉산드리아 학파에서 출발했던 문헌학(Philologie) 그리고 봅에 의해서 시작된 비교문법(Vergleichende Grammatik)은 자신만의 연구방식을 취하지 않았고, 혹시라도 어떤 연구방식이 있다손 치더라도 자신만의 연구방식으로는 미흡했다며 신랄하게 비판하고 있는 것을 보면 알 수 있다. (소쉬르 1915/1967: 1 참조). 소쉬르에게 있어서 하나의 연구분야가 과학이 되려면, "연구대상을 바라보는 공정한 관점"이 존재해야 하고, "연구대상에 대한 순수한 관찰"이 필요하고, "연구대상의 본질을 추출"해야 하고, 이러한 토대로 해서 최종적으로 과학적 방법론이 생겨난다는 것이다. (소쉬르 1915/1967: 5 이하, 이재원 2017: 63 이하 참조). 이것은 장하석의 『과학, 철학을 민나다』(2015/2022)에서 과학철학 논쟁의 첫 질문들에 해당되는 중요한 부분이다: "과학은 어떻게 해서 그토록 훌륭한 성과를 얻을 수 있는가? 과학적 방법이란 무엇인가?" (장하석 2015/2022: 6). 이러한 쿤의 패러다임 개념과 소쉬르의 과학 개념은 번역학을 하나의 자율적이고 독립적인 학문으로 정착시키고 싶은 우리들의 노력과 밀접한 연관성을 가진다.

2000년도에 들어와서 파리통역대학원에서 있었던 번역학학술대회의 테마가 "동일성, 타자성, 등가: 관계로서의 번역(Identité, alterité, équivalence la traduction comme relation)"이었는데, 그 자리에서 라드미랄과 체스트만 사이에 번역의 과학성에 대한 다음과 같은 논쟁이 벌어졌다. 거시적으로 보면, 이 또한 번역을 과학에 포함시키기 위한 노력의 일환으로 간주할 수 있다.

> 라드미랄: […] 발표자의 연구목표는 번역학에 과학성을 부여하는 것인 듯합니다. 그게 첫 번째 느낌이고 두 번째는 발표자가 선택한 방법론은 후기 포퍼적 방법론이라는 점입니다. 세 번째로 발표자께서는 번역사의 머릿속에서 일어나는 현상 혹은 출발텍스트와 도착텍스트 간에서 발생하는 차이를 더 잘 이해하는 것이 번역학의 궁극적인 목적이라고 보고 계신 듯합니다. 이것은 물론 우리 모두가 완전히 부정하기는 어려운 점입니다. 하지만 번역이라는 인지적 행위를 단번에 설명해 내겠다는 것이 발표자의 입장이라면, 저는 그보다도 좀 더 소박한 목표를 상정하고 싶습니다. […] 설명적 가설을 제시하는 것보다는 번역학을 통해서 몇몇 담화이론가나 사회학자들이 '치유적 담론'이라 명명한 측면을 바라보자는 것입니다. […]
>
> 체스트만: […] 라드미랄 교수는 과학성이라는 말을 부정적인 것으로 생각하시는 듯합니다. 그렇다면 과학성이라는 말 대신 학문적 엄밀성이라는 말을 사용하기로 합시다. 우리는 모두 번역학이 엄격한 학문으로 자리 잡기를 기대하고 있습니다. 매번 해석이 달라지는 모호한 가설이나 검증 불가능한 개념들을 선호하지 않습니다. 이런 것들은 별로 유용하지 않기 때문입니다. 그리고 질문자께서 저의 저서 『번역의 밈(The Memes of Translation)』을 읽으셨다면 능히 짐작할 수 있으시겠지만, 저는 후기 포퍼

주의자라는 점을 스스로 시인합니다. 그렇지만 포퍼는 신이 아니므로 비판의 대상이 되어야 한다는 점도 인정합니다. 어쨌든 포퍼는 제가 엄격한 사고체계를 갖추는 데 많은 도움이 된 것은 사실입니다. (이스라엘 2004: 51 이하, 윤성우/이향 2009: 117 이하에서 재인용).

번역학이 경시되지 않기 위해서는 이제부터 번역학은 자율성을 가져야 하고, 번역학은 자율적이어야 한다. 그래서 다음과 같은 김지원(2004)의 주장은 번역학이 도구적 성격만 띠게 될 경우 발생하는 문제에 대한 통렬한 반성을 보여주고 있다: "번역학이 뒤늦게 출발한 가장 큰 원인은 외국어 교육자들이 번역을 교육과정상의 필수 도구로만 인정하고 그에 대한 독자적 연구를 병행하려 하지 않았기 때문이다. 번역과 관련하여 우리의 인식 속에 오랫동안 고착화된 오류가 하나 있다. 그것은 번역과정에서 두 언어 간에 표면적 의미를 간직하고, 원천언어의 구조를 가능한 한 유지하되 목표언어 구조를 심하게 왜곡시키지 않으면 된다는 생각이다. 오랜 번역의 역사에서 번역자의 지위가 대체로 낮게 평가되어 온 것도 따지고 보면 번역의 개념이 이렇게 좁은 범위로 한정된 때문이다. 이러한 번역관에 따르면 번역은 종속적이고 파생적인 기술일 따름이다. 그 때문에 번역작은 원작에 비해 현저히 경시되기 마련이다. 이처럼 번역의 가치에 대한 평가절하는 번역작에 요구되는 기대치가 낮아지는 결과를 초래했다. 번역의 성격에 대한 이 같은 오해는 번역의 낮은 위상에 일조했으며, 번역의 중요성이나 어려움은 제대로 파악되지 못했다." (김지원 2004: 57).

번역학은 "학제적(interdiscipline) 학문이다"라고 지칭되곤 하는데, 이는 지금까지 두 가지 모습을 지닌 번역학을 일컫는 표현이다. 학제적의 두 가지 모습은 긍정과 부정의 모습이다. 어떤 학문을 "학제적"이라고 칭하면, 그 학문의 연구영역이 폭넓고 다양해서 세상의 모든 이치들을 포함하는 포괄적이고 종합적이라는 것이 전자의 모습이고, 반면에 자율적이고 독립적인 연구방법론이 미비하여 이미 군건하게 하나의 학문으로 자리한 이웃 학문들의 연구방법론이나 연구분야에 기댄다는 것이 바로 후자와 관련 있다. 학제적 학문으로서의 번역학이 가진 이러한 문제에 대한 고민의 흔적들은 이미 있어 왔다. 윤성우/이향(2009)은 번역학이 가진 연구방법과 연구영역의 모호함을 다음과 같이 지적했기 때문이다.

> 흔히 번역학을 '학제적 학문'이라고 한다. […] 그런데 번역학을 굳이 하나의 학문 범주로 정리해 내지 못하고, '학제적 학문'으로 규정하려하는 데에는 어쩌면 또 다른 이유가 있는 것은 아닌지 자문해 볼 필요가 있다. 번역학의 연구대상이 무엇이며 어느 범위까지를 포함하여야 하는지, 또한 우선적 연구과제는 무엇이며 어떠한 방식으로 연구해야 하는지에 관하여 여전히 충분한 논의가 이루어지지 못하고 있는 것이 사실이다. (윤성우/이향 2009: 111).

그렇지만 번역학이 수수께끼 풀이방식을 찾아내게 되면 상술된 고민과 우려는 말끔히 사라진다. 그것이 바로 텍스트중심 번역학이다.

3장 텍스트중심 번역 이전사

임의의 발화는 텍스트성이 충족되어야만 비로소 온전한 하나의 텍스트가 된다. (보그랑데/드레슬러 1981/2008: 6 참조). 그래서 우리들이 현실세계에서 마주치는 모든 온전한 텍스트에는 텍스트성이 내재되어 있다고 정의내릴 수 있다. 이제 번역자는 출발텍스트의 텍스트성과 도착텍스트의 텍스트성의 무게를 측정하고, 이 둘의 무게를 비슷하게 만드는 작업에 심혈을 기울여야 한다. 결국, 번역자는 도착텍스트의 텍스트성이 출발텍스트의 텍스트성과 같은 무게를 가지도록 도착텍스트의 텍스트성을 조탁한다[1].

하나의 독립되고 자율적인 학문으로서의 번역학의 역사는 오래되지 않았다. 그렇다고 해서 번역에 대한 관심이 예전부터 없었던 것은 아니다. 인

---

[1] 라이스/페어메어의 견해도 우리들의 텍스트중심 번역과 관련 있다: "통번역학은, 단일언어를 대상으로 하는 텍스트언어학과는 달리, 그저 단순히 텍스트들과 관련되어 있는 것이 아니라, 번역되(어야 하)는, 또는 번역된 텍스트들과 관련되어 있다. 따라서 (번역의 '재료'가 되는) 각 텍스트가 도착문화에서 어떤 지위를 가져야 하는지에 (또는 가질 수 있는지) 대해 결정하기 전에 그 텍스트가 출발문화에서 갖는 지위에 대해 분명히 하는 것이 중요하다." (라이스/페어메어 1985/2010: 187).

류의 역사는 번역의 역사와 함께했다는 다소 과장된 주장도 가능하다. 왜냐하면 인류의 역사에는 언제나 언어가 상이한 여러 민족 간의 소통이 있었고, 또한 그런 소통이 필요했기 때문이다.

> 인류에게 번역은 항상 지식과 지혜의 유일무이한 원천이었다. 번역은 타자성(otherness)을 이해하고 수용하기 위한 절실한 필요성에서 발생한다. 우리는 다른 사람이 알고 있는 것을 알고 싶어 하며 다른 사람들이 느끼는 바를 느끼고 싶어 한다. (노이베르트/쉬리브 2000/2013: 14).

그러므로 인류의 역사에 있어서 번역은 자연스러운 것이다[2]. "통번역사"를 의미하는 낱말의 기원도 오래전으로 거슬러 올라간다[3]. 아마도 바벨탑 이후부터는 어떤 방식으로든 통번역이 이루어져 왔을 것이므로 그 역사가 긴 것은 틀림없다. 그래서 번역의 역사가 바벨탑의 역사만큼이나 오래되었다는 주장도 그리 틀린 것은 아니다. 그러나 번역이 하나의 학문 내지는 과학으로 논의되기 시작한 것은 기껏해야 수십 년 안팎이다. 먼데이는 이에 대해 단 한 줄로 요약하고 있다: "번역의 역사는 길지만, 번역학의 역사는 짧다." (먼데이 2000/2006: 1). 번역은 바벨탑 이전의 시기인 언어(기호)가 언어외적 대상이나 사건들과 거의 동일시되던 아담의 언어 시절로 돌아가기 위한 몸부림 같은 것이다.

---

2 그러나 "원천텍스트는 복잡다단한 언어적, 텍스트적, 문화적 맥락 속에 뿌리를 두고 있다. 그 의미와 소통 의도, 그리고 해석의 효과는 그 환경 속에 자연스러운 관계에 의존한다. 텍스트를 자연스러운 환경에서 끄집어내어 이를 낯선 언어적, 문화적 배경 속에서 창조하는 일은 버거운 작업이다." (노이베르트/쉬리브 2000/2013: 12). 그러므로 번역은 부자연스러운 행위이기도 하다. 번역에는 자연스러움과 부자연스러움이라는 모순된 두 자질이 함께 들어 있다. 그래서 번역은 역설이다.
3 클루게/미츠카는 통번역사를 뜻하는 낱말 "Dolmetscher"의 어원이 기원전 1500년 전에 유래했음을 추정하기도 한다. (클루게/미츠카 1975: 137).

예로부터 기독교의 성경번역과 불교의 경전번역을 위해 많은 사람들의 노력이 있었다. 성경번역의 역사는 번역학사 중에서도 가장 찬란한 업적들을 자랑하는 분야이다. 구약성서가 가장 처음 완역된 것은 기원전 3세기경의 그리스어 번역본으로 추정된다. 서기 2세기경에 등장한 최초의 라틴어본은 그리스어본을 번역한 것인데, 이를 "불가타"라고 부르며 중세 로마교회의 성서로 채택된다. (쓰지 유미 2008: 32 참조). 현대에 들어와서 카쉴케는『성서: 많은 번역들. 평가를 위한 도움이 포함된 개관(Eine Bibel: viele Übersetzungen. Eine Überblick mit Hilfen zur Beurteilung)』(1998)에서 다섯 가지의 성경번역 유형에 대해서 언급했다: 1) 낱말 대 낱말 번역(Wort für Wort Übersetzung), 2) 축어적 번역(wörtliche Übersetzung), 3) 문헌학적 번역(philologische Übersetzung), 4) 의사소통적 번역(kommunikative Übersetzung), 5) 개작 번역(bearbeitende Übersetzung). (카쉴케 1998: 28 이하 참조).

역사상 최초의 번역 시대는 고대 그리스·로마 시대이다. 그리스의 많은 문화유산들이 라틴어로 번역되면서 로마 융성의 밑바탕이 된 것은 이미 잘 알려진 사실이다. 그런데 이러한 그리스·로마의 문화를 전한 것은 아랍문화권의 번역가들이었다. 유럽의 전통이 아랍어로 번역되고, 그것이 다시 르네상스 시대를 거쳐 유럽어로 재번역된 것이다. 수세기 동안 이루어 냈던 그리스 헬레니즘의 문화를 아랍인들은 번역을 통해 불과 수십 년 사이에 자신들의 것으로 체화시켰다. 그중에서 가장 중요한 것은 헬레니즘의 지적 유산을 아랍어로 번역한 것이다. 플라톤과 아리스토텔레스의 철학서, 히포크라테스와 갈레누스의 의학서, 아르키메데스와 유클리드의 자연과학과 관련된 서적, 그리고 프톨레마이오스의 천문학서 등 그 종류가 이루 말할 수 없다. (쓰지 유미 2008: 56 이하 참조). 그러나 그리스·로마 시대의 번역 개념은 현대의 번역과는 구분된다. 로마 시대의 유명한 코미디 작가였던 테렌티우스(B.C. 195-159)에 의하면, 고대 번역가들은 자신의 생각이나 이해와 맞아떨어진다면 출발텍스트의 내용을 부연설명을 통해 늘리거나 줄였고, 심지어 출발텍스트의 의미를 변경했다고 전해진다. (젤레 1995: 4 참조). 그럼에도 불구하고 "고대의 번역가는 현대의 번역가가 느끼고 있는 어려움과 유형상 거의 비슷한 난관에 처해 있다고 느꼈다. 즉 어휘상의 결함, 의미론적 등가물들의 존재, 서로 다른 언어체계, 번역이 불가능한 관용어, 상징과 메타포, 운율의 강조, 주석이 꼭 필요한 부분들 등등. 고대의 번역가가 텍스트를 완역할 때 이런 어려운 부분들을 종종 마음대로 뛰어넘기도 했지만, 그는 최소한 부분적으로나마 여러 다양한 해결방법을 찾아냈다." (젤레 1995: 17). 이러한 사실은 고대의 번역가들도 개별언어마다 언어외적 세계를 분절하는 고유한 방식이 있고, 그러한 방식들을 일대일로 대응시키는 것이 여간 어렵지 않다는 것을 어렴풋이 알고 있었음을 방증한다.

번역에 대한 관심이 오래전부터 있어 왔음에도 불구하고 번역학이 하나의 독자적이고 자율적인 학문으로 자리 잡은 것은 그리 오래되지 않았다. 학문으로서의 번역연구의 역사는 기껏해야 60여년 남짓이다. (먼데이 2000/2006: 3 참조). 네덜란드에서 활동했던 미국인 학자 홈스는 번역연구를 "번역학(Translation Studies)"이라고 명명했다. 여기서는 그가 번역학을 "번역현상 및 번역에 관련된 복합적 문제들을 연구하는 학문"(홈스 1988/2000: 173)으로 규정했다는 사실이 중요하다. 덧붙여서 홈즈는 번역학의 목적을 "첫째 번역과정과 번역현상을 있는 그대로 기술하는 것이며, 둘째 번역현상을 설명하고 예측할 수 있는 일반 원리를 정립하는 것"(홈스 1988/2000: 177)에 두었고, 우리들은 홈스의 "일반 원리의 정립"이라는 개념이 번역학의 자율성과 밀접한 관련을 갖는 것으로 간주하고, 따라서 그가 현대 번역학의 초석을 놓는 데 큰 기여가 있었음을 인정한다[4].

『번역학: 통합적 접근(Translation Studies: An Integrated Approach)』에서 스넬-혼비는 "번역학을 독립적인 학문으로 보아야 한다는 요구가 […] 지난 몇 년간 여러 학자들에 의해 제기되었음"(스넬-혼비 1988/1995)을 피력했으며, 그 저서의 개정 증보판 서문에서 번역학을 "독립적인 학문으로서 놀라운 성장을 이룩한 번역학"(스넬-혼비 1988/1995)이라고 평가했다. 또한 그는 『번역학 발전사(The Turn of Translation Studies)』(2006/2010)의 서문에서 자신의 "통합적 접근법"이 바라던 목적을 달성했다고 자부했다: "『번역학: 통합적 접근』을 저술한 1980년대 중반까지만 해도 번역학을 언어학 혹은 문학 둘 중의 하나에 속하는 연구로 보는 시각이 만연했다. 그래서 필자[스넬-혼비]는 '통합적 접근법'을 통해 기존에 양분되어 있던 접근법을 넘어서려고 노력했고 궁극적으로는 번역학을 하나의 독립된 학문으로 제시하고자 했다. 그 저술에 대한 반응으로 판단하건대 바라던 목적을 달성했다고 생각한다." (스넬-혼비 2006/2010: 10). 여기서 우리들에게는 "독립적"이라는 표현이 중요한데, 이것은 번역이 외국어 교육이나 외국어 학습에 활용되는 "수단의 방식"을 취하지 않고, 번역 자체를 위한 이론, 즉 "번역의 자율성"이나 번역 자체가 목적이 되는 하나의 틀을 세우기 위한 여러 가지 새로운 시도가 수행됐음을 의미하기 때문이다. 또한 "통합적"이라는 개념도 중요한데, 그 낱말이 의미하는 바가 문학번역만을 제외한 번역만이 과학적 대상이 될 수 있음에 한탄하며 그것마저 포함하는 하나의 거시

---

[4] 홈스의 이러한 논의는 1972년도에 저술한 논문 「번역학의 성격과 이름(The name and nature of translation studies)」에 자세히 실려 있다. 이보다 몇 년 후인 1978년에 르페브르도 "번역학"이라는 명칭을 루뱅학술대회 발표 논문집에서 제안했다: "1978년에 르페브르는 문학과 번역에 관한 1976년도 루뱅학술대회 발표 논문집에 붙인 짧은 부록에서 한 가지를 제안하였는바, 그것은 '번역작을 생산하고 서술하는 과정에서 제기되는 문제들'을 다루는 학문으로서 번역학이라는 명칭을 채택하자는 것이었다." (바스넷 1991: 1).

적 번역이론을 세우려는 자신의 야심찬 목표가 그 낱말에 담겨 있음을 알 수 있다: "지난 2000년간 진행되어 온 번역에 대한 이론적 논의는 예술작품의 번역에만 국한되어 있었으며, 반면 새로이 성립된 번역학(Translation Science, 혹은 Translatology)에서는 문학번역을 배제한 번역만이 소위 과학적 접근의 대상이 될 수 있는 것으로 간주하고, 이에 국한되어 왔다."(스넬-혼비 1988/1995: 1).

번역학의 "학문적 느낌"을 좀 더 보완하고 강화하기 위해서 본서에서는 – 과학사학자 쿤의 용어를 빌린 – 또 하나의 "수수께끼 풀이방식"을 제안하는데, 그것은 바로 "텍스트중심 번역", 좀 더 구체적으로 말하면 "텍스트성중심 번역" 개념이다. 이러한 번역 개념은 1960-70년대에 행해졌던 문법-번역식 교육이나 문학번역과는 조금 거리가 있는데, 텍스트중심 번역은 번역연구에서 있어 왔던 편파적이고 단편적인 번역학적 지식보다도 연구 전체를 아우르는 패러다임적 성격을 띤다. 윌스, 콜러, 카데 그리고 노이베르트와 같은 독일어권 번역이론가들이 이와 관련된 다양한 연구방식을 구축하며 이론 정립을 모색해 왔기 때문에 텍스트중심 번역이 아주 생소한 것은 아니다. 본서에서는 번역학 분야의 연구들을 단순히 스케치하는 것으로 만족하지 않는다. 우리들의 목표는 번역학의 새로운 패러다임을 정립하는 데 있다. 번역이 "초벌구이 도자기"(박여성 2000: 59)처럼 보이지 않기 위해서이다.

4장   텍스트중심 번역의 발상

번역연구에 우선적으로는 낱말 대 낱말 번역, 문장 대 문장 번역, 의미 대 의미 번역에서 어떤 것을 취해야 하는가는 언제나 큰 논쟁거리였다. 특히 성서나 불경과 같은 종교적 경전번역에 있어서 성자의 성스러운 말을 함부로 바꿔서는 안 된다는 경향이 강했다[1]. 이것이 바로 낱말 대 낱말 번역이 우위를 점했던 이유였다. 또한 이런 방식의 번역은 폭넓게 음역(trans-

---

1   벤야민은 20세기 초반에 활동했던 유대계 독일인 문예비평가이다. 그는 「번역자의 과제(Die Aufgabe des Übersetzers)」(1923/1983)라는 유대 신비주의 사상에 깃든 번역과 관련된 글을 쓰게 되는데, 그가 주장하는 행간번역은 성서번역과 관련이 깊다: "진정한 번역은 원문의 전체를 다 포괄하지도 않고, 자체의 조명을 통해 원문의 조명을 방해하지도 않는다. 그것은 다만 순수한 언어가 마치 자신의 언어수단에 의해 보강되기라도 하는 것처럼 원문을 한층 더 밝게 조명해 줄 따름이다. 진정한 번역의 이러한 면은 무엇보다도 구문을 직역함으로써 이루어질 수 있는데, 왜냐하면 구문의 직역에서 번역가의 원초적 활동무대가 되는 것은 문장이 아니라 오히려 말이기 때문이다." (벤야민 1923/1983: 330). 그는 종교적 경전이라는 텍스트유형에 적합한 번역이 행간번역이라고 생각했을 수 있다. 왜냐하면 경전에 있어서는 신의 말씀이 행간번역으로 원문의 내용과 형식이 변하지 않고 그대로 전해져야 한다는 묵시적인 약속이 있었기 때문이다. 벤야민의 이러한 번역관이 텍스트종류 "성서"에만 국한되는 주장이라면 충분히 공감할 수 있다.

literation)이 사용되는 계기가 되었고, 이로 인해 이론적 배경이 없는 사람은 도착텍스트를 이해하기 어려웠다. (헝/폴라드 1997: 368 참조).

 고대 로마의 장군이자 걸출 난 웅변가였던 키케로는 고대 그리스의 웅변가였던 아에키네스와 데모스테네스의 웅변을 라틴어로 옮기면서 자신의 번역방식을 다음과 같이 고집했다.

> 나는 이들의 말을 해석자(interpreter)가 아닌 웅변가(orator)로서 번역하고자 하였다. 이들과 동일한 관념과 형태, 즉, 혹자가 '사고의 표현 방식(figures of thought)'이라 부를 수 있는 것을 취하되, 우리의 언어 용법에 맞추고자 하였다. 이 과정에서 이들의 말을 단어 대 단어로 옮겨야 할 필요를 느끼지 않았으며, 그 언어의 일반적 문체(general style)와 힘(force)을 보존코자 노력하였다. (키케로 1960: 364).

 수사학자를 뛰어넘어 번역가로서의 키케로의 위와 같은 언명을 우리들의 관심거리인 텍스트중심 번역과 관련을 지을 수 있는 것은 고대 그리스·로마의 "웅변"이 현대의 텍스트언어학의 장에서 말하는 "텍스트"와 깊은 연관성을 가지고 있기 때문이다. 그 연관성은 이재원의 「연설의 종류와 텍스트 종류」(2016)에서 찾을 수 있다.

> 고대 그리스의 교양 삼학(trivium) 안에 '훌륭하게 말하는 학문(ars bene dicendi)'인 수사학(ars rhetorica)과 '바르게 말하는 학문(ars rechte dicendi)'인 문법(ars grammatica)이 포함되어 있다고 했을 때, 이 문법을 언어학으로 간주하는 경우가 있었다. 그러나 현대에 들어와서 언어학의 주요 연구 동향이 텍스트언어학과 화용론 등으로 옮겨 갔다고 치면, 이때의 언어학은 '바르게 말하는 학문'에서 '훌륭하게 말하는 학문'으로 약간의 이동이 있었

음을 추정할 수 있다. 또는 – 칼페어캠퍼(2000: 14 참조)의 주장처럼 – '훌륭하게 말하는 학문'인 수사학과 '바르게 말하는 학문'인 문법학이 마주보고 있고, 이러한 문법학이 조금 더 확장되어 '바르게 텍스트를 생산하는 학문(ars rechte texendi)'인 텍스트문법론(Textgrammatik)이 되었고, 훗날에 수사학과 텍스트문법론이 합해져서 '텍스드를 생산하는 학문(ars texendi)'인 텍스트언어학이 생겨났다고 상정하는 것이다. (이재원 2016: 51).

또한 키케로는 그 당시까지 가장 권위적이었던 행간번역의 독단적 견해에서 벗어나 낱말 의미에 "충실한 번역(직역)"과 "자유스러운 번역(의역)"의 이분법적 번역방식을 도입했다. 현대적인 의미로 보아 그의 이론은 의역에 해당되며 영향상의 등가(Wirkungsäquivalent), 즉 텍스트수용자에게 미친 영향을 위주로 번역했다고 할 수 있다. 그러나 그는 자유스런 번역이론을 일관성 있게 주장한 것은 아니며 철학적 텍스트의 번역에는 축어역을 사용해야 한다고 주장했다. 키케로는 "번역자는 해설자로서 원문의 표현에 충실하든지 또는 연설자와 같이 그의 청중을 고려하든지 해야 한다(Not ut interpret sed ut orator)"는 견해를 피력했으며 수사적–문체론적 기능의 관점에서 사고와 형식 혹은 소위 예술적 형상을 당대의 습관에 꼭 맞는 언어로 번역하는 방식을 택했다. (슈톨체 2001/2016: 7 참조). 그러나 학문사에서 엄밀한 "과학" 개념을 구축했던 쿤의 방식으로 해석하자면, 그리스·로마 시대의 웅변은 하나의 패러다임이 형성되기 이전에 만들어진 하나의 연구경향 정도에 불과한 것이다. 이것은 마치 소크라테스 이전 철학자들의 철학적 논의가 패러다임의 결여로 인하여 하나의 학문으로 정착하지 못하고 담론으로만 머문 것과 유사한 이치이다. (장하석 2015/2022: 21 참조)[2].

---

[2] 이런 식의 과학과 비과학의 경계 짓기를 통칭하여 과학철학에서는 "구획문제(demarcation

로마 가톨릭 교회는 성서의 의미를 "정확히(correctly)" 옮겨야 한다는 입장을 취했는데, 그렇지 않은 번역가에게는 아주 혹독한 운명이 기다리고 있었다. 예를 들어, 프랑스의 인문학자 돌레는 플라톤의 대화 중 사후에 무엇이 존재하는지에 관한 부분을 번역하면서 "아무 것도 없다(rien du tout)"라는 구절을 첨가했는데, 그러한 연유로 돌레는 1546년 소르본 대학의 신학과 교수들로부터 화형을 선고받았다. (스넬–혼비 2006: 26 참조). 그러나 그가 죽음을 무릅쓰면서 "한 언어에서 다른 언어로 번역을 잘 하는 방법(La manière de bien traduire d'une langue en aultre)"에 대해 다음과 같이 고심했음에도 불구하고 본격적인 텍스트중심 번역 개념은 아직 등장하지 않았다.

- 번역자는 원문 저자가 전달하고자 하는 의미와 소재를 완벽하게 이해해야 한다. 단, 번역자는 의미가 불분명한 부분을 명확히 할 수 있다.
- 번역자는 출발언어와 도착언어에 대한 완벽한 지식을 가지고 있어 언어의 품격이 떨어지지 않도록 해야 한다.
- 번역자는 낱말 대 낱말 번역을 피해야 한다.
- 번역자는 라틴어적 표현 등의 일반적이지 않은 언어를 피해야 한다.
- 번역자는 어색한 표현이 나오지 않도록 능숙하게 단어들을 조합하고 연결해야 한다. (바스넷 1991: 54에서 재인용).

돌레는 "번역자는 의미가 불분명한 부분을 명확히 해야 함"을 위해서 낱말의 의미를 낱말 사용의 의미인 텍스트 의미로 이해해야 하고, "낱말 대 낱말의 번역을 피하기 위해서" 텍스트중심 번역을 해야 함을 암시하고는 있지만, 이에 대한 명확하고 구체적인 자료는 제시되지는 않았다.

---

problem/boundary problem)"라고 일컫는다. (장하석 2015/2022: 21 참조).

드디어 19세기에 접어들면서 번역을 하나의 학문으로 연구하려는 경향이 나타났다. 그 이유는 당시 신생대학이었던 베를린 훔볼트대학교 신학과 초대 학장이었던 슐라이어마허가 1814년에 출간된 에세이에서 다음과 같이 언급했기 때문이다: "요즘은 이론이 유행이지만 아직까지 탄탄한 기반 위에 세운 논리적이면서 완성도 높은 번역을 제시한 학자는 아무도 없다. 고작 단편적인 이론들만 제시했을 뿐이다. 그렇지만 고고학이라는 학문 분야가 확고하게 있듯이 번역학 또한 하나의 학문으로서 확고히 존재해야 한다."(슐라이어마허 1814: 104). 그렇다면 번역학을 하나의 학문으로서 확고하게 존재하게 만드는 것은 무엇인가? 슐라이어마허가 말했듯이 단편적인 이론이 아니라 총체적인 이론 내지는 통합적 이론이고, 쿤의 언어로 말하자면 해당되는 분야에서 연구를 위한 통합적인 "수수께끼 풀이방식"을 만드는 것이다. 그래서 아마도 훗날 오스트리아 비엔나에서 활동했던 번역가이자 번역학자인 스넬-혼비가 "통합적"이라는 수식어를 "번역학" 앞에 기꺼이 붙였을 것이다. (스넬-혼비 1995 참조). 텍스트유형중심 번역의 중요성을 최초로 인지한 학자는 슐라이어마허라고 할 수 있다. 왜냐하면 그는 1813년에 발표된 논문 「번역의 여러 방법에 관하여(Ueber die verschiedenen Methoden des Uebersetzens)」에서 자신이 플라톤 전집을 번역하면서 지침으로 삼았던 원칙들을 제시했는데, 그중에서 텍스트중심 번역과 관련 있는 것은 텍스트유형에 따른 그의 번역방식 구분이기 때문이다. 슐라이어마허는 경제활동, 신문기사, 기행문 등에서 어떤 사태를 단순히 보고하는 것이 주된 목적인 텍스트와 예술이나 학문에서와 같이 "저자의 독특한 시각"이 표현되는 텍스트유형을 구분한다. 전자의 경우, "옮김에서 중요한 것은 단순히 통역(상업적인 텍스트의 번역)하는 것"이고, 그렇기 때문에 그러한 분야에서 번역은 기계적인 작업으로서 두 언어만 적당히 알면 누구나 할 수 있는 일이다. 이와는 달리 예술작품의 번역은 그보다 훨씬 더 어렵다. 이러한 번역방식이 언급된 이유는 상술된 두 가지 텍스트유형에서 사용되는 어휘의 성격이 상이하다는 점에 있다. 즉, 전자의 경우 등장하는 어휘가 경계 지을 수 있는 대상이나 사태를 가리키는 경우가 많아서 두 언어의 상이성에도 불구하고 비교적 어휘의 대응이 정확한 반면, 후자의 경우 개념, 감정, 태도 등과 관련된 어휘가 많으므로 시대의 흐름에 따라 그 경계가 변하는 어휘들이 주축을 이루고 있으므로 번역하기가 쉽지 않은 경우이다. (슐라이어마허 1992: 48 참조). 슐라이어마허가 취했던 방식은 현대 번역학의 관점에서 보면, 전자는 언어외적으로 존재하는 대상이나 사상 또는 사건이나 사태에 대한 것이 주축을 이루는 서술기능중심의 텍스트유형을 일컫는 것이고, 후자는 소위 표현기능이 주축이 되고 감정표현이 많이 등장하는 문학텍스트를 가리키는 것으로 볼 수 있다.

슐라이어마허의 번역 개념은 20세기에 들어와서도 어느 정도 계승됐다. 예를 들어, 윰펠트에 의하면 텍스트유형이 "모든 판단기준(즉 번역원칙과 번역방식)을 결정한다"(윰펠트 1961: 26)는 의미에서 중요한 역할을 한다. 이를 위해 윰펠트는 여섯 가지의 번역유형을 구분하는데, 미학적 (예술)번역, 종교적 번역, 실용 번역(자연과학, 응용과학, 사회과학, 공문, 광고문, 신문기사 등이 여기에 속한다), 민족의 문화적 특성에 따른 번역, 언어학 번역, 인문과학 번역이 그것이다. 이러한 구분방식이 엄밀하지 않아서 겹치기도 하고(이를 테면, 언어학 번역과 인문과학 번역), 너무 상이한 번역유형을 한 곳에 분류(자연과학텍스트와 광고텍스트)한 것과 같은 문제점이 엿보이지만, 1960년대 중반 텍스트언어학이 본격적으로 출발하기 이전에 이미 텍스트유형의 중요성을 알고 있었다는 사실은 번역학사에서는 매우 중요하다.

20세기 후반기에도 독일을 중심으로 텍스트유형중심 번역론이 관심을 끌었다. 다음과 같은 쿠스마울의 언명도 텍스트유형중심 번역론의 중요성을 극명하게 보여준다: "번역학의 주요부분에는 텍스트유형론

(Texttypologie)이 있다. 텍스트유형론은 번역하기 전에 출발텍스트 분석 없이는 출발텍스트를 적합하게 번역하는 것이 불가능하다는 전제에서 출발한다. 번역은 도착텍스트에서 각 텍스트유형의 특성에 맞는 적당한 대응을 찾아야 하고, 출발텍스트의 각 유형에 따라 도착텍스트의 내용, 언어 및 문제 측면과 화행적 특성을 결정하게 될 것이라는 것이다. 이를 통해 번역된 텍스트유형은 출발텍스트의 유형에 상응하게 된다." (쿠스마울 2009/2012: 21). 스넬-혼비도 『번역학 연구(Translation Studies)』(1988/1995)에서 1950-60년대의 번역연구는 그 이전 보다 좀 더 체계적이고 "과학적으로" 접근하면서 번역에 대한 학문적 연구영역의 경계가 구획되기 시작했다고 다음과 같이 주장한다.

- 비네/다르벨네는 불어와 영어 간의 번역에서 일어나는 현상을 관찰하여 이를 대조 접근법을 통해 분류한 결과를 정리한 『불어와 영어의 비교문체론(Stylistique Comparèe du Français et de L'anglais)』(1958)을 펴냈다.
- 말블랑크(1963)는 동일한 방법으로 불어와 독어 간의 번역에 대하여 연구하였다.
- 무넹은 『Les Problèmes Thèoriques de la Traduction』(1963)에서 번역과 관련된 언어학적 이슈들을 연구하였다.
- 나이다(1964)는 애초에 성서 번역자를 위한 실용적인 지침서로 구상된 자신의 저서에서 당시 각광받던 촘스키의 생성문법을 이론적 토대로 삼았다. (스넬-혼비 1988/1995: 8 이하).

또한 현대 번역학사의 이른 시기에 위버는 낱말 대 낱말을 넘어가는 번역방식을 제안하기도 했다. 이를 테면, 낱말 대 낱말 번역은 적절치 않지만, 적절한 번역을 위해서는 해당 낱말의 앞뒤로 몇 낱말만 살펴보면 문제가 없다고 단정했다. (위버 1955 참조, 스넬-혼비 2006/2010: 66 참조). 문장의 한계를 넘지 못하는 번역의 범위와 관련된 위버의 이러한 주장이 나오게 된 것은 20세기 중반의 언어학적 상황으로서는 충분히 이해할 수 있다. 그 당시 해리스의 대화분석에서 영향을 받은 촘스키의 대작『통사구조(Syntactic Structure)』가 1957년에 발표되어 각광받았고, 그 무렵 촘스키 언어연구의 가장 상위단계는 문장이었기 때문이다[3].

홈스의 번역연구에서도 과학으로서의 번역학의 연구영역에 대한 논의가 중요한데, 홈스의 연구를 이어받아 이스라엘의 번역학자 투리가 번역학의 연구영역을 다음과 같이 도식화했다.

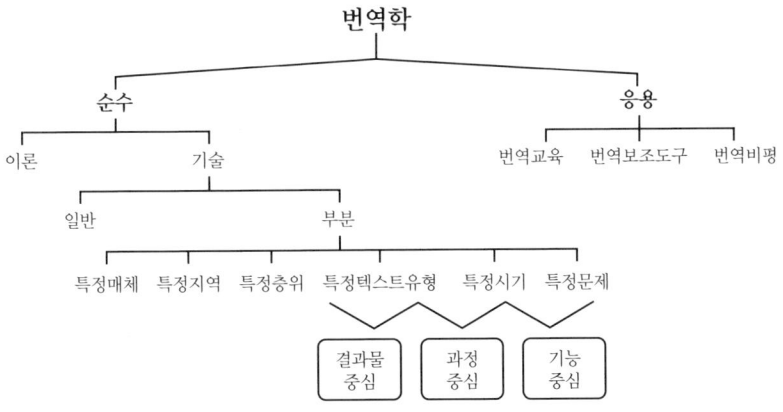

---

[3] 촘스키는 변형생성문법의 출발이 된『통사구조(Syntactic Structures)』(1957/1964)에서 언어연구의 출발점으로 "그 사람이 공을 쳤다(The man hit the ball)"라는 예문을 상정한다. 그러나 변형생성문법 이론이 문장을 초월하지 못했던 문제도 있지만, 그가 제한을 둔 연구의 범위, 즉 "잘 만들어진 문장"만을 가지고 연구한다는 그의 모토는 은유와 관련된 모든 표현들을 연구범위에서 제외함으로써 여러 가지 비판에 직면하는 것은 당연하다고 할 수 있다: "언어의 시적인 사용, 그리고 보다 일반적으로 해석 가능한 일탈을 다루지 못하는 의미론은 큰 의미가 없다."(바인리히 1955, 스넬-혼비 2006/2010: 67에서 재인용). 따라서 텍스트중심 번역학을 추구하는 우리들에게는 촘스키의 변형생성문법적 발상은 큰 의미를 가지지 못한다.

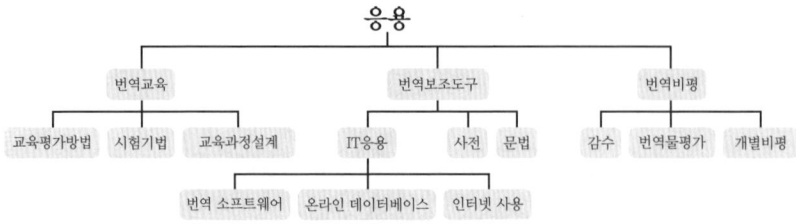

〈표 2〉 홈스의 번역학 도해 (투리 1995: 10에서 재인용)

홈스의 번역학은 순수와 응용으로 나뉘고, 순수는 하위범주로 다시 이론과 기술로 세분된다. 이론번역학의 과제는 번역물과 번역현상을 예측할 수 있는 원칙을 정립하는 것이고, 이와 달리 기술번역학의 과제는 번역물과 번역현상을 있는 그대로 기술하는 것이다. 이론번역학은 일반적인 연구와 부분적인 연구로 다시 세분화되는 반면에, 기술번역학은 번역물중심 연구, 과정중심 연구, 기능중심 연구로 대별된다. 여기서 번역물중심 연구는 현존하는 번역물을 분석하는 데 집중하고, 과정중심 연구는 번역을 수행하는 과정에서 번역자의 머릿속에서 일어나는 것을 분석하는 데 집중하며, 기능중심 연구는 번역물이 도착언어권에서 수행하는 기능을 분석하는 데 집중한다. 응용번역학은 번역교육, 번역보조도구, 번역비평 분야로 구분된다. 번역교육은 교육평가 방법과 시험기법 그리고 교과과정설계로, 번역보조도구는 IT응용, 사전, 문법으로, 번역비평은 감수, 번역물 평가, 개별비평으로 나뉜다. 마지막으로 IT응용은 번역소프트웨어, 온라인 데이터베이스, 인터넷 사용으로 구분된다. 과학으로서의 번역학을 설정하기 위한 홈스의 이러한 구분은 분과들의 내용이 풍성함에도 불구하고 - 고내로부터 행해져 왔던 다양한 언어연구들을 과학적 관점이 아니었다는 점에 대해 비판하면서 언어학을 과학으로 만드는 자신만의 연구방식을 제안했던 소쉬르의 입장을 견지하면 - 다음과 같은 문제점이 내포되어 있음을 알 수 있다.

① 홈스의 구상에서는 번역에 대한 과학적이고 공정한 관점이 결여됐음을 알 수 있다. 과학적 연구의 유일한 목표는 올바른 형태와 올바르지 않은 형태를 구별해 주는 데 있다는 점에서 관찰하면 위와 같은 홈스의 구상은 규범적인 형태를 띠고 있어서 순수한 관찰과는 거리가 있어 보인다.
② 홈스는 번역을 과학으로 다루고 번역연구의 영역을 개척하는 데에 의심의 여지없이 공로를 세웠다. 다만, 홈스는 번역연구 대상의 본질을 추출하는 데에는 관심이 별로 없었던 것인지 그의 번역학은 하나의 과학으로 정착되지 못했다. 과학화하는 작업들이 수행되지 않으면 번역학은 연구방법론조차 확립하지 못하여 표류하게 된다.
③ 홈스가 제시한 번역학의 연구범주는 특정매체, 특정지역, 특정층위, 특정텍스트유형에 한정하여 구분이 이루어져 있다. 제한된 상태에서의 연구보다 열린 상태에서의 연구, 즉 번역연구를 위한 일반이론을 구상하는 것이 중요하다.
④ 순수와 응용은 과학의 단계에서 동일 심급에 존재하는 범주가 아니다. 예를 들어, 순수의 영역이 어느 정도 해결되고 난 후에 응용의 영역으로 넘어갈 수 있다. 그래서 스코포스 이론의 창시자로 알려진 라이스/페어메어에게 있어서도 "이론[순수]은 '실무[응용]'에 대해 독립적"(라이스/페어메어 1985/2010: vii)이다.
⑤ 순수의 하위범주에 이론과 기술을 구분한 것도 썩 마음에 들지 않는다. 순수는 이론과 거의 동등하게 취급되어야 하고, 기술 또한 순수와 합쳐져야 할 것이다.
⑥ 기술의 하위에 위치한 많은 범주들도 같은 수준에 위치하는 것이 아니다. 이를 테면, 기술의 하위에 위치한 범주들 중에서 텍스트유형이 가장 상위에 위치해야 한다. 왜냐하면 본격적으로 번역 작업을 하기

전에 번역자는 우선 출발텍스트의 텍스트유형을 인지하고 다른 세부적인 작업을 하기 때문이다[4].

번역학 발전에서 혁혁한 공을 세운 스넬-혼비는 『번역학: 새로운 방향 정립. 이론과 실제의 통합을 위하여(Übersetzungswissenschaft: Eine Neuorientierung. Zur Integrierung von Theorie und Praxis)』(1986/1994)에서 당시까지 번역에 관련된 연구들을 언어학이나 문학의 하위분과의 하나로 보는 시각에서 탈피하여 "통합적 접근법"이라는 용어를 사용하여 그때까지 흩어져 있던 번역연구의 갈래들을 번역학이라는 하나의 울타리에 집어넣어서 하나의 독립된 학문으로 제시하고자 노력했다. 쉽게 말해서 당시의 번역학계에 만연했던 고정된 체계화를 벗어나자는 것이다. 이것은 훗날 그가 『번역학 발전사(The Turns of Translation Studies)』(2006/2010)의 서문에서 "그 저술 『번역학: 새로운 방향 정립. 이론과 실제의 통합을 위하여』에 대한 반응으로 판단하건대 바라던 목적을 달성했다"(스넬-혼비 2006/2010: 10)고 주장했던 사실과 관련 있다. 이것은 스넬-혼비 스스로 번역학을 하나의 독립적 학문 내지 하나의 자율적 학문으로 독립시켰다는 것을 의미한다. 좀 더 구체적으로 말하자면, 스넬-혼비가 주장하는 번역연구에 있어서의 "통합적"은 기존에 만연했던 문학번역과 비문학번역의 경계를 지워 버리고 전체를 포괄하는 거시적 이론을 제시하려는 것이었으며, 그래서 그는 다음과 같은 야심찬 도표를 만들었을 것이다.

---

[4] 번역자에게 가장 먼저 직면하는 문제는 출발텍스트에 대한 이해, 즉 텍스트 의의(Textsinn)라는 것인데, 이에 대해서는 스코포스 이론가로 자처하는 라이스/페어메어도 동의한다: "번역사가 처음에 가지고 있는 것은 자신의 기대(예컨대, 선입견이나 사전 예측) 외에는 [출발]텍스트뿐이다. 번역사는 [출발]텍스트를 분석하여 실제적으로 주어진 언어기호들의 선택에 여러 가지 요인들이 미친 영향을 검토하고 텍스트 의의를 파악한다." (라이스/페어메어 1985/2010: 142).

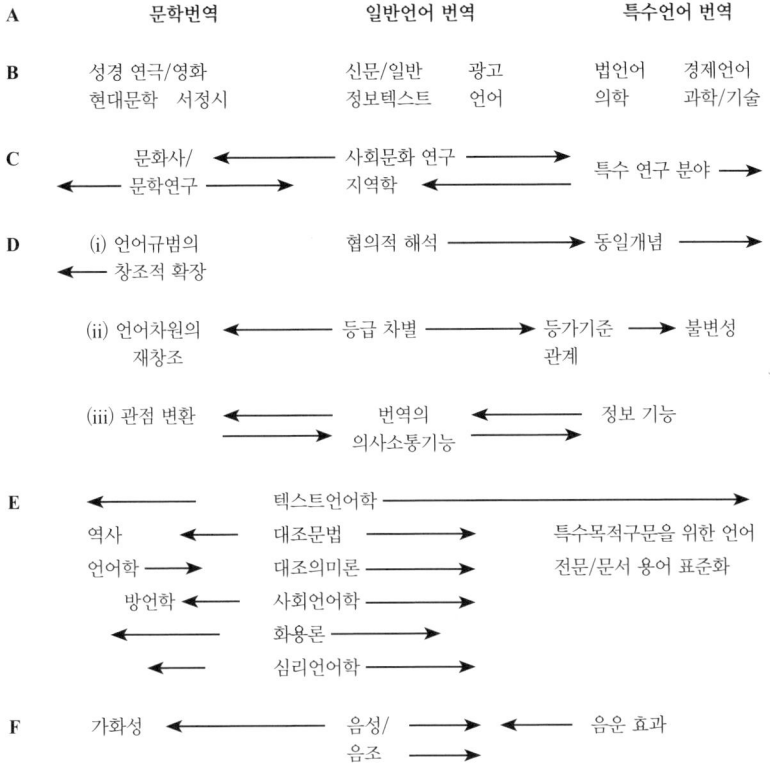

〈표 3〉 번역을 위한 텍스트유형과 관계 기준 번역모델 (스넬-혼비 1995: 32)

　〈표 3〉에서 돋보이는 것은 가로 축에 제시되어 있는 "문학번역", "일반언어 번역", "특수언어 번역"이라는 삼분법이다. 이 삼분법은 예로부터 전해 내려 왔던 "직역과 의역", "문학번역과 비문학번역", "이국화 번역과 자국화 번역"(슐라이어마허), "출발텍스트중심 번역과 도착텍스트중심 번역"(라드미랄), "외현적 번역과 내재적 번역"(하우스)이라는 이분법적 틀에서 탈피한 새로운 발상이다. 또한 여기서 중요한 것은 시와 소설을 비롯한 문학작품뿐만 아니라 신문텍스트, 광고텍스트, 법률텍스트, 과학기술텍스트, 경제텍스트 등과 같은 일상적이고 전문적인 텍스트가 하나의 스칼라 위에 정렬

4장　텍스트중심 번역의 발상　39

됐다는 사실이다. 즉, 스넬-혼비가 거리가 멀었던 번역연구의 두 범주를 한 곳에 합친 것이다. 더불어 그러한 번역방식들이 모자이크 문양처럼 확실히 구획 지어진 것이 아니라 가장자리에서는 겹칠 수도 있는 여지를 주었다는 것도 신선한 발상이다. 이것은 번역학에서의 엄격한 범주화의 탈피이자, 소위 "원형의미론(Prototypensemantik)"에 입각한 구조방식이다. 그런데 텍스트유형에 속하는 상술된 범주들을 좌측에서 우측으로 일직선으로 정렬하는 것이 합리적인 방식인지는 고민해야 할 문제이다. 우리들은 뷜러의 언어기능 모델에 기댄 핀란드의 번역학자 체스트만의 텍스트유형 분류방식인 삼각모델에 대해서 이미 알고 있기 때문이다. 다시 말해서 문학텍스트와 일반 텍스트유형 사이의 거리가 문학텍스트와 전문분야 텍스트유형 사이의 거리보다 가까운지에 대해 면밀한 분석이 필요하다. 또한 신문/일반 텍스트보다 광고텍스트가 문학텍스트와 가까이 놓여야 하지 않는가에 대한 질문이 제기될 수도 있다. 가로축 외에 세로축에도 A차원에서 F차원까지 여섯 단계가 구획 지어져 있는데, A차원은 당시까지 분명하게 분리되어 있던 일반번역의 차원이고, B차원은 텍스트유형의 차원이다. 그러나 "언어학이 아닌 학문 분과 내지 번역과 분리될 수 없는 '언어외적 현실'의 영역"(스넬-혼비 1986/1994: 18)을 가리킨다는 C차원이 지시하는 것은 설득력 있는 변별력을 가지지 못한다. 문화사/문학연구, 사회문화/지역학 연구, 전문분야 연구라는 구분은 A차원의 문학번역, 일반분야 번역, 전문 분야 번역과 겹치는 면이 있기 때문이다. 또한 D차원이 i) 출발텍스트를 이해하기, ii) 도착텍스트에 초점을 맞추기, iii) 도착텍스트의 의사소통적 기능을 부각하기라는 번역의 과정을 의미한다면, 그러한 하위 단계들에 의해서 규정된 "언어규범의 창조적 확장", "해석범위의 압축", "개념적 동일성" 등의 개념들이 무엇을 의미하는지가 명확하지 않다. (iii)에서 "관점의 이동", "번역의 의사소통적 기능", "정보적 기능"을 동일한 차원에 정립한 것도 문제된다[5]. F차원에서의 "음성/음조"와 "음운 효과"가 문학번역에서 중요하게 다루어지는 부분인데, 이것을 문학번역이 아닌 전문분야 번역에 위치시킨 것도 의문스럽다. 슈넬-혼비의 위와 같은 통합적 발상에 대해서 먼데이는 신문텍스트가 언제나 일반번역에 속하는가에 대해서도 의문을 제기한다[6]. (먼데이 2000/2006: 262 참조). 그러나 먼데이의 그러한 비판은 "신문"이라는 명칭이 일상어이기 때문에 생기는 문제이다. 신문 안에도 200여 가지가 넘은 다양한 하위 텍스트유형이 있고[7], 광고텍스트에도 기능중심, 호소중심, 정보중심의 다양한 유형의 텍스트가 존재하는 것을 감안하면, 위와 같은 명칭은 원형의미적으로 사용된 것으로 이해해야 할 것이다.

스넬-혼비 이전에도 번역학의 자립성 내지 자율성과 관련된 논의가 홈

---

5 D차원에 대한 스넬-혼비의 구체적인 설명은 다음과 같다: "D(i)는 출발텍스트와 관련된다. 이곳의 중심점은 이해이다. D(ii)는 번역의 질에 대한 범주를 가리키며 질적인 범주로 '필연적인 차별화의 정도'에서 시작한다. […] 이는 D(iii) 차원에서 서술하고 있는 수용자의 입장에서 번역의 기능에 관심을 두는 회니히와 쿠스마울의 유연한 생각을 지지한다." (스넬-혼비 1986/1994: 19).

6 스넬-혼비의 통합적 접근에 대한 먼데이의 비판은 다음과 같다. " - 'B' 단계의 '신문'은 'A' 단계의 '일반분야 번역'의 하위범주로 분류되어 있다. 그러나 과연 모든 신문텍스트가 '일반분야 번역'에 속한다고 할 수 있는가? - '일반 정보텍스트'는 '광고언어'보다 '문학번역'에 더 가깝게 놓여 있다. 그렇다면 '일반 정보텍스트'에는 서정시에서 볼 수 있는 창조적 언어가 광고보다 많다는 뜻인가? - 'C' 단계의 '문화사'와 의학텍스트 간의 관련성은, '문화사'와 동일한 위치에 있는 '문학연구'와 의학텍스트 간의 관련성과 동등할 수밖에 없다. 그런데 과연 그런가? - '전문분야 학문'은 문학텍스트의 배경을 이해하는 데에도 매우 중요할 수 있다. 예컨대, 십자군 원정의 역사에 대한 이해 없이 사라마고의 『리스본 포위 공격의 역사(História do cerco de Lisboa)』를 번역할 수 없으며, 토마스 만의 『마(魔)의 산(Der Zauberberg)』을 이해하려면 1920년대 알프스 요양소의 체계를 알아야 한다. - 마찬가지로, 발화가능성을 '문학번역'에만 국한시켜서는 안 된다. 마찬가지로, 영국 BBC World Service에서는 해외뉴스를 번역하여 방송에서 낭독하곤 하며, 연설문의 번역도 아무리 텍스트상이지만 출발텍스트의 음조(rhythm) 또는 소리의 느낌을 전달해야 한다." (먼데이 2000/2006: 264).

7 봉일원은 일간지에 등장하는 주요 텍스트종류에 대해서 연구했는데, 한겨레신문의 경우 비언어적인 기호들로만 된 것을 연구에서 배제하고도 대략 230여 종의 텍스트종류들이 등장한다. 개별텍스트의 양적인 분포를 보면, "정보제공+보도"(36.8%), "동정/소식"(18.6%), "요약+압축(6.8%)" 등의 순서로 이루어졌음을 알 수 있다. (봉일원 1998: 438 이하 참조).

즈에 의해서 주장됐다. 명칭의 관점에서만 관찰할 때, 1972년 코펜하겐에서 개최된 제3차 응용언어학 국제학술대회에서 발표된 홈스의 논문「번역학의 명칭과 성격(The Name and Nature of Translation Studies)」(1988/2000)을 보면 번역이 "학(문)(Wissenschaft)"의 위상을 가져야 한다는 논의가 비로소 시작됐음을 알 수 있다[8]. 그러다가 이러한 명칭의 변화가 비엔나 대학 소속의 영국인 스넬-혼비에 이르러 드디어 구체화됐다. 스넬-혼비는 번역은 텍스트중심 번역과 궤를 같이 할 수 있다고 다음과 같이 밝힌 적이 있다.

> 텍스트 분석은 번역의 필수조건이며 이는 하향식, 즉 거시 차원에서 미시 차원으로, 텍스트에서 기호 방향으로 진행되어야 한다. (스넬-혼비 1988/1995: 69).

> 번역은 언어기호의 단순한 전환이 아니라 문자라는 형식(표현 수단) 속에 그 언어를 사용하는 민족의 정신과 문화 즉 복잡한 언어과정을 거쳐 형성되고 다양한 이질적 요소가 내포되어 있는 세계관을 다른 형식으로 바꾸어 표현하는 작업이다. 따라서 번역자들은 위에서 아래로 즉 거시적 차원에서 미시적 차원(문화→ 텍스트 → 텍스트구조 → 문장 → 구절 → 단어)으로 작품을 분석하는 방법을 배워야 한다. (스넬-혼비 1988/1995: 69).

언어연구나 번역연구에 있어서 텍스트가 우선되어야 한다는 스넬-혼비의 주장은 - 이재원(2018)에 의해서 - 텍스트언어학의 선구자로 추앙받는 낭만주의 언어철학자 훔볼트의 언명과 거의 유사하다.

---

[8] 홈즈의 용어 "Studies"를 "학문"으로 간주한다면, "번역학"이라는 메타 담론은 이미 50여년의 역사를 가진 셈이다. 홈즈는 위의 발표문을 수정하여 1988년 자신의 저서『Translated!: Papers on Literary Translation and Translation Studies』에 실었다.

언어발생을 낱말에 의한 대상의 명칭에서 시작하여 거기에서부터 결합으로 넘어가는 것으로 생각해서는 안 된다. 실제로 레데[텍스트]는 선행하는 낱말에서 합성된 것이 아니라, 반대로 낱말이 레데 전체에서 생긴다. (훔볼트 1963 III: 448).

왜냐하면 비록 우리는 음운에서 낱말로, 그리고 낱말에서 레데로 넘어가는 것에 익숙해 있다 할지라도 본성의 진행에서는 레데가 첫 번째의 것이며, 규정적이다. (훔볼트 1968 IV: 142).

어쨌든 언어학의 "화용론적 전환(die pragmatische Wende)"에 뒤이어 등장한 텍스트언어학은 번역학의 발전에 중요한 역할을 한 것만은 사실이다. 즉 낱말이나 문장이 아니라, 텍스트가 번역의 단위가 되어야 한다는 견해를 텍스트언어학이 전면적으로 일깨웠다고 할 수 있다. 이것은 번역학이 지금까지 경험해 보지 못한 아주 중요한 사상이었다. "출발언어가 중심인가" 아니면 "도착언어가 중심인가", "직역이 중심인가" 아니면 "의역이 중심인가"라는 오래된 논의들은 접어두고, 이제 텍스트중심 번역이 핵심이다.

노이베르트는 텍스트중심 번역의 어려움에 대해서 다음과 같은 장기이식의 비유를 들면서 설명하고 있다.

텍스트를 번역한다는 것은 하나의 온전한 '텍스트들의 몸체'에서 떼어낸 '장기'를 다른 '텍스트들의 몸체'에 이식하는 것과 같다. 언어중개와 장기이식의 비교를 조금만 곰곰이 생각해 보면 우리는 병립가능성(compatibility)이라는 핵심적인 개념에 도달하게 된다. [⋯] 출발텍스트와 비교하여 도착텍스트의 효과가 부족한 것은 하나의 번역물이 도착언어에 존재하거나 존재할 수 있는 모든 텍스트들의 텍스트적 필연성(textual naturalness)에 견

줄 때 병립 가능하지 않기 때문이다. (노이베르트 1981: 144).

그러나 텍스트중심 번역이 "의미(meaning)가 지식의 표상과 전달을 위한 한 언어표현의 가능요인(잠재적 의미)을 가리킨다면 의의(sense)는 텍스트상에 나타나는 표현들에 의해서 실현적으로 전달되는 지식"(보그랑데/드레슬러 1981/2008: 128)과 관련 있다고 간주하는 것은 그리 어려운 일은 아닐 터이다[9]. 텍스트중심 번역은 정태적이고 순수언어학적 개념이 아니라 사회문화적 컨텍스트에서 발생하는 동태적이고 실용적인 의사소통 과정과 관련된 개념이다. 따라서 출발텍스트의 어떤 것들은 도착텍스트에 동일하게 실현되지 않은 경우들도 있다. 그러나 텍스트중심 번역의 핵심인 텍스트성의 차원에서 보면 양자에 존재하는 개별 텍스트성들의 강도는 어느 정도 균형을 이룰 수 있다.

노이베르트/쉬리브는 『번역학 기고들(Übersetzungswissenschaftliche Beiträge)』의 제8권으로 발간된 『텍스트와 번역(Text und Übersetzung)』(1985)을 보완한 『텍스트로서의 번역(Translation as Text)』(2000/2013)을 저술했다. 이들은 이 책에서는 "용인성", "상황성", "코헤렌즈", "코헤지온", "상호텍스트성"의 순서로 텍스트중심 번역과 관련된 논의를 전개하면서 자신들의 연구가 텍스트중심 번역이라고 자신 있게 주장한다: "본서는 번역에 대한 텍스트적 시각을 견지한다. 텍스트가 일차적인 연구대상이 된다는 점에서 텍스트적 시각은 번역학의 통합적 개념 역할을 할 수 있는 잠재성을 가진다." (노이베르트/쉬리브 2000/2013: 7). 그러나 노이베르트/쉬리브의 연구에

---

9 이와 달리 데이크는 텍스트를 추상적이고 잠재적인 체계를 가진 것이고, 담화를 구체적이고 실현적인 체계를 가진 것이라고 하는데(데이크 1977), 이러한 주장은 텍스트를 보는 시각의 차이에서 기인한 것이다. 데이크의 방식으로 말하면, 우리들의 연구는 담화의 번역에 관한 연구라고 할 수 있다. 그러나 언어가 가진 세계관 개념으로 인하여, 데이크식의 텍스트는 거의 불가능하다.

서 코헤지온중심 번역과 코헤렌즈중심 번역을 구분하지 않고, 정보성중심 번역과 의도성중심 번역을 논의하지 않으며, 용인성중심 번역을 자세히 논하지 않는다는 점에서 아쉬움이 남는다.

5장 기능주의 번역이론에서 텍스트중심 번역의 흔적

번역학사에서 "번역기능" 또는 "기능주의 번역"이라는 용어가 사용되기 시작한 것은 그리 오래된 일이 아니다. 우선 기능 개념이 번역학의 장과 텍스트언어학의 장에서 차이가 있다는 사실이 중요하다. 다음은 번역연구에서 즐겨 사용해 왔던 기능의 정의에 대한 투리의 코멘타이다.

> 여기서[스코포스 이론이나 번역행위 이론에서] '기능'이라는 용어는 '기호학적인' 의미로 사용된다. 즉 특정 시스템 안에 존재하는 관계의 네트워크가 시스템으로 편입되는 특정 항목에 부여하는 일종의 '가치'를 말한다. 그러므로 스코포스 이론이나 번역행위 이론에서 단순히 최종 결과물의 '사용'과 관련해서 말하는 '기능'과는 다르다. 이 두 가지 '기능' 간에는 상관관계가 있을 수 있는데, 이에 대해서는 아직 학계의 연구가 필요하다. (투리 1995: 12, 스넬-혼비 2006/2010: 111에서 재인용).

이와 달리 텍스트언어학에서의 기능 개념은 브링커에 의해서 널리 알려졌는데, 그는 그로세(1976: 25 이하 참조)에 기대서 "'기능'을 어떤 전체 안에서 인물, 기관 또는 대상이 갖는 과제"(브링커 1985/2007: 115)로 이해하기 때문에 기능 개념이 "가치", "사용" 그리고 "과제" 등으로 다의적으로 사용됨을 알 수 있다. 그러나 텍스트언어학이든 번역학이든 기능 개념을 언급할 때, 이 개념이 20세기 초 독일의 언어심리학자였던 뷜러에서부터 출발했다는 사실에 대해서는 이견이 없다. 특히 뷜러의 계승자로서의 독일 라이프치히 학파가 언급되곤 하는데, 이 학파는 라이프치히 대학의 번역 연구 집단을 가리킨다. 이들이 번역연구와 관련해서 명성을 얻은 이유는 1957년에 이미 이곳에 번역학교가 설립되었고, 그해부터 『외국어(Foreign Language)』라는 제목의 번역 전문잡지가 간행되어 왔기 때문이다. 이 잡지의 편집자인 카데, 예거, 노이베르트는 훗날 번역학계에서 크게 이름을 떨치게 되며, 사람들은 이들을 "라이프치히 학파"라고 부르게 되었다. 1965년에 이들은 국제응용언어학회 학술대회가 열릴 때마다 번역학이 하나의 분과만 배정받아 온 것에서 탈피하여 독자적인 번역학회를 개최했다. 학문사적 견지에서 보면, 번역연구가 드디어 번역학이라는 이름을 취득할 수 있는 최소한의 자격 요건을 갖춘 셈이었다. 사실 당시까지만 해도 번역학 학술대회는 독립적으로 개최되지 못하고 비문학번역은 응용언어학회 세계대회의 한 분과로, 문학번역은 국제비교문학회의 한 분과에 소속되는 형국이었다. 또한 카데는 번역연구의 한계를 뛰어넘으려 노력했는데, 그는 번역이라는 행위에 포함된다는 세 가지 심급을 다음과 같이 제안했다:

- 소통 파트너(출발텍스트 생산자, 번역자, 도착텍스트 수용자)
- 소통 수단으로서의 언어
- 광범위한 의미에서의 상황 맥락 및 소통의 대상으로서 구현되는 객관적 현실 (카데 1968: 32).

이러한 견해는 당시로서는 번역연구에 있어서 파격적인 것이었다. 특히 우리들의 관심거리인 텍스트중심 번역학의 입장에서는 번역의 대상, 즉 텍스트의 성격에 따라서 번역방식이 달라져야 한다는 독창적이고 진보적인 그의 견해가 중요하다. 카데에게 출발텍스트가 지적 요소인지, 감정적 요소인지, 형태적 요소인지를 구분하는 것이 필요한데, 일례로 학술보고서의 경우에는 감정적 요소가 전혀 사용되지 않는 반면, 지적 요소가 훨씬 더 중요한 역할을 한다는 것이다. 이와 달리 문학텍스트에 비해 실용텍스트에서는 형태적 요소가 중요하며, 선전이나 광고텍스트의 경우에는 감정적 요소가 중요하다는 것이다. 이로써 텍스트유형중심의 번역 개념이 자리를 잡게 됐다.

기능주의 번역이론(functional theories of translation)에 대해 말하라고 하면, 성서번역의 권위자인 나이다/테버의 번역이론은 언급하지 않을 수 없다. 이들은 1960년대에 역동적 등가라는 개념을 제안했다. 이를 테면, 번역은 – 우리들이 말하는 언어의 일반적 정의인 "언어는 의사소통의 수단이다"와 유사하게 – "의사소통 행위"라는 것이다. 따라서 번역이란 출발텍스트의 형태가 아니라 의미를 재생산하는 것이며, 번역은 일치(identity)가 아니라 등가를 기준으로 해야 한다는 것이다. 이들은 상술된 역동적 등가를 통해서 출발텍스트의 의도된 기능이 도착텍스트에 재현되어야 한다고 강력히 주장했다. (나이다/태버 1969: 12 참조). 비록 최근에 들어와서 번역에서의 "등가" 개념이 그 용어가 가지고 있는 부정적인 코노테이션 때문에 사용이 많이 줄었지만, 그의 이론이 텍스트유형중심 번역연구의 토대가 되는 중요한 발상이라고 할 수 있고, 훗날 라이스가 이러한 성향의 연구를 계승했다[1].

---

1 먼데이는 1970-80년대에 등장하는 기능주의 번역이론이 당시까지의 정태적인 언어유형론에

텍스트유형중심 번역이론은 전적으로 뷜러(1934/1968)의 오르가논(organon) 모델에 기댄 것인데, 라이스는 이를 바탕으로 해서 번역평가를 위한 구체적 기준을 담은 번역비평 모델을 개발했다. 그는 이 모델에서 텍스트에서의 언어내적 요소와 텍스트 뒤에 숨겨진 언어외적 요소를 구분한다. 전자에는 의미론적 등가, 어휘의 적절성, 문법의 정확성 그리고 문체적 대응이 포함되어 있고, 후자에는 직접적 상황, 주제, 시간, 공간, 청중과 발화자 그리고 정서적 영향 등이 포함되어 있다. (라이스 2000 참조). 훗날 여기에 "시청각-미디어(audio-media) 유형"이라는 네 번째 유형이 추가되기도 한다. 아마도 라이스의 이러한 업적이 그를 "독일 번역학의 원로"(스넬-혼비 2006/2010: 59)로 추앙받게 만든 동인이 되었을 것이다. 사실, 라이스가 1970년대에 의사소통이 달성되는 층위를 낱말이나 문장이 아닌 텍스트에 주목한 것을 감안하면 그는 이미 텍스트중심 번역의 출발점에 서 있는 것으로 볼 수 있다. 라이스는 자신만의 번역학 패러다임을 구성하기 위해 뷜러의 오르가논 모델에 등장하는 언어기능의 삼분법을 이용하는데, 이런 방식을 추구하는 목적은 뷜러의 세 가지 언어기능을 토대로 번역평가 내지는 번역방식을 구축하겠다는 것이다. 라이스가 제시하는 개별 텍스트유형의 기능적 특징에 따른 번역방식은 다음과 같다.

서 벗어나서 의사소통을 중심으로 하는 번역이론임을 천명한다. 이 방면의 대표적인 학자로는 라이스(텍스트유형 및 언어기능에 대한 초기연구), 맨태리(번역행위 이론(theory of translational action)), 페어메어(도착텍스트에 초점을 맞추는 스코포스 이론), 노르트(구체적인 텍스트분석 모델)가 언급된다. (먼데이 2000/2006: 96 이하 참조).

텍스트유형	정보적	표현적	호소적
언어기능	정보적 (사물과 사실 존중)	표현적 (생산자의 태도 존중)	소구적 (텍스트 수용자 호소)
언어차원	논리적	미학적	대화적
텍스트의 초점	내용	형식	소구
도착텍스트	지시적 내용을 전달해야 함	미학적 형식을 전달해야 함	원하는 반응을 유도해야 함
번역방식	'평이한 산문체', 필요에 따라 명시화	'(저자와의) 동일시' 전략, 출발텍스트 저자의 관점 에서 번역	'적응성', 효과의 등가

〈표 5〉 텍스트유형에 따른 기능적 특징과 번역방식 (라이스 1971: 30)

어쨌든 라이스의 생각은 텍스트구조가 번역에 영향을 미친다는 것이었을 텐데, 이때 텍스트구조라고 하는 것은 텍스트유형마다 특정 구조가 있을 것이므로, 결국 번역이란 텍스트유형과 관련 있다고 할 수 있다. 우선적으로 라이스는 뷜러의 오르가논 모델에 기대서 서술, 표현, 호소라는 기능을 담지한 세 가지 텍스트유형을 상정한다.

> 이러한 세 가지 기능들[서술, 표현, 호소]이 모든 언어발화에서 질적으로 동일한 차원에 위치할 필요는 없다. 하나의 텍스트(또는 텍스트 조각)에서 서술기능이 압도적일 수 있고, 어떤 다른 텍스트는 표현기능, 또 다른 텍스트는 본질적으로 청자나 독자에 대한 호소기능에 의해 유지된다. 전체 텍스트가 오로지 배타적으로 언제나 단 하나의 기능만을 반영하고 있지 않다는 사실은 자명하다. 실제로 무수한 수의 혼합 형태와 겹침이 존재한다. 그러나 주어진 텍스트에서 언어의 한 기능이나 다른 어떤 기능이 대세일 경우, 이 세 가지 기본 유형의 구분은 정당성을 가질 수 있다. (라이스 1971: 32).

그래서 라이스는 다음과 같은 도표를 만들었다. 사실 이것은 뷜러의 오르가논 모델을 그대로 받아들여서 만들어진 언어기능 분류 내지 텍스트유형 분류이다.

언어기능	서술	표현	호소
언어 차원	논리적	미학적	대화적
텍스트유형	내용중심	형태중심	호소중심

〈표 6〉 라이스의 기능 분류 (라이스 1971: 19)

따라서 서술기능이 우세한 정보텍스트는 사건중심 텍스트인데, 보고서, 논문, 증서, 사용설명서, 총평, 실용서 등이 이에 속하고, 표현기능이 우세한 표현텍스트는 형태중심인데, 장편소설, 단편소설, 서정시, 희곡, 유머, 교훈시, 전기를 비롯한 문학작품들이 이 유형에 속한다. 마지막으로 호소기능이 우세한 호소텍스트는 행동중심 텍스트인데, 설교문, 선전문, 광고, 선동문, 소책자, 풍자, 경향소설 등이 여기에 속한다. (라이스 1971: 19 참조).

텍스트유형 분류에서 중요한 것은 특정 텍스트에서 특정 기능이 "우세하다(dominieren)", "주로(vorwiegend)", "상당한 정도로(in hohem Masse)"라는 수식어를 갖고 있다는 것이다. (쿠스마울 2009/2012: 23 참조). 이것은 하나의 텍스트에서 여러 기능이 혼재할 수 있다는 사실과 진배없다. 그래서 빌스는 텍스트의 성질을 텍스트의 다기능성(Polyfunktionalität)과 다시각성(Multiperspektivität)(빌스 1977: 142 참조)이라고 칭한다. 그러나 하나의 텍스트 내에서 여러 기능이 공존할 경우에도 그것을 번역에 반영해야 한다. 쿠스마울은 규범일치(Normentsprechung)와 규범일탈(Normabweichung)이라는 용어로, 서술기능 텍스트와 표현기능 텍스트의 번역방식을 구분하고 있다. 즉, 하나의 텍스트에 여러 기능이 혼재되어 있어도 그 기능에 맞추어 번역해야 한다는 것이다. (쿠스마울 2009/2012: 25 참조). 결론적으로 i) 정보텍스트는 사건 중심적이고, 번역의 목표는 내용 차원의 불변항이어야 하며, 이러한 번역은 "있는 그대로 번역하기"이다. ii) 표현텍스트는 텍스트생산자 중심적이고, 번역의 목표는 그 텍스트를 예술적 형태로 만드는 것이다. 번역방식은 "출발텍스트에 일치시키기(identifizierend)"이다. iii) 호소텍스트는 행동 중심적이고, 이 경우 번안적(adaptierende) 번역방식에 의한 텍스트에 내재되는 호소와의 일치성이 추구된다. 그러나 훗날 라이스는 뷜러의 모델을 바탕으로 삼분법의 기능모델이 번역모델로서는 불충분하다고 생각하면서 네 번째 유형에 해당되는 "시청각-미디어 기능"[2]을 제시했다. 상술된 내용을 도표로 정리하면 다음과 같다.

텍스트유형	텍스트기능	특징	등가척도	번역방식
정보적	정보전달	사건중심	내용중심 차원에서의 불변항	사실에 충실한 (=소박하고 산문적)
표현적	예술적 진술	텍스트생산자 중심	유사한 예술적 형태	저자에 충실한 (=동일시)
작용적	행위자극	행동중심	텍스트 내재적 호소와 일치	호소에 적합한 (=패러디적, 이후에는 번안적)
시청각-미디어	(1-3)	(1-3)	(1-3)	미디어 융합적 (=보충적)

〈표 7〉 라이스의 번역기능 모델 (1976: 20)

---

[2] 그 이후의 수정본에서 슈필너(1980: 75)의 제안을 받아들여 시각적 요소는 있지만 음향적 요소가 없는 (만화와 같은) 텍스트도 포함되도록 "시청각-미디어"를 "멀티-미디어 (multi-medial)"로 수정하며, 여기에 속하는 텍스트는 자신이 애초에 제안한 네 번째 텍스트기능을 따로 가지는 것이 아니라, 앞서 제시한 세 가지 텍스트기능에 해당되는 특징들을 가진다고 언급했다. 이러한 텍스트의 예로는 노래, 무대에서 공연되는 연극, 영화 대본, 오페라 대본뿐만 아니라 만화와 시청각적 요소를 포함한 광고물 등이 있다. (스넬-혼비 2006/2010: 141 참조).

그러나 라이스의 "시청각-미디어 텍스트"라는 개념은 너무나도 다의적으로 사용되어 세분화가 필요하다. 이에 대해 스넬-혼비는 언어외적 요소에 의존하는 시청각-미디어 텍스트를 다음과 같이 세분했다.

① 멀티-미디어 텍스트(영어로는 보통 "audiovisual"이라고 칭함)는 시각과 청각 요소를 포함한 기술 및 전자 미디어를 통해 전달된다. (예: 영화 또는 텔레비전 제작물, 자막).
② 다중모드(multimodal) 텍스트는 각기 다른 언어적, 비언어적 표현방식을 가지고 있으며, 드라마와 오페라처럼 시각적 요소와 청각적 요소를 모두 포함한다.
③ 다기호(multisemiotic) 텍스트는 각기 다른 언어적, 비언어적 그래픽 신호 체계를 사용한다. (만화 또는 광고 인쇄물).
④ 시청각-미디어(audiomedial) 텍스트는 구어로 전달하기 위해 쓰여지기 때문에, 인쇄된 종이가 아닌 사람의 목소리를 통해 최종 수용자에게 전달된다. (예: 정치적 연설, 학술 논문). (스넬-혼비 2006/2010: 142).

그렇지만 이러한 시청각-미디어 텍스트가 오르가논 모델에 기댄 뷜러의 언어기능 구분에서 한 자리를 차지할 수 있는가의 여부는 여전히 비판적이다. 왜냐하면 라이스가 스스로 언급했던 시청각-미디어 기능을 가진 세부요소들이 정보텍스트, 표현텍스트, 호소텍스트에 포함되어 있고, 그리고 세분화된 멀티-미디어 텍스트로 분류된 시청각-미디어 텍스트에는 정치연설과 학술논문 등이 포함되어 있기 때문이다. 이러한 텍스트들은 전통적으로 호소텍스트와 정보텍스트에 해당되는 텍스트였다. 다시 말해서 상술된 세 가지 텍스트유형은 모두 멀티-미디어 텍스트가 될 수 있으므로 멀티-미디어 텍스트는 위의 세 가지 텍스트유형과는 다른 범주에 속하는 어떤 것이다. 여하튼 라이스에 의하면, 텍스트유형마다 특유의 구조가 있는데 이러한 구조가 옮겨질 경우에 그 유형에 걸맞은 번역방식을 취해야 한다는 점이 중요하다. 이를 테면, 라이스에 의하면 문학작품을 비롯한 형태중심 텍스트에서 관용구, 속담, 은유를 개념-내용적으로 서술하던지, 도착언어권에서의 비슷한 은유 표현으로 서술하는 것이 전적으로 근거 있다고 생각한다: "(그러나) 형태중심 텍스트에서는 출발언어에서 통례적인 관용구(내지는 속담)를 축어적으로 번역히고, 만약 그것이 이해하기 힘들 경우, 그리고 낯선 효과를 불러일으키는 경우 도착언어의 통상적인 관용구(속담)로 재진술하고, 출발언어에서 언어통례적인 은유를 같은 정도로 다루고, 저자 자신에 의해서 창조된 은유는 축어적으로 번역한다. 따라서 예를 들어 영어 텍스트에서 관용구 'a strom in a teacup(찻잔 속의 폭풍)'이 사용되면 - 여기서 내용중심 텍스트가 관건이라면 - 순수한 개념적 번역, 대략 'zuviel Aufhebens(과다한 야단법석) - 불필요한 소동(unnötige Aufregung)' 등이 적합한 번역이 될 것이다. 이와 반대로 형태중심 번역에서는 등가로서 무조건 'ein Strum im Wasserglas(찻잔 속의 폭풍)'이 요구될 것이다. 호소중심 텍스트에서는 - 그때마다의 문맥에 따라 - 'künstliche Aufregung(인위적인 소동)'이라는 표현으로 번역될 수 있다. 왜냐하면 '인위적인'이라는 낱말이 아주 격정적인 효과를 불러일으키기 때문이다." (라이스 1971: 43 이하). 그래서 이문열의 소설『시인』에 등장하는 속담 "발 없는 말이 천리를 간다"가 영어로 "A horse with no legs goes a thousand leagues"로 번역된 것은 엄청난 오역이고, "A word with legs goes a thousand leagues"나 "Words, with the feet, travel a thousand miles"로 옮기는 것이 적절해 보이며, 도착텍스트의 용인성을 고려하면 유사한 의미의 속담인 "Bad news has wings"나 "Bad news travels quickly" 또는 "Ill news run apace"라고 옮겨야 한다는 김욱동(2010: 49 이하 참조)의 주장은 좀 더 고민이 필요해 보인다. 왜냐하면 위와 같은 속담이 등장한 텍스트유형이 소설이므로 라이스의 견해를 빌리면 형태중심 번역이 관건이기 때문이다. 그래서 순수 문학 텍스트의 경우 비록 도착텍스트 수용자들에게 용인성은 약간 떨어지더라도 출발텍스트와 동일하거나 유사한 형태를 제공해야 한다. 그러므로 위와 같은 경우는 "Words, with the feet, travel a thousand miles"로 옮기는 것이 나아 보인다.

라이스는 상술된 세 가지 텍스트유형에 속하는 다양한 텍스트종류들을 구체적으로 언급했는데, 체스트만은 그것을 다음과 같이 도식화했다. 특정 텍스트가 디지털적 방식으로 어떤 특정한 텍스트유형에 속하는가 아닌가가 아니라, 아날로그적 방식으로 세 가지 텍스트유형의 근처에 위치하고 있기 때문에 다음과 같은 체스트만의 도해는 일리가 있다.

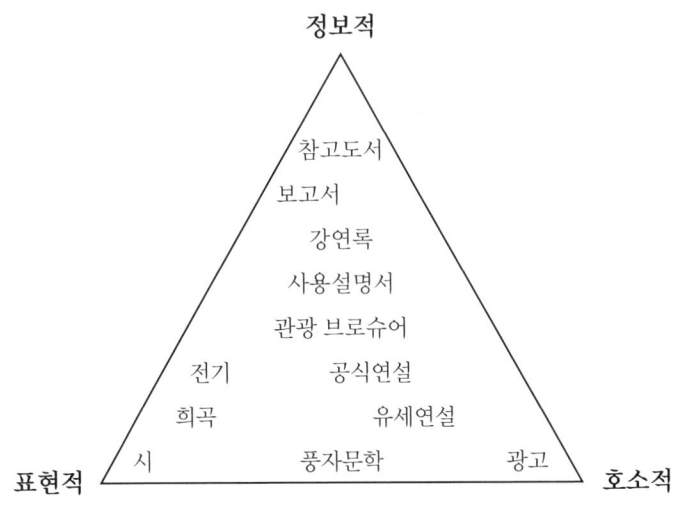

⟨표 8⟩ 라이스의 텍스트유형 및 텍스트종류 (체스트만 1989: 105)

⟨표 8⟩에서 표현텍스트에는 "시", 정보텍스트에는 "참고도서", 그리고

호소텍스트에는 "광고"가 전형성을 띤 것으로 자리하고 있다. 그러나 "관광 브로슈어"와 "사용설명서"가 세 가지 텍스트유형의 한가운데 자리하고 있고, "강연(록)"이 삼각형의 중심에서 약간은 정보텍스트 쪽에 위치하며 중심의 약간 아래쪽에 "공식연설"이 위치하는 것이 문제가 된다. 예를 들어 "관광 브로슈어" 같은 경우는 미래의 여행자를 설득하고 유혹해서 실질적으로 그 관광지를 방문하게 하는 것이 궁극적 목표이기 때문에 호소텍스트의 언저리에 놓여야 한다. 풍자문학이 표현텍스트와 호소텍스트 사이에 걸쳐 있는 것도 라이스/페어메어(1985/2010: 190 참조)가 보았다면 문제 삼았을 것이다. 라이스/페어메어 의하면 풍자문학은 표현텍스트와 정보텍스트 사이에 위치하기 때문이다[3]. 그렇지만 더욱 더 중요한 사실은 위와 같은 구분법은 번역되지 않은 또는 번역 이전의 출발텍스트에서의 텍스트유형 구분법에 해당되고, 위와 같은 특정 텍스트유형이 도착텍스트로 옮겨질 때 번역자가 출발텍스트의 텍스트유형이 가진 텍스트기능에 일치하게 번역해야 하는가에 관한 것은 별도의 문제이다. 물론 라이스가 주장하는 것처럼, 단순히 사실에 해당되는 정보, 지식, 의견 등을 전달하는 경우에 그러한 정보전달을 위해서 사용하는 언어가 논리적이거나 지시적이고, 그 내용 또한 주제가 의사소통 행위의 중심인 경우 그 텍스트유형은 정보적이고, 출발텍스트의 생산자가 언어의 미학적 차원을 활용하는 경우나 생산자뿐만 아니라 그 메시지의 형식이 두드러지는 경우 그 텍스트유형은 표현적이며, 호

---

3 라이스/페어메어는 다음과 같은 풍자시가 "1) 프랑스어의 발음규칙 한 가지를 알려주기, 2) 예술적 구성(운, 리듬)을 통해 발음규칙 암기 쉽게 만들기, 3) 재미있게 통통 튀는 음조를 이용해 규칙 암기를 재미있게 만들기"라는 의도를 가지고 있다고 하면서 표현적 텍스트와 정보적 텍스트의 중간에 위치한 혼합형 텍스트로 분류한다. 즉 어떤 텍스트가 표현텍스트, 정보텍스트, 호소텍스트라는 세 가지 텍스트유형 중의 하나로서 순수하게 나타나지 않는다는 것이다: "C vor o und u und a/Spricht man immer wie k; Soll es wie ein C erklingen/Läßt man die Cedille springen [C는 o와 u와 a앞에서 언제나 k[ka]처럼 발음된다. C를 c[s]로 발음하려면 세디유[ç: c 아래 붙여 [s] 발음을 내는 부호]를 불러라]." (라이스/페어메어 1985/2010: 190).

소기능의 목표는 텍스트수용자에게 소구하거나 이들이 어떤 행동을 하도록 설득하기 때문에 대화 형식을 취하고 그러한 텍스트유형이 호소적이라는 것에는 문제가 없어 보인다. 그러나 그러한 텍스트들이 번역될 경우, 출발텍스트에서와 동일한 기능으로 모든 텍스트가 번역되어야 하는 것은 아니라는 사실이 특히 중요하다. 이에 대해서 라이스도 시인하는 듯한 인상을 풍긴다. 라이스는 스위프트의 『걸리버 여행기(Gulliver's Travels)』가 원래는 18세기 중반 영국이라는 시대 상황을 풍자적으로 비판하기 위해서 쓴 풍자소설이기 때문에 텍스트수용자의 설득이 중요한 호소기능이 중심이 되는 텍스트인데 반해서, 오늘날에는 재미로 읽는 픽션텍스트로 여겨지므로 표현기능을 가진 텍스트로 번역되어 읽힌다는 것이다. 즉 『걸리버 여행기』라는 출발텍스트의 기능과 도착텍스트의 기능이 상이하다는 것이다. (라이스/페어메어 1991/2010: 194 참조).

그러나 이런 식의 기능 차이는 동일한 언어에서의 시공간적 차이에 따른 텍스트 사이에서도 발생하는 법이다. 문학텍스트를 번역할 때 출발텍스트에서 해석의 문제에 마주치면 다양한 번역유형이 있을 수 있고, 따라서 도착텍스트도 다양하게 생산될 수 있지만, 정치연설의 경우는 좀 더 분명하게 출발텍스트와 도착텍스트 사이의 기능 차이가 있음을 "기능의 조절자"로서의 번역자는 언제나 감안해야 한다[4]. 예를 들어 출발텍스트에서 호소텍스트의 전형에 속하는 정치연설의 경우, 그것이 – 거의 대부분 – 정보텍스트로 번역되어야 한다는 사실이 중요하다. 다시 말해서 정치연설 번역의 경우, 도착텍스트 수용자로부터 의도된 반응을 유발하기 위해 등가 효과(equivalent effect)를 구현하는 것이 아니라, 출발텍스트의 지시적이고 개

---

4   이와 유사하게 노이베르트/쉬리브는 번역자가 "언어적인 사자 조련사"(노이베르트/쉬리브 2000/2013: 18)의 역할을 한다고도 표현한다.

념적인 내용을 완전하고 명확하게 전달해야 하며, 평이한 산문체이어야 하고, 중복이 없으면서도 필요하면 명시화하는 전략을 세워야 한다는 것이다. 예를 들어 중국 시진핑 국가주석이 행한 연설의 한국어 번역은 한국 수용자에게 중국의 정치적 상황이나 시진핑 국가주석의 정치적 설득전략이나 설득방식 등에 대해 알리기 위한 것이지, 한국에서의 정치적 공감을 얻으려는 것은 아니다. 다시 말해서 출발텍스트가 번역됨에 따라 출발텍스트와 도착텍스트의 기능이 달라지는 것이다. 이것은 번역에서 출발텍스트가 가진 엄청난 권위가 감소됨을 의미한다[5]. 그래서 우리들은 체스트만이 제시했던 텍스트유형과 텍스트종류에 관한 도해에 기대서 특정 정치연설 번역을 다음과 같이 제시한다.

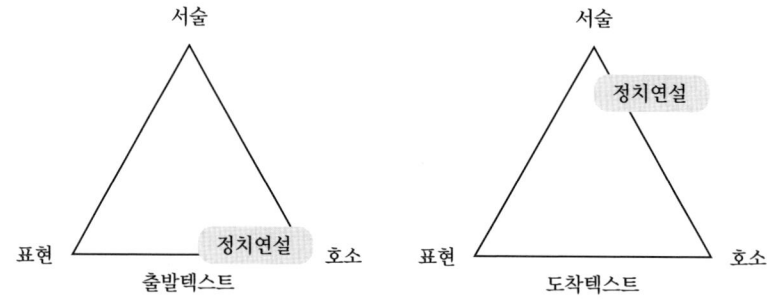

〈표 9〉 출발텍스트로서의 정치연설과 도착텍스트로서의 정치연설의 기능 차이

광고텍스트의 번역도 위와 같은 정치연설 번역과 유사한 면이 있다. 그래서 광고텍스트에 대한 전통적 의미에서의 번역(내용 번역/의미 번역)은 거

---

[5] 그래서 페어메어는 텍스트기능이 고정적인 것이 아니라 번역자가 번역의 목적에 의해서 어떤 기능으로 번역될지 관여하기 때문에 가변적이라는 주장도 펼친다. 예를 들어, 번역자는 출발텍스트 생산자에 의해서 의도된 것으로 인식되는 텍스트기능을 그대로 받을 수도 있고, 경우에 따라서는 다른 기능으로 변환시킬 수도 있다는 것이다. 물론 생산자의 의도를 그대로 받아서 번역하는 것이 보통의 경우이다. (페어메어 1979: 6 참조).

의 무의미할 만큼 소용없다. 왜냐하면 광고텍스트는 보통의 경우 생산부터 철저하게 출발텍스트 수용자중심이기 때문이다. 그래서 호소기능이 우세한 출발텍스트로서의 광고가 출발텍스트 수용자를 설득하는 정도의 설득력을 도착텍스트 수용자에게서 얻기 위해서 번역자는 출발텍스트를 거의 번안하는 수준의 공을 들여야 할지도 모른다. (라이스/페어메어 1985/2010: 181 참조). 다음은 중국 한 호텔의 사천요리 광고와 그것을 한국어로 직역한 경우(도착텍스트①)와 의역한 경우(도착텍스트②)이다.

출발텍스트: 不紅不革命, 不辣不高興
도착텍스트①: 붉지 않으면 혁명이 아니고, 맵지 않으면 즐겁지 않다.
도착텍스트②: 사천요리는 매워야 맛 (홍경아 2008: 208).

중국의 혁명을 상징하는 붉은색과 매운맛을 특징으로 하는 사천요리의 비교가 독특하다. 매운맛과 붉은색을 연관 짓는 것은 한국어 수용자들에게도 익숙한 방식이지만 혁명의 개념을 잘 알고는 있지만 그것을 붉은색과 연관 짓는 것에는 그리 익숙하지 않다. 그래서 번역자들은 소위 직역인 도착텍스트①을 택하지 않고 대신 도착텍스트②처럼 번역할 가능성이 농후하다. 그러나 위와 같은 사천요리 광고텍스트를 도착텍스트②처럼 한국어 수용자를 위해 번역할 경우가 있는가라는 의문이 생겨나게 된다. 단지 중국어 교육을 위해서, 또는 중국어 광고가 어떤 식으로 행해지는가에 대한 비교연구를 위해서 위와 같은 광고텍스트 번역이 필요하다면, 당연히 도착텍스트①처럼 번역하는 것이 타당하다. 정치텍스트의 번역처럼 이 경우도 출발텍스트가 번역됨에 따라 출발텍스트와 도착텍스트의 기능이 크게 달라진 것이다. 결국 이러한 텍스트종류의 번역은 전적으로 도착텍스트의 기능에 의존한다고 할 수 있다. 그래서 광고번역에 관한 다음과 같은 연구동향이 생겨나게 된 것이다.

광고번역에 관한 연구는 1990년대 중반 글로벌 시장이 등장한 시기부터 점차적으로 증가하기 시작했다(스미스 2010: 6). 초기의 연구가 주로 등가의 개념을 중심으로 언어학적 차원에서 진행되었다면, 그 후 차츰 기능주의의 영향을 받아 광고의 기능/목적, 즉 도착문화권에서 원문이 달성하고자 했던 의도된 기능을 고려한 번역을 무엇보다도 강조하고 이로 인해 수반되는 수용자 반응에 중점을 둔 연구로 관점이 전환되었다. (이선우 2017: 16).

그런데 상술된 텍스트유형중심의 번역은 당장 여러 비판에 직면하게 되는데, 포세트(1997: 106 이하 참조)가 요약한 비판 중에서 번역에서는 왜 언어의 세 가지 기능에만 한정한가라는 비판이 눈길을 끈다. 그래서 노르트에 의해서 네 번째 기능인 교감기능(phatic function)이 추가됐다. 이것은 연설의 도입부에 등장하는 인사말이나 비즈니스 서신의 결구에 해당되는 기능이라고 할 수 있다. 그러나 이런 식의 주장은 당장 하나의 텍스트를 구성하는 다양한 텍스트소(Textem)가 동일한 기능을 가져야 하는가라는 비판을 받기 마련이다. 예를 들어 영국의 비즈니스나 금융과 관련된 텍스트에는 단순하면서도 복합적인 은유적 표현들(시장은 'bullish'나 'bearish'로 표현될 수도 있고, 수익은 'soar', 'peak', 'dive', 'plummet'로 표현될 수 있다)이 있는데, 이런 텍스트의 번역은 단지 정보적 가치에만 주목해서는 안 된다는 것이다. (먼데이 2000/2006: 102 참조). 이것은 텍스트언어학의 초창기부터 논의해 왔던 특정 텍스트유형이 가지는 텍스트기능을 단 하나의 것으로만 치부해야만 하는가에 대한 비판과 유사하다. 예를 들어 진실을 말해야 하는 법정텍스트는 정보텍스트로 분류될 수 있지만, 법정에서 자신의 텍스트로써 최대한 의뢰인에게 유리한 판결을 이끌어 내려는 변호사의 변론은 설득적 성격이 강한 호소텍스트로도 나타날 수 있다는 것이다. (라이스/페어메어 1985/2010: 189 참조). 이에 대한 해결책으로 리(2006)는 「한국 상업광고의 역사에 대해서: 언어기능을 중심으로(Zur Geschichte der kommerziellen Werbung in Korea. Unter besonderer Berücksichtigung der Sprachfunktion)」에서 특정 텍스트유형에 존재하는 대표기능에 대해서 말하고 있다.

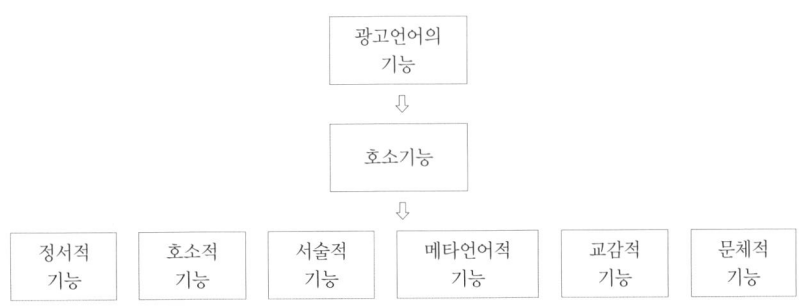

〈표 11〉 광고언어의 기능 (리 2006: 367)

〈표 11〉이 의미하는 것은 현대백화점이 "나는 지금 가을과 통화하고 있어요."라고 아무리 아름다운 시 구절을 카피하여 광고했다 할지라도, 삼성 엔지니어링이 아무리 자기 회사의 선진적 시설을 자랑했다고 할지라도, 아무리 담배의 해악적 요소를 낱낱이 까발리는 필립 모리스가 자살 마케팅적 기법을 이용했다 할지라도 단 한 줄의 문장으로 귀결될 수 있다: "나는 당신이 우리 회사의 생산물/상품 X를 사기를 권합니다." (이재원 2006: 95). 그뿐만 아니라, 노르트가 추가한 접촉기능 외에도 시적(poetic) 기능이나 메타언어적(meta linguistic) 기능을 가진 텍스트유형이 있다고 비판할 수도 있다. 이런 식의 비판이 가능한 것은 순전히 뷜러의 세 가지 언어기능의 불충분성을 비판하면서 세 가지 기능을 더 추가했던 야콥슨 덕분이다. 야콥슨

의 견해에 따르면 발신자(뷜러에 의하면 '어떤 이')가 수신자(뷜러에 의하면 '다른 이')에게 메시지를 보내기 위해서는 서로 이해가 가능한 상황이 필요하고, 발신자와 수신자가 가지고 있는 공통된 약호체계가 필요하며, 물리적으로 서로 연결되는 접촉 개념이 필요하다는 것이다. 이때 메시지에 해당되는 기능이 시적 기능이고, 약호체계에 해당되는 기능이 메타언어석 기능이다[6]. (야콥슨 1960/1971: 55 이하 참조). 그러나 이러한 야콥슨의 분류는 텍스트유형을 염두에 두고 논의된 것은 아니다. 왜냐하면 하나의 텍스트 전체를 대표하거나 총괄하는 텍스트기능을 접촉기능이나 메타언어적 기능 또는 시적 기능으로 얼버무리는 것이 무리가 있기 때문이다. 차라리 텍스트 기능을 염두에 두고 텍스트유형을 구분했던 브링커의 모델을 따르는 것이 좀 더 효율적이다. 그래서 우리들은 도착텍스트에서의 텍스트유형과 텍스트기능을 다음과 같이 제시한다.

---

[6] 야콥슨의 확장된 텍스트기능에 기대서, 노르트는 작품의 제목이 가지는 기능의 번역에 대해서 논하기도 했나. 노르트는 제목이 크게 여섯 가지의 텍스트기능을 수행한다고 여겼는데, - 야콥슨에서 변형된 - 이러한 기능은 작품에서 그것을 대표하는 이름인 제목은 다른 작품의 제목과는 구별되어야 한다는 "차별적 기능", 제목은 그 자체로서 제목임을 명확히 알 수 있게 하는 "메타텍스트적 기능", 텍스트수용자의 관심을 유발하고 접촉을 시도하려는 "친교적 기능", 정보를 전달하려는 과제를 충족시키는 "지시적 기능", 텍스트생산자의 감정이나 의견을 나타내는 "표현적 기능", 마지막으로 감성을 움직여서 행동하도록 하는 "호소적 기능"이다.

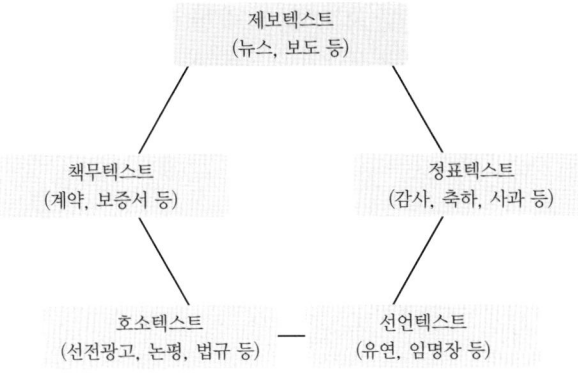

〈표 12〉 브링커의 텍스트유형 분류(브링커 1985/2004: 140 참조)

그럼에도 불구하고 하나의 텍스트가 다양한 기능을 가지고 있다는 먼데이의 다음과 같은 비판은 유효하다. 따라서 우리는 텍스트유형 분류나 기능 분류가 퍼지(fuzzy)하다는 먼데이의 주장에 귀를 기울일 필요가 있다.

> 전기(biography)는 [표현적 기능뿐만 아니라] 호소적 기능을 동시에 갖고 있어 독자들이 대상에 대해 어떤 태도를 갖게끔 하는 것을 목표로 할 수 있으며, 호소적 기능의 광고 역시 예술적/표현적 기능 또는 정보적 기능을 수행할 수 있다. 이렇듯, 하나의 원천텍스트 내에 여러 기능이 공존한다는 것과 다양한 목적을 위해 하나의 목표텍스트를 사용한다는 것은, 라이스의 '명쾌한' 텍스트유형 분류가 사실은 퍼지하다는 것을 보여준다. (먼데이 2000/2006: 103).

또한 먼데이가 비판한 출발언어권 문화에서 보고서가 수행하는 다양한 기능을 언급하고 있다. 예를 들어 기업 경영보고서는 임직원에게는 정보텍스트로 기능하지만 주주와 시장 애널리스트에게는 회사가 효율적으로 경영되고 있음을 설득하기 위한 호소텍스트로 볼 수 있다는 것은, 결국 번역자는 특정 텍스트수용자를 위해서 번역해야 한다는 스코포스 이론으로 연결될 수 있음을 시사한다.

6장 스코포스 이론에서 텍스트중심 번역의 흔적

레비는 1967년에 간행된 『로만 야콥슨을 기리며: 70회 생신기념 에세이집(To Honor Roman Jakobson. Essays on the Occasion of his 70th Birthday, repr. The Translation Studies Reader)』에 「의사결정 과정으로서의 번역(Translation as a decision process)」이라는 글을 실었는데, 여기서 그는 목적론적 관점에서 번역을 고찰하여 "소통 과정"으로 이해하며, 이것이 바로 스코포스 이론의 토대가 됐다. (스넬-혼비 1985/2010: 48 참조). 그러나 좀 더 정확히 말하면, 스코포스 이론의 실질적인 출발점은 1978년에 페어메어가 『레벤데 슈프라헨(Lebende Sprachen)』에 발표한 논문 「일반 번역이론을 위한 틀(Ein Rahmen für eine allgemeine Translationstheorie)」로 보는 것이 정설이다. 왜냐하면 이 논문에서 번역은 출발텍스트가 아닌 도착텍스트중심이라는 스코포스 이론의 얼개가 실려 있기 때문이다. (쿠스마울 2009/2012: 16 참조). 페어메어가 제안한 번역이론의 핵심은 "정보제공"이다. 여기서 중요한 것은 번역의 목적은 애당초 정해진 것이 아니고, 출발텍스트에서 도출될 수 있는 것도 아니며, 단지 도착텍스트 수용자의 기대와 요구에 의해서 결정된다는 점이다. 또한 기술번역학과 스코포스 이론의 선구자로 일컬어지는 홈스는 언어학자들로 하여금 '문장의 하위 수준에서 문장과 언어현상'에 집착하지 말고, 문장의 상위 수준인 텍스트를 고려하여 시작하도록 동기를 부여했다. 홈즈는 이론가와 실무자 사이의 협력뿐만 아니라 서로 다른 학자들과 학파 간, 특히 학제적인 텍스트학, 언어학(특히 심리언어학과 사회언어학), 문학이론, 심리학, 사회학 등의 팀워크 형식을 통한 협력의 필요성을 역설했다. (스넬-혼비 1985/2010: 80 참조). 홈즈가 번역이 학제적 성격을 띤 것으로 판단하고 연구를 시작했다는 것은 번역학의 성격을 재정의할 수 있는 가능성을 부여했을 뿐만 아니라 번역학이 현대화됐음을 의미한다.

라이스/페어메어에 의해서 본격적으로 주창된 스코포스 이론의 목표가 "어떤 경우에든 통번역의 개별적 문제나 통번역학 각 영역과 유기적으로 연결될 수 있는, 포괄적이고 일반적인 통번역 이론의 기초를 놓는 것"(라이스/페어메어 1985/2010: vii)이라면 이들의 관심사는 (통)번역학을 위한 새로운 연구 패러다임을 구축하려는 야심찬 계획이었음에 틀림없다. 스코포스 이론에서 번역에서의 결정적인 요소는 "목적"이다. 라이스/페어메어는 저서의 도입부에 스코포스 이론을 자세히 설명하며, 그 다음으로 라이스의 기능주의적 텍스트유형 모델을 일반이론에 적용한다. 그 이론의 기저에는 다음과 같은 규칙들이 존재한다.

    a) 통번역물(도착텍스트)은 스코포스에 따라 좌우된다.
    b) 통번역물은 출발문화 및 출발어로 이루어진 정보제공(물)에 관한 도착문화 및 도착어로 이루어진 정보제공(물)이다.
    c) 통번역물은 정보제공(물)을 모사하며 비가역적이다.
    d) 통번역물은 그 자체적으로 결속성이 있어야 한다.
    e) 통번역물은 출발텍스트와의 결속성이 있어야 한다.

f) 상기 규칙들은 여기에 열거된 순서대로 위계적인 질서('연쇄')를 이룬다. (라이스/페어메어 1985/2010: 110 이하 참조).

또한 라이스/페어메어가 이론을 실무와는 별개로 취급하고, 이론이 직접적인 실무에 영향을 미쳐야 한다는 사실에 대해서도 썩 내켜하지 않는 것을 보면, 과학철학에서의 "과학" 논쟁(장하석 2015/2022: 22 이하 참조)과도 많이 닮아 있음을 알 수 있다.[1]

'이론'이란 관찰에 의해 수집된 자료를 해석하고, 서로 연관시키는 것이므로 이론은 '실무'에 대해 독립적이며, 그 자체로서 하나의 관심사라고 한다. 이런 식의 논리는 학문에 대한 현대적 견해와 통한다. 이런 관점에서 본다면, 이론이 곧바로 실무에 직접적 도움 주기를 기대하는 것은 옳지 않다. 예를 들어 누가 태양계 생성 이론의 실용적 가치를 따지겠는가? (라이스/페어메어 1985/2010: vii).

그뿐만 아니라 이론이란 학술적인 기술(記述)이 객관성을 전제로 해야 하고, 기술의 과정과 결과가 동일한 조건 내에서 재구성이 가능해야 하며, 항상 동일한 결과가 나올 수 있도록 상호 주관적 유효성을 유지해야 한다는 주장을 보면(라이스/페어메어 1985/2010: 2 참조), 라이스/페어메어는 스코포스 이론을 과학적으로 설계하려 했음을 알 수 있다.

---

[1] 장하석은 "과학교육이 필요하다"나 "과학연구에 투자해야 한다"와 같은 문구에서의 "과학"은 "과학이" 아니라 "기술"이라고 말한다: "그런데 사람들 (특히 대부분의 정치인)이 그런 맥락에서 생각하는 것은 과학이 아니라 기술입니다. 물론 많은 경우, 기술은 과학을 응용한 결과이긴 하지만 과학 자체와는 다릅니다. 기술 때문에 과학을 해야 한다고 주장하다 보면 순수과학의 의미와 중요성은 실종되어 버립니다." (장하석 2015/2022: 22). 그러한 견지에서 보면, 번역 실무와 과학으로서의 번역학도 명확히 구분될 수 있다.

그러나 라이스/페어메어는 자신들의 주저인 『일반 통번역 이론 기초 (Grundlegung einer allgemeinen Translationstheorie)』(1985/2010)의 서론에 등장한 첫 문장에서 자신들의 이론이 "독자에게 완벽한 통번역 이론을 약속하지 않는다"(라이스/페어메어 1985/2010: 1)며 약간 뒤로 물러서고 있다. 그럼에도 불구하고 이들이 주장하는 통번역 이론을 문화와 관련된 텍스트학(텍스트생산)의 특수한 종류로 보았다는 사실에 대해서 우리들은 이들이 여전히 "과학으로서의 번역학"을 추구했다는 것에 전적으로 공감한다. 왜냐하면 결국 하르트만의 "텍스트는 첫 번째 언어기호"(하르트만 1968: 212) 또는 "텍스트는 오리지널한 언어기호"(하르트만 1971: 10)라는 텍스트언어학의 핵심 정의와 통번역 이론이 텍스트생산과 관련 있다는 사실에서 개별텍스트의 구조 그리고 개별 텍스트유형의 특징이 중요하다는 것을 유추할 수 있기 때문이다. 이때 번역학이 텍스트생산과 관련 있다는 것은 전적으로 출발텍스트가 아닌 도착텍스트의 경우에 그러하다는 것이다. 즉 출발텍스트는 번역자가 아닌 출발텍스트의 생산자인 저자에 의해서 이미 산출되어서 번역자의 입장에서 언급할 여지가 전혀 없다. 또한 스코포스 이론가들은 명시적으로 "통번역의 본질적 단위는 텍스트"(라이스/페머메어 1985/2010: 25)라고 천명했듯이, 이때 번역자에게 낱말은 단지 텍스트를 구성하는 요소일 따름이다. 이 지점에서 스코포스 이론과 텍스트중심 번역학이 조우하게 된다. 그럼에도 불구하고 우리들은 이러한 스코포스 이론가들의 주장이 언어가 "의사소통의 수단"이라고 단순하게 정의하는 것과 유사하다는 견해를 떨쳐버릴 수 없다. 언어가 "어떤 것"의 수단이라면 그 "어떤 것"은 언어 없이 어떻게 형성됐는가에 대한 아무런 정의도 없기 때문이다. 번역이 도착텍스트 수용자의 기대와 요구에 따라서 행해지기 이전에는 출발텍스트와 도착텍스트 사이의 텍스트중심적 내지 의사소통적 적합성이 우선되어야 한다.

스코포스 이론에서의 핵심은 그리스어에서 유래된 "스코포스"라는 개념이다. "스코포스"의 유의어로는 "목적", "목표", "기능" 등이 있고, "스코포스"와 유사하게 "기술적 의의(technischer Sinn)"와 "실제적 의의(praktischer Sinn, 베티 1967: 335)", "초점(focus, 쉔카인 1972: 354)", "상호행위 형식(Interaktionsform, 칼마이어/쉿쩨 1976: 12, 25)"이라는 표현도 있다. (라이스/페어메어 1985/2010: 87 참조). 라이스/페어메어에게는 우리들이 출발텍스트 또는 도착텍스트라고 일컫는 텍스트가 목적성을 띤 어떤 것으로 간주되어 이를 "한 명(또는 여러 명)의 타인을 염두에 두고 하나의 목적을 달성하게 하는 행위"(라이스/페어메어 1985/2010: 14)라고 정의했다는 점이 중요하다. 비록 "타인"과 "하나의 목적"이라는 표현이 거슬리지만 ("타인"뿐만 아니라 텍스트생산자 "자신"에게 그리고 "하나의 목적"이 아니라 "여러 가지 목적"을 달성하기 위해서 행하는 행위도 있다), 인간이 행위를 통해서 타인(또는 자신)과 의견을 주고받는데, 이것을 "의사소통"(라이스/페어메어 1985/2010: 14 참조)이라고 정의하는 것은 문제가 없어 보인다. 그러나 우리는 모든 텍스트가 목적을 가진다는 점을 일부 인정하면서도 출발텍스트의 목적과 도착텍스트의 목적이 다를 수 있다고 주장한다. 이를 테면, 출발텍스트의 목적이 텍스트생산자에 의해 형성한 것이라면, 도착텍스트의 목적은 출발텍스트의 목적을 염두에 두면서 번역하는 번역자의 몫 또는 번역발주자(initiator)나 번역의 뢰인(commissioner)의 몫도 포함되어 있다는 것이다. 그래서 출발텍스트보다 도착텍스트의 목적은 조금 더 복합적인 목적인 셈이다. 이 즈음에서 스코포스 이론가들의 이론과 플라톤의 『크라튈로스(Kratylos)』에 등장하는 언어의 오르가논 모델[2]이 유사하다고 판단되고, 따라서 이들의 이론은 빌러

---

2 오르가논 모델에서 "오르가논"은 원래 일을 할 때 쓰이는 "연장"이나 "도구"를 의미했다. 여기서 일이란, 플라톤의 『크라튈로스』에 등장하는 구멍 뚫기, 직조하기를 비롯한 다양한 일일 것이고, 이런 일을 하기 위해서 송곳과 베틀북 등이 오르가논의 역할을 한다. 따라서 플라톤의

(1934/1982)의 언어기능 모델과도 자연스럽게 연결된다. 한 발 더 나아가 스코포스 이론은 텍스트언어학의 장에서 "텍스트성" 개념의 광풍을 몰고 왔던 보그랑데/드레슬러의 "텍스트는 [...] 의사소통적 발화체(communicative occurrences)"(보그랑데/드레슬러 1981/2008: 6)라는 주장과도 유사성을 보인다. 그래서 스코포스 이론을 텍스트중심 번역이론, 조금 더 명확하게 텍스트유형중심 번역과 연관을 짓는 것은 극히 자연스러운 일이다. 또한 "통번역사가 관심 갖는 것은 객관적 현실도 아니고, 진리가치도 아니다. 통번역사가 관심을 갖는 것은 한 텍스트에 나타나는 역사적 사건들이 유효한 규범(문화) 및 텍스트상황(그리고/또는 텍스트생산자의 상황)과 관련하여 갖는 가치, 그리고 그 텍스트를 도착텍스트로 통번역함으로써 일어날 가치변화"(라이스/페어메어 1985/2010: 21)라는 스코포스 이론가들의 주장은 텍스트중심 번역의 일반이론을 정립하려는 우리들에게 있어서 특히 중요하다. 통번역에 의해서 생겨나는 출발텍스트와 도착텍스트의 "가치변화"라는 논의는 지금까지 번역학사에서 대두되지 않았다. 슐라이어마허가 출발텍스트중심 또는 도착텍스트중심이라는 단선적인 차원에서의 논의는 "가치변화"라는 스코포스 이론가의 주장에 의해서 조금 입체화됐다. 또한 스코포스 이론가들은 출발텍스트와 도착텍스트의 사이에 불변항/상수(Konstante)로서의 "의미(Bedeutung)"를 상정하는데[3], 이로써 다음과 같은 도표가 탄생한다.

오르가논 모델이란 언어를 의사소통의 도구로 이해한다는 뜻이다. 이것이 플라톤의 언어에 대한 최상의 정의는 아니지만, 그런 한에 있어서 『크라튈로스』에서 현대 화용론의 흐릿한 흔적을 찾을 수 있는 여지는 있다. 이에 대해서는 이재원(2004)과 신형욱/이재원(2013)을 참조할 것.
[3] "의미는 언어 간에 비교를 해 보아도 불변해야 한다." (라이스/페어메어 1985/2010: 26).

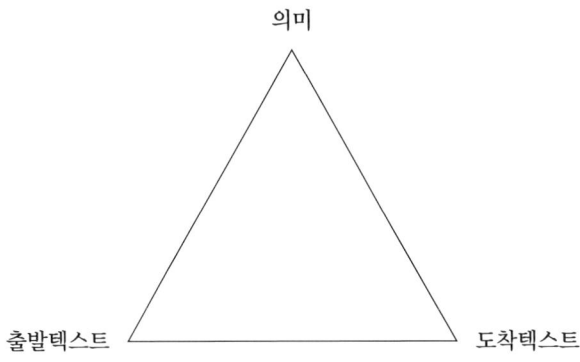

〈표 13〉 출발텍스트와 도착텍스트 사이의 불변항 개념

사실, 여기서 말하는 "의미"는 모든 언어에 존재하는 불변의 어떤 것이다. 이것은 마치 "의미"가 모든 언어에 존재하고 있는 어떤 보편소의 역할을 한다는 것과 다름없어 보인다. 그래서 코슈미더처럼 절대적 번역가능성을 주장하는 학자는 번역은 L^x에 있는 Z^x에서 출발하여 B^x를 거쳐 G[실제로 뜻한 것, 속뜻, 텍스트 의미, das Gemeinte]를 찾는다고 한다. 이후 L^y에 존재하는 동일한 G에서 출발하여 B^y를 거쳐 이와 동등한 Z^y를 찾는 것이라고 주장한다. (코슈미더 1965: 101 이하 참조).

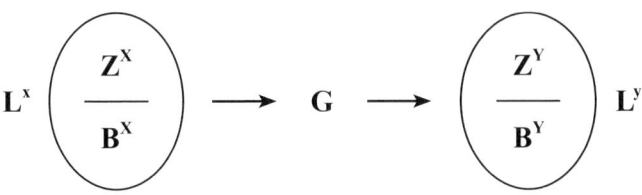

〈표 14〉 코슈미더의 번역과정 개념

이것은 스코포스 이론가들의 "의미"에 해당될 터인데, 그러나 이러한 "G"나 "의미"에 대한 구체적 설명이 선행되지 않아서 이 같은 주장은 받아

들여지기 힘들다. 무엇보다 이 개념은 너무나도 이상적이기 때문이다. 그래서 우리들은 위의 도표에서 "의미"를 "텍스트의미"로 변경해서 제안하려고 하는데, 이러한 방식이 유용해 보이는 근거는 다음과 같은 바인리히 (1970/2000)의 텍스트의미론 때문이다.

언어가 기호체계라면, 아마도 다음과 같은 과정을 상상해 볼 수 있을 것이다. 화자와 청자가 있고, 화자가 'Feuer(불)'라는 낱말기호를 청자에게 전달함으로써 두 사람 사이에 언어적 소통이 일어나고 있다고 하자. 여기서 문맥이 없다고 가정해 보자. 또한 소통이 일어나고 있는 주변에 실제 생활과 관련한 구체적인 상황도 존재하지 않는다고 하자. 그렇다면 이러한 소통은 완전히 허구적인 것이고 모형으로서의 가치만 지닐 뿐이라고 말해도 될 것이다. 우리는 일반적으로 고립된 낱말이 아니라 문장이나[4] 텍스트로 말을 하며, 이러한 말은 상황과 맞물려 있으니까 말이다.[5] (바인리히 1970/2000: 19).

---

4   비록 이 부분에서는 바인리히가 "낱말이 아니라 문장이나 텍스트"라고 표현했지만, 1965년도 『거짓말의 언어학(Linguistik der Lüge)』의 제6판을 보면 "문장"은 삭제되어야 함이 마땅하다. 그 내용을 보면 다음과 같다: "전문가들에게 텍스트언어학(수필에서는 주제와 관련된 텍스트의미론으로 불림)의 은밀한 선고로 인식되는 입장을 취하는 본 수필 역시 이러한 역사적인 관련에 속한다. 그것은 이러한 새로운 언어학이 낱말과 문장을 구성단위로 보는 전통적인 입장에 대하여 언어분석에 있어서 더 넓은 지평을 개척하기 위하여 더 큰 차원인 '텍스트'를 추가하는 것을 의미한다." (바인리히 1970/2000: 97).
5   한국에서 통번역에 대한 학문적인 관심이 일기 시작하던 21세기에 이르러서야 이러한 텍스트중심 번역이 각광받기 시작했다. 김효중은 번역의 연구대상은 의미 차원이 아니라 텍스트 의의 차원임을 천명했다: "번역은 목적이나 전체적 조건 아래에서 유효한 역동적 행위이므로 그 최적성은 커뮤니케이션 관련자, 커뮤니케이션 상황, 텍스트종류, 역사적 시기와 번역 목적에 따라 결정되어야 한다. 개별어 의미의 상이한 현실 구성과 그 결과로 나타나는 차이점은 번역이론의 가장 중요한 문제이며, 이러한 차이점에도 불구하고 번역의 구심점은 항상 어휘였다. 그러나 1970년대 언어학의 화용론적 전환기 이후 번역이론에서 단어는 번역될 수 없다는 사실이 인지됨으로써 개별어의 체계 내에서 의미 차원(랑그)이 아니고 텍스트 의의(빠롤)가 번역의 연구대상이 되었다. 그러므로 번역자의 임무는 등어의 표현수단을 통해서 등가의 체계 의미보다는 등가의 지시와 의의를 재생하는 데 있다. 번역의 핵심적 문제는 결국 텍스트를 정확

여기서 텍스트를 가정하지 않은 상황에서 의사소통 참여자 사이에 존재하는 "Feuer"는 "불이야!"와 "불 좀 빌려 주시겠어요?"라는 중의성 때문에 온전한 의사소통이 이루어질 수 없다. 다음 예는 낱말이나 문장중심의 번역이 가지는 문제를 보여주고 있다.

문장①: The bill is large.   문장②: [...] but need not be paid.

문장①에 등장하는 낱말 "bill"은 다의어로서 "계산서", "부리", "창" 등의 뜻으로 해석되어 번역될 여지가 있기 때문에 문장①만으로 그 낱말의 정확한 뜻을 판단하기 힘들다. 그런데 문장②가 등장하게 되면, 문장①의 "bill"은 다의성을 탈피하여 "계산서"로 확정될 수 있다. (김정우 2003: 30 이하 참조). 이러한 지점에서 텍스트중심 번역의 중요성을 절감하게 된다. 여하튼 이러한 논의가 우리에게 중요한 이유는, 결국 "번역이란 출발텍스트를 정확히 이해하는 것이 선행되어야 한다"는 점 때문이다. 이를 테면, "출발텍스트를 정확히 이해한다"는 것은 낱말이나 문장 아닌 텍스트 차원에서 출발텍스트를 이해해야 한다는 것이다. 그래서 통번역 과정의 단계성을 주장한 자카리아에게 통번역이란 "출발텍스트를 이해하기"와 "도착텍스트를 이해할 수 있게 만들기"이다. 그래서 그는 "번역은 그 내적 구조상 어느 경우든 '이 단계 과정'이다. 첫째 단계는 외국어 텍스트를 이해하는 것이고, 둘째 단계는 이를 의미에 충실하게 도착어로 재현하는 것"(자카리아 1805, 슈피츠바르트 1972: 15에서 재인용)이다.

히 이해하고 그 의미 내용을 역어의 문체론에 적합하게 재구성하는 것이다." (김효중 2004: 78).

이러한 연유로 출발텍스트와 도착텍스트에 존재하는 불변항인 "의미"와 관련된 번역으로 간주되는 다음과 같은 내용이 수정되어야 한다고 스코포스 이론가들은 말하고 있다. (라이스/페어메어 1985/2010: 24 이하).

〈독일 관광 부스 안내소에 웨일즈 지방을 소개하는 안내책자가 있음〉

출발텍스트

A: Are all your booklets in French?
[가지고 계신 책자들은 모두 프랑스어로 되어 있나요?]

B: Oh, that would be awful, wouldn't it?
[오, 그렇다면 끔찍한 일이겠죠, 안 그래요?]

도착텍스트①

A: Sind alle Ihre Prospekte auf französisch?
[가지고 계신 책자들은 모두 프랑스어로 되어 있나요?]

B: Oh, das wäre ja schrecklich, nicht wahr?
[오, 그렇다면 끔찍한 일이겠죠, 안 그래요?]

도착텍스트②

A: Haben Sie denn nur französische Prospekte?
[프랑스어 책자만 가지고 계신가요?]

B: Um Gottes Willen! Das darf doch nicht wahr sein!
[세상에! 있을 수 없는 일이예요!] (라이스/페어메어 1985/2010: 26).

라이스/페어메어에 의하면 도착텍스트①은 의사소통 상황을 배제한 채 출발텍스트의 의미를 그대로 코드화한 것이고, 이와 달리 도착텍스트②는 "안내책자"라는 텍스트유형에 염두를 두고 형식의 문제를 제치고 그것의 사용의미를 고려하여 번역된 결과물이다. 이것은 전통적으로 논의되어 왔던 직역과 의역의 문제와도 결부시켜 설명될 수 있는데, 이때 도착텍스트 ①은 직역에 가깝고 도착텍스트②는 의역에 가깝다. 그러나 스코포스 이론가들에게는 직역과 의역의 구분은 타당성을 획득하기 어렵다. 이것을 직역과 의역의 문제라고 하기보다 차라리 "충실한 번역과 충실하지 않은 번역의 차이" 또는 "사람들은 도착텍스트①처럼 말하지 않는다"라는 표현이 더 적합할 것이다.[6] 그래서 스코포스 이론가들은 출발텍스트와 도착텍스트 사이에 불변적 상수인 "의미" 대신에 "상황"을 전제하고 개별텍스트의 "의의"와 "형식"을 구분하는 도표를 다음처럼 제시한다.

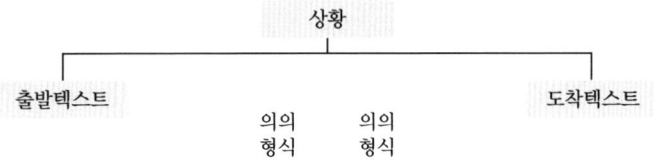

〈표 15〉 번역자가 고려해야 하는 사항 (라이스/페어메어 1985/2010: 28)

라이스/페어메어는 〈표 15〉처럼 용어 정리를 한 후에, 번역을 정보제공으로 뭉뚱그려 정의한다.

---

6 번역학에서 직역과 의역 논쟁은 오래전부터 논의되어 왔지만 직역과 의역의 구분은 명확하지 않다. 예컨대 "I have a good idea"의 번역을 보면 "나는 좋은 생각을 가지고 있다"는 직역에 해당되고 "나는 좋은 생각이 있다"는 의역에 해당된다는 판단이 대부분이다. 그런 판단은 동사 "have"에는 "소유하다"라는 의미에 대한 잘못된 단편적인 견해에 기인된 것이다. 이러한 점에서 보면 직역과 의역의 구분은 불필요해 보인다. 단지 상황과 문맥에 적합하고 충실한 번역이 있고, 그것에 적합하지 않은 부실한 번역이 있을 뿐이다.

'비가 온다'와 같은 발화는 일차적으로 (발신자 생각에) 비가 온다는 정보이자, (발신자 생각에) 주어진 상황에서 수용자에게 흥미로울('새로울') 수 있는 정보이다. 발화의 목적은 수용자가 모르는 사실을 알리기, 대화할 용의가 있음을 알리기(접촉), 수신자는 갈 때 우산을 가지고 가기를 바란다는 것을 알리기 등일 것이다. '비가 와?'라는 질문은 질문자가 상황의 상태에 대한 정보를 기대한다는 등의 정보로 해석될 것이다. [...] 모든 통번역물은, 그 기능 및 텍스트종류와 상관없이, 출발문화를 배경으로 하여 출발어로 구성된 출발정보제공(물)(IAa)에 대해 도착문화를 배경으로 하여 도착어로 구성된 도착정보제공(물)(IAz)이라는 것이다. (라이스/페어메어 1985/2010: 69).

이것은 다음과 같은 공식으로 요약된다.

$$Trl. = IAz(IAa)$$
통번역 = 도착정보제공(출발정보제공)

〈표 16〉 통번역과 정보제공의 등가성 (라이스/페어메어 1985/2010: 69)

위와 같은 라이스/페어메어의 주장은 – 출발텍스트이든 도착텍스트이든 상관없이 – 마치 모든 발화에는 정보전달만 있다는 인상을 풍긴다. 라이스/페어메어는 언어기능의 상위에 정보가 존재한다는 소위 "정보가설"을 다음과 같이 주장한다: "여기서 우리는 정보를 언어기능의 상위 개념으로 사용한다. 그것은 텍스트생산자가 수신 대상자(개인 혹은 집단)에게 무엇을, 어떻게 이해하기를 바라는지에 관해 형식적으로, 그리고 상황과의 관련 하에 전하는 것(더 정확하게 말하자면, 전하고자 하는 것)이 정보라고 보기 때문이다." (라이스/페어메어 1985/2010: 55). 그렇다면 결국 이들의 주장은 뷜러에 의해서 제창됐던 언어기능의 상위에 정보가 있다는 것과 다름없다.

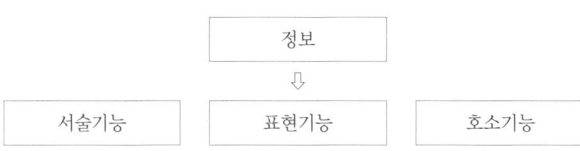

〈표 17〉 정보와 언어기능의 관계

　그래서 라이스/페어메어는 다음과 같은 경우에 생산되는 번역물도 정보 전달로 간주하고 있다: "미국 선거연설 번역문은 그 대상자에 따라 다양한 역할을 할 수 있다. 스페인어를 사용하는 미국 국민에게는 투표를 촉구하는 역할을 할 수 있겠고, 독일어를 모국어로 하는 독일인에게는 미국 선거에 대한 정보제공의 역할을 할 수도 있다."(라이스/페어메어 1985/2010: 71). 이러한 사실은 목적에 따라 하나의 출발텍스트는 다양하게 번역될 수 있고, 이로써 도착텍스트의 기능도 다양하다는 것이다. 상술된 내용을 도표로 제시하면 다음과 같다.

출발텍스트	도착텍스트(번역문)
미국 선거 연설문	1. 투표 촉구 정보제공
	2. 선거에 대한 정보제공

〈표 18〉 목적에 따른 연설문 번역

　스코포스 이론에서는 목적에 따라 달리 번역해야 하는 것을 주장하지만, 소위 직역을 주장하는 이론은 결코 아니다. 그래서 스코포스 이론가들은 다양한 유형의 번역방식에 대해 다음과 같이 설명하고 있다.

　스코포스 이론은 일반적으로 번역의 유형을 다음의 다섯 가지로 구분한다. 첫 번째는 행 대응 번역(또는 직역)으로, 이는 과거 주해를 사용해 성경을 번역한 것처럼 목표언어 시스템의 규칙에 상관없이 원천텍스트의 선형적인 단어 배치 순서를 그대로 따르는 것이다. 두 번째는 일반적으로 외국어 수업 시간에 학생들의 어휘나 문법 실력을 평가할 때 주로 사용되는 문법중심 번역으로, 이 방법은 목표언어의 통사규칙을 따르는데, 언어적 의미 사체는 명확하나 문상 단위에서만 적용되고 맥락이 없다. 세 번째는 슐라이어마허의 이국화 전략과 같이 '독자가 저자에 접근하도록' 하는 기록적(documentarly) 또는 학술적(scholarly) 번역이다. 이 방법은 텍스트를 하나의 전체로 보고 접근하지만 원천텍스트중심으로 번역을 하고, 심지어 목표언어를 '낯설게' 만들거나 '이국화'해서 텍스트의 내용을 독자에게 전달하는 것을 목표로 한다. 네 번째는 소통적 또는 도구적 번역으로, 목표문화의 규범과 관용표현을 사용하면서 목표문화중심으로 번역을 한다. 이때 텍스트기능은 보통 변하지 않으며(예: 제품사용법), 텍스트가 번역문인 것을 바로 알아차리기 힘들다. 다섯 번째는 번안(adapting) 또는 개작(modifying) 번역이다. 이때 원천텍스트는, 예를 들어 통신사가 보도 기사를 이용할 때나, 다매체 또는 다모드 번역에서처럼 특정한 목적으로 수행하는 데 있어 일종의 원재료로 기능한다. 이러한 접근법을 통해 번역이 의도된 목적으로 어떻게 수행하는지의 차원에서 번역을 연구할 수 있을 뿐만 아니라, 줄곧 논의의 중심이 되어 온 등가에 비해 보다 세밀하게 번역의 개념을 조명하고 번역 실무를 잘 반영할 수 있다. (스넬-혼비 2006/2010: 94 이하).

그러나 상술된 논의를 자세히 살펴보면, 번역의 목적이 텍스트유형과 관련이 깊다. 이에 따라 결국에는 스코포스 이론 또한 텍스트중심 번역의 한 범주로 받아들여야 하지 않을까라는 의문이 생긴다. 그럼에도 불구하고 여전히 문제되는 것은 출발텍스트의 수용자와 도착텍스트의 수용자가 구분된다는 점인데, 이로써 두 텍스트의 스코포스도 다른 것으로 간주된다: "통번역은 원칙적으로 출발텍스트 생산과는 성격이 다른 생산행위이다. 따라서 통번역은 출발텍스트와는 다른 목적을 가질 수 있다. 흔히 출발텍스트 목적을 통번역에서 유지해야 하는 것으로 생각하나, 목적유지 요구는 문화 특유의 규칙일 뿐, 일반 통번역 이론의 기본 원칙이 아님을 분명히 인식해야 한다."(라이스/페어메어 1985/2010: 93). 이러한 논의는 라이스/페어메어의 저서에 빈번하게 등장하는데, 이들은 도착텍스트의 최상단에 위치하는 심급을 "정보"라고 말하면서, 지금까지 통번역 이론에서 자주 등장했던 "이질화 번역"과 "동질화 번역"이라는 진부한 논의를 시원하게 설명했다고 주장한다. 즉, 전자는 형식에 관한 정보를 제공하는 것이고, 후자는 텍스트의의에 관한 정보를 제공한다는 것이다. 그래서 이들에게 출발텍스트뿐만 아니라 도착텍스트도 정보제공(물)이고, 후자는 전자의 형식과 기능을 "시뮬레이션(simulation)"한다고 주장한다. (라이스/페어메어 1985/2010: 70 이하 참조).

우리들은 위와 같은 스코포스 이론가들의 주장을 "정보가설"이라는 용어로 통칭하고 이에 대한 문제점들을 하나씩 짚어보기로 한다.

> (1) 도착텍스트에서 정보를 최상위에 위치시킨다는 것은 정보가 언어의 세 가지 기능을 총괄한다는 것을 의미한다. 이것은 라이스/페어메어가 저서의 도입부에 "통번역은 응용언어학의 하위분야로서 화용론에 속한다."(라이스/페어메어 1985/2010: 1)는 주장과 괴리감이 느껴진다. 엄밀히 말하자면, 화용론에는 "정보"라는 개념이 자리 잡기가 어렵다. 오스틴(1962)뿐만 아니라 그의 이론을 수정·보완한 서얼(1969)의 이론에서는 발화행위(utterance act), 명제행위(propositional act), 발화수반행위(illocutionary act), 발화효과행위(perlocutionary act)가 관건인데, 하

지만 "정보"의 흔적은 보이지 않는다. 결론적으로 화용론에서는 "목적" 보다도 "의도(intention)"가 더 적합해 보이는데, 이를 테면 번역자의 의도, 번역 발주자의 의도 등이 그것이다.

(2) 라이스/페어메어는 정보를 언어기능의 상위개념으로 정하고 "텍스트 생산자가 수신자에게 무엇을, 어떻게 이해하기를 바라는지에 관해 형식적으로, 그리고 상황과의 관련 하에 전하는 것"(라이스/페어메어 1985/2010: 55)으로 규정한다. 그러나 모든 도착텍스트를 정보로 해석한다면, 출발텍스트를 시뮬레이션해서 생산된 도착텍스트는 "나(도착텍스트의 생산자, 즉 번역자)는 [...]을 알고 있다, 사실은 [...]이다([...]는 확실하다), [...]는 개연성이 있다/개연성이 없다, [...]은 틀림없는 사실이다."(브링커 1985/2007: 145)라는 특징을 지니고 있을까?[7] 또한 라이스/페어메어는 키케로의 변론연설 『섹스투스 로스키우스를 위하여(Pro Sexto Roscio)』에 나타난 내용을 예로서 도착텍스트의 정보가설을 말하고 있다. 예를 들어, 키케로는 이 연설을 법정에서 하였고, 연설 후 받아쓰게 하였으며 그때 아마도 청중의 반응을 포함한, 연설이 법정에서 가졌던 효과에 대한 인상을 바탕으로 부분 수정했을 것이다. 키케로는 이 연설의 받아쓰기를 통해서, i) 피고인이 무죄임이라는 정보를 법정에 제공하고, ii) 법정에서 피고인에게 무죄판결을 내리려고 하고,

---

[7] 스코포스 이론가들에게 출발텍스트나 도착텍스트는 정보로 간주된다: "출발텍스트 생산자는 (현실, 혹은 가상의) 출발텍스트 수용자 집합에게 정보를 제공한다. (특수한 경우, 그 집합의 개체 수는 1이 된다.) 이러한 정보제공 행위는 수용자와 수용자 상황에 대한 생산자의 기대에 의해 조종된다. 출발텍스트를 통역한다고 할 때 통번역사는 처음에는 (학술적으로 복잡하게 표현하자면) 출발텍스트 수용자 집합의 개체 중 하나이다. 다음 단계에서는 통번역사가 도착텍스트(통번역물)의 생산자로서 (현실, 혹은 가상의) 도착텍스트 수용자 집합에게 위에 언급된 정보를 제공한다." (라이스/페어메어 1985/2010: 113). 그러나 텍스트 일반이 "정보"라는 주장의 타당성은 여전히 검증되지 않았다.

iii) 키케로 자신이 훌륭한 변호인이자 연설가라는 사실을 표현하려고 했을 것이다. 여기서 라이스/페어메어는 도착텍스트의 정보가설을 주장하기 위해서 ii)와 iii)을 다음과 같이 수정한다: ii') 키케로는 피고인이 무죄판결을 원함이라는 정보를 법정에 제공하고, iii') 키케로는 자신은 훌륭한 변호인이자 연설가임이라는 정보를 청중에게 제공한다. (라이스/페어메어 1985/2010: 53 이하 참조). 그러나 이런 식의 바꿔 쓰기는 중의성을 전제하기 때문에 받아들이기 힘들다: i'') 피고인이 무죄라는 정보를 법정에 제공하여 무죄를 호소하고, iii'') 키케로 자신이 훌륭한 변호인이며 연설가라는 사실을 표현하면서 호소할 수 있다. 다시 말해서, 모든 도착텍스트는 정보가설이 아닌 "호소/의도가설"로 해석될 수 있다. 쿠스마울도 키케로의 연설문을 이용해서 스코포스 이론가들의 정보가설의 합리성에 대해 다음과 같이 논한다: "그래도 책을 읽으면서 번역에서 제공되는 것이 항상 정보인가 하는 의구심이 들었다. 그보다는 '기능제공'이라 언급하는 편이 더 적절하지 않을까라는 생각이 든다. 일반적으로 정보라는 것은 인지가 가능하다. 책에서 제시한 예문에서는 텍스트의 다른 측면, 즉 호소(appellative)나 표현(expressive)적인 텍스트기능도 중요하다. 이 책에서 예로 든 키케로의 연설문을 키케로가 뛰어난 연설가였음을 알리기 위한 목적으로 번역을 한다면, 번역은 그가 실제 훌륭한 연설가였는지에 대한 정보를 제공하는 것이 아니라, 수사적 방식을 통해서 그의 연설능력을 분명히 드러내는 것이다. 키케로는 번역텍스트에서 '내 연설은 뛰어나다'라고 말하지는 않지만, 독자는 좋은 연설을 통해 그의 능력을 인식하게 된다. 이는 인지를 통해서가 아니라, 감정을 자극하는 언어사용에 따른 것이다." (쿠스마울 2009/2012: 72 이하).

(3) 뷜러가 주장한 세 가지 언어기능 중에서 서술기능이나 호소기능을 정보와 관련시키는 것은 이해할 수 있다손 치더라도 순수 문학작품 번역의 경우에 정보가 지배적 위치를 차지하는가라는 문제가 제기될 수 있다[8]. 보통의 경우 표현텍스트로 분류되는 순수 문학작품의 생산자들은 자신의 내면적인 것들을 단지 표출하거나 표현하는 것에만 관심이 있다는 점에서 보면 문학작품은 정보전달과는 동떨어진 느낌을 준다. 이에 대한 반론으로 노르트는 다음과 같이 주장하고 있다: "언제나 논쟁을 불러일으키는 한 가지 의문이 남아 있다. 문학텍스트와 관련하여, '소통의도(communicative intentions)'를 논할 수 있느냐는 것이다. 일부 문학자들은 소통 목적의 부재가 바로 문학의 한 가지 두드러진 특성이라고 주장한다. 그러나 문학번역에 관한 한 이러한 유보적 견해는 무시될 수 있다. 설령 원천텍스트가 특별한 어떤 목적이나 의도로 쓰이지 않았다 하더라도 번역은 항상 (아무리 불확정적이라 하더라도) 어떤 오디언스를 대상으로 하고 있고, 따라서 독자에 대해서 어떤 기능을 하도록 의도된 것이다." (노르트 1997: 142). 사실 여기서 말하는 문학작품은 앞서 언급된 정치연설의 번역과는 판이하게 다르다. 문학작품의 기능은 출발텍스트나 도착텍스트가 – 특별한 사유가 없는 한 – 거의 동일하게 나타날 것이다. 더욱이 여기서 노르트는 "정보"와 "기능"의 개념을 혼동하고 있는데, 사실 "기능"은 "정보"보다는 "의도"와 가까운 개념이다. 그럼에도 불구하고 문제는 출발텍스트로서의 문학작품의 기능은 정해져 있는데, 그런 기능이 정보기능으로 변환되어 도착텍스트에 반영되는 것이 타당한가라는 것이나. 그런 경우 문학삭품의 위상이 바

---

[8] 스코포스 이론이 일반번역에 관련되지만 문학텍스트와 크게 관련이 없음은 노르트에 의해 비판된 바가 있다. 즉, 문학텍스트의 번역에는 목적이 없다는 것이다. (노르트 1997: 109 이하 참조).

로 격하된다. 이 또한 "통번역물은 정보제공(물)이지만 출발정보제공(물)의 형식과 기능을 '시뮬레이션'한다"(라이스/페어메어 1985/2010: 73 이하 참조)라는 스코포스 이론가들의 주장과도 배치된다.

(4) 라이스/페어메어는 한 외국 정치인이 자국에서 선거연설을 하고 이를 독일신문에 싣기 위해 번역하는 경우(이때 도착텍스트에서 "당신들은 나를 선출해야 한다"라는 호소기능보다 정보기능이 우세하다)와 선거연설이 동일 국가에서 다른 언어를 사용하는 소수 민족을 위해 번역될 경우에는 여전히 호소기능이 우세하다는 것이다. 그 이유는 그 국가에서 소수 민족도 투표권을 가지고 있기 때문이다. 그런데, 출발텍스트와 도착텍스트의 이러한 기능의 차이는 실제적으로 도착텍스트의 구성에 도대체 얼마나 많은 영향을 미치는가?

텍스트유형이나 텍스트기능은 스코포스 이론의 핵심이다. 주의할 것은 텍스트중심 번역학의 이전사로 간주될 수 있는 스코포스 이론을 자세히 살펴보면 몇 가지 관점에서 우리들의 관심꺼리인 텍스트중심 번역이론과 차이점이 보인다.

7장 텍스트중심 번역

패프케는 가다머와 관련 깊은 로망스 언어학자이고, 번역에서 해석학적 접근법(hermeneutic approach)을 지지하는 학자였다[1]. 그는 『번역 속에서 살아가기: 번역과 텍스트 비교(Im Übersetzen leben: Übersetzen und Textvergleich)』(1986)에서 우리들의 텍스트중심 번역 개념과 유사한 주장을 하고 있다.

우리는 단어나 언어가 아닌 텍스트를 번역한다. 텍스트 번역은 단어나 언어를 번역하는 것과 구분된다. 그 이유는 모든 텍스트는 하나의 상황 속에

---

1 해석학적 번역론에서는 도착텍스트를 중시하고, 또한 번역과정이란 도착텍스트가 텍스트의 목적과 기능에 알맞게 출발텍스트에 좀 더 가까이 가도록 초안을 수정·보완하는 과정으로 정의한다: "해석학은 번역자가 세계, 언어 그리고 텍스트를 다루는 방식을 성찰한다. 해석학은 언어들 혹은 문화들 사이의 관계가 아니라, 번역자와 텍스트 사이의 관계를 고찰한다. 번역자는 번역을 작성하기에 앞서 우선 번역 텍스트를 다관점을 가진 총합적인 전체로서 이해해야 한다. 그런 다음 번역문제는 번역범주들을 통해 합리적으로 해결할 수 있다." (슈톨체 2001/2016: 251).

들어가 있는데, 상황 자체는 언어가 아니기 때문이다. 여기서 상황이란 문화적, 역사적, 경제적, 혹은 사회적 공간으로, 텍스트는 그러한 공간 속에서 우리에게 말을 한다. (패프케 1986: 159).

아마도 패프케가 이런 말을 했던 배후에는 어떤 임의의 발화를 텍스트로 만들어 주는 문화적, 역사적, 경제적 혹은 사회적 공간이 존재하고, 출발텍스트와 도착텍스트가 가진 공간들의 상이함을 조절해 주는 작업이 번역자의 과제라는 뜻이 담겨 있다. 위와 같은 패프케의 주장에 대해서 스넬-혼비는 "동 세대 학자들 중에서 처음으로 번역이 단순히 언어적 문제나 다양한 언어 사이에서 발생하는 문제에 국한된 것이 아님"(스넬-혼비 2006/2010: 63)을 지적해 주었고, 그런 주장은 텍스트가 낱말이나 문장을 넘어서는, 단지 외연적으로만 이들보다 규모가 큰 단위를 의미한다 하기보다 텍스트가 실현되기 위해서는 꼭 필요한 상황이나 정보 등을 비롯한 여러 가지가 포함되어야 한다는 것을 의미한다. 또한 "번역은 출발텍스트에서 시작하여 도착텍스트를 생산하기 위해 번역자에 의해 관리되는 텍스트적 과정"이라는 노이베르트/쉬리브(2000/2013: 19)의 발상도 텍스트중심 번역 개념과 유사하다. 라르손도 텍스트중심 번역 개념을 제시하는데, 그에 의하면 번역자는 자신들이 의도하는 수용자들의 수준에 맞추어 정보의 무게와 신정보가 등장하는 속도를 조절하는 조절자이다. (라르손 1984: 479 참조). 상술된 학자들은 번역하기 이전에 텍스트를 하나의 시각으로 보고 있고, 텍스트언어학의 전도사로 일컬어지는 보그랑데/드레슬러(1981/2008)도 그런 시각을 가지고 있다.

오랜 기간 동안 통사론과 의미론은 사람들이 의사소통상에서 문법과 의미를 사용하는 방식에 관한 고려 없이 연구되어 왔다. 언어사용의 문제는 화용론의 영역에 넣고 대체로 연구되지 않은 채 남겨졌다. 그러나 절차적(procedural) 접근방식의 관점에서 보면 언어의 모든 계층은 그것의 사용(utilization)이라는 관점에서 기술되어야 한다. 그렇다면 화용론은 플랜(plans)과 목표(goals)를 다루는 영역이며, 사용의 문제는 통사론과 의미론에서도 자유롭게 취급된다. 이 책에서 우리가 사용하는 코헤지온[결속구조]과 코헤렌즈[결속성]의 개념도 통화성 발화체들 간에 어떻게 연결 관계가 실제로 설정되는가하는 문제를 다룰 때에만 텍스트연구에 도움이 될 수 있다. 화용론의 여러 문제는 텍스트생산자의 태도(의도성), 수용자의 태도(용인성), 의사소통의 배경(상황성)에 대한 탐구를 포함하게 된다. (보그랑데/드레슬러 1981/2008: 46).

번역연구에서 "총체성(Übersummativität)" 개념을 강조한 최초의 학자 패프케는 스넬-혼비(1988/1995)에 의해 소개되는데, 여기서 말하는 총체성은 텍스트 총체성(Totalität)과도 자연스럽게 연결된다. 총체성 내지 통일성 개념은 텍스트중심 번역학의 입장에서 볼 때 대단히 중요하다. 이재원(2018)에 의해 텍스트언어학의 선구자로 추앙받는 독일의 낭만주의 언어철학자 훔볼트의 언어연구에서도 이 개념들은 매우 중요하다.

이 정의에 있어서는 그것[언어의 형식]은 학문에 의해서 형성된 추상으로 보인다. 그렇다고 형식 자체를 단순히 존재 형태가 없는 사고 현상으로 보는 것은 전혀 옳지 않을 것이다. 실제로 그것[형식]은 전적으로 개인적인 욕구이며, 이를 통해서 한 민족(Nation)은 사고(Gedanken)와 감정(Empfindung)을 언어로 표출해 낸다. 단지 우리가 결코 분리되지 않은 총체적 시도(die ungetrennte Gesammtheit seines Strebens)에서는 이 욕구를 볼 수 없고, 오직 그때그때의 개별 작용 속에서만 볼 수 있다는 이유 때문에, 우리는 이 작용의 동질성을 죽어 있는 일반적 개념으로 묶을 수밖에 없다. 그 충동은 그 자체에 있어서는 살아 있으며 통일체(Eins und lebendig)이다. (훔볼트 1963 III: 420).

한 민족 또는 인간의 사고력 일반이 언어 요소들을 받아들이면, 인간의 사고력은 스스로도 모르는 채, 그리고 그 요소들[텍스트언어학적 관점에서는 '텍스트소']에 대한 명확한 의식에 도달하지 않고서도 그것들을 결합시켜 하나의 통일체를 이룩해야만 한다. 왜냐하면 이러한 조작 없이는 개인에게서 언어에 의한 사고도 인간의 상호 의사소통도 불가능할 것이기 때문이다. [...] 이러한 통일성은 어떤 언어를 전적으로 지배하는 통일성 이외의 다른 것일 수 없다. (훔볼트 1968 VII: 160).

번역이란 출발텍스트의 생산자와 번역자 사이의 의사소통 행위이고, 번역자와 도착텍스트의 수용자 사이의 의사소통 행위이다. 그런 의사소통 과정에서 번역자는 출발텍스트의 생산자와 도착텍스트의 수용자 사이의 의사소통을 가능하게 하는 중재자가 된다. 한편, 번역자는 출발텍스트의 수용자이자 도착텍스트의 생산자가 된다. 예를 들어 출발텍스트에 대한 정확한 이해를 위해 번역자는 출발텍스트 생산자가 의도한 수용자와 실제 수용자 사이에 서야 하고, 이를 위해서 출발텍스트에 적합한 번역전략을 수립해야 한다. 출발텍스트에 대한 분석 부족으로 인한 오역이나 어색한 번역에 대해 이석규는 다음과 같이 설명하고 있다.

첫째, 외국어에 대한 지식 부족의 문제를 들 수 있다. 외국어를 정확히 알지 못하고 번역을 한다는 것은 발상 자체가 위험천만한 일이다. 둘째, 번역은 제2의 창조라는 말이 있듯이 외국어를 그대로 우리말로 바꾸는 것이 아니다. 외국의 풍속과 문화, 그리고 사고방식과 기질 등 모든 것을 이해한 바탕에서, 원래 텍스트가 드러내고자 하는 의미와 뉘앙스를 완전히 살릴 수 있어야 한다. 따라서 그 나라의 문화와 풍속 등에 대한 근본적인 이해 부족이 문제가 된다. 셋째, 많은 번역자들이 정작 우리나라의 언어에 대한 소양이 부족한 데서 나오는 문제점을 안고 있다. 번역투라는 신조어가 어느새 우리에게 아주 익숙한 말이 됐을 정도이다. 곧, 영어를 번역한 책에는 영어식의 문체가, 불어나 독일어를 번역한 책은 불어나 독일어식의 문체가 그대로 남아있어서, 말은 분명히 우리말인데 우리말답지 못한 경우가 너무나 많다는 것이다. 넷째, 반드시 우리의 사고방식과 기질 등 우리 문화로 소화시킬 필요가 있는 것을 전혀 고려하지 않은 경직된 번역이 매우 많다는 사실이다. (이석규 2002: 7).

상술된 이석규의 주장에는 텍스트중심 번역의 흔적이 보인다. 왜냐하면 영어풍이나 독일어풍 또는 프랑스어풍의 문체가 한국어답지 않다는 것은 영어나 독일어 또는 프랑스어 텍스트의 텍스트성이 고려되지 않거나 개별언어를 바탕으로 한 텍스트의 텍스트성의 강도가 조정되지 않은 채 단지 어휘의 등가성만을 따져서 번역한 경우이기 때문이다. 결론적으로 문제는 텍스트중심 번역이 이루어지지 않는 점인데, 노르트는 이런 식의 번역과정을 세 단계로 구분하여 설명하고 있다.

> 번역자는 첫째, 출발언어권 문화를 충분히 이해하는 독자의 위치에서 (자신의 번역 상황을 고려해야 함), 둘째, 원저자가 의도한 독자와 읽을 가능성이 있는 독자의 위치에서, 셋째, 도착언어권 문화에 익숙한 번역문 독자의 입장에서 원문을 받아들이게 된다. (노르트 1991: 16).

상술된 노르트의 논의는 번역에서 의사소통이 이중화되어 있는 점과 관련 있다. 우리들은 이것을 다음과 같이 좀 더 명확하게 표시할 수 있다.

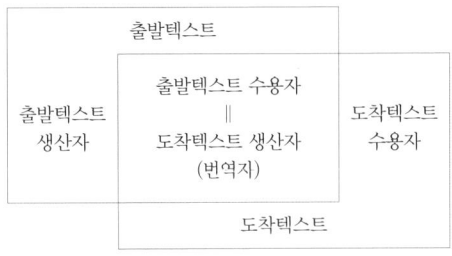

〈도표 19〉 번역자의 위상

여기서 중요한 것은 의사소통이라는 개념이다. 이러한 개념의 출발점은 언제나 텍스트이다. 그러므로 번역이란 언어 전환이 아니라 텍스트성 전환으로 간주되어야 한다. 왜냐하면 텍스트성이 구비된 임의의 발화만이 의사소통적 자질을 가진 텍스트로 간주되고, 의사소통적 자질이 없는 임의의 발화는 비텍스트로 간주되기 때문이다. 그래서 출발텍스트는 이미 존재하는 하나의 온전한 "텍스트"이기 때문에 일곱 가지 텍스트성을 지니고 있는 "의사소통적 발화체"(보그랑데/드레슬러 1981/2008: 6)이다. 따라서 성공적인 번역이란 이러한 일곱 가지 텍스트성 전환에 대한 규칙을 어기지 않는 것이다[2]. 이때 번역자는 출발텍스트 텍스트성과 도착텍스트 텍스트성의 강도를 유사한 정도로 만드는 작업자이다. 그런 차원에서 보면, 번역자는 출발텍스트의 재생산자이다[3]. 또한 번역자는 출발텍스트와 도착텍스트의 교차

---

[2] 텍스트성 전환에서 "전환(Shift)"은 한 기호체계의 구성요소와 형식 및 기능을 비롯한 기호들을 다른 기호체계의 구성요소로서의 기호들로 바꾸는 것을 의미한다. (라이스/페어메어 1985/2010: 80 참조).

[3] 번역자를 재발신자로 일컫는 경우도 있다. 예를 들어 페르니에는 번역자를 단순한 수신자가 아니라 발신자, 대상, 벡터, 수신자를 모두 이해하는 재발신자 역할을 한다고 다음과 같이 주

점에서 있을 뿐만 아니라, 출발텍스트 상황과 도착텍스트 상황의 교차점에 서 있다. 출발텍스트의 텍스트성이 이미 규정되어 있고, 그것은 절대 변경되지 않을 것이므로, 출발텍스트와 도착텍스트 사이의 텍스트성 강도 조절은 도착텍스트를 생산하는 번역자의 능력 범주에 속한다. 그래서 번역능력을 가진 번역자는 "텍스트성의 조절자"가 된다[4]. 또한 번역자가 출발텍스트와 도착텍스트의 텍스트성의 강도를 유사하게 만든다는 것은 두 텍스트를 수용하는 수용자들의 반응도 유사하게 만든다는 것을 의미한다. 결론적으로 번역자는 출발텍스트에서 텍스트성이 실현된 정도의 강도를 도착텍스트에서도 실현시켜야 할 의무가 있다.

출발텍스트와 도착텍스트의 텍스트성의 강도 내지는 정도를 맞추기 위해서 번역자는 텍스트성 조절자가 되어야만 한다. 텍스트성 조절이 제대로 이루어지지 않으면 도착텍스트 수용자는 분명 어색함을 느낀다. 따라서 훌륭한 번역자에게는 적절한 텍스트성 전환의 능력이 필요하다. 이러한 텍스트성의 조절은 투리가 언급하는 적합성 번역과 용인성 번역의 중간쯤에 위

장한다: "첫째, 번역자는 일반적으로 메시지의 수신자가 아니며, 따라서 매개 변수를 전달하는 도식 내에 들어 있지 않다. 둘째, 번역자는 단순한 수용자가 아니다. 왜냐하면 번역을 하면서 자신이 스스로 발신자가 되기 때문이다. 번역자는 텍스트 수신자에서 수용자로, 원래의 발신자에서 '재발신자'로 바뀌기도 한다. 셋째, 번역자는 메시지를 재발신하면서, 다른 언어와 관련해서뿐만 아니라 새로운 상황 자료와 관련해서 발화 산출의 새로운 상황을 만들어 내고 재발화한다." (페르니에/ 마우리스 2001: 41에서 재인용).

[4] 번역능력과 이중 언어능력은 유사하지만 노이베르트/쉬리브에 의하면 두 능력은 차이가 있다: "이중언어자는 대개 적절한 의사소통 상황들이 발생할 때만 자신의 언어적 능력을 활용한다. 이는 언어적 분업이다. 이중언어자는 집에서는 한 언어로 대화하고 학교나 직장에서 다른 언어를 사용할 수 있다. 이중언어자는 보통 두 언어를 모두 사용하여 동일한 콘텐츠를 전달하거나 '동일한 것을 말하는' 일이 없다. 두 언어 체계에 대한 이들의 구사 능력은 기능적 현상으로 발전한 것으로서 이러한 기능적 현상은 의사소통의 니즈가 변화하면 바로 붕괴되며 다른 언어에 대한 능력을 불필요한 것으로 만든다. 번역은 이상적으로는 이중언어자의 이중 능력을 전제로 하지만 결국 부가적인 능력을 요구하는 의사소통 행위이다. 번역자나 통역자는 단일한 콘텐츠를 두 번째 텍스트에서 전달해야 한다. 이중언어자와 달리 번역자는 두 언어로 '동일한 것'을 말해야 한다." (노이베르트/쉬리브 2000/2013: 23).

치하는 어떤 것이다: "번역에서 언어 간 불가피한 발생을 설명하는 것은 적절성과 수용 가능성 사이의 본질적인 차이이다. 그것은 실제 이 두 극단의 결합(또는 절충)의 결과이다."(투리 1980: 75). 그래서 적절성과 수용 가능성 사이에 위치하는 투리의 등가성 개념은 우리들의 방식에 의하면 텍스트(성)중심 번역으로 이해해도 될 것이다: "번역의 개념에는 적절성 및 수용 가능성의 가정뿐만 아니라 등가성 가정도 포함되기 때문에 적절성과 수용 가능성 사이의 번역 개념의 변이와 가변성은 그에 상응하는 번역 등가성의 변이를 포함하는 것이 자명하다."(투리 1980: 75). 투리는 적합성과 용인성을 각각 "원문과 똑 같이 읽는 것"과 "또 다른 원문으로 읽는 것"이라고 정의하는데, 그것은 번역자의 몫이면서 또한 도착텍스트의 수용자의 몫이다: "번역은 양립할 수 없는 두 가지 가정, 즉 다른 언어로 구성된 기존 텍스트의 최대 표현을 지시하는 적절성 가정과 관련 대상 내에서 출발텍스트의 적절한 위치를 지시하는 수용 가능성 가정 사이의 긴장을 포함하고 반영한다는 것은 잘 알려져 있다. 이 대립은 때때로 '원문과 동일하게 읽기(reading as the original)'와 '하나의 원본으로 읽기(reading as an original)' 사이에 있는 것으로 반대중적으로 공식화된다. 따라서 모든 실제 번역은 이 두 가정된 극단 사이에서 특정 위치를 차지한다."(투리 1979: 227). 이러한 점을 고려할 때 투리의 주장은 텍스트성중심 번역과 조금 다르다. 사실 번역자가 출발텍스트를 마주칠 때 출발텍스트 수용자와 동일한 방식으로 텍스트를 읽고, 그 후에야 번역의 목적에 따라 또 하나의 출발텍스트로 생각하는 도착텍스트를 생산해 낸다. 마지막으로 도착텍스트 수용자들은 그 텍스트를 출발텍스트인 것처럼 (무)의식적으로 읽는다.

출발텍스트와 도착텍스트의 텍스트성 기준이 상이하다는 사실은 곽성희에서도 확인된다.

각 언어마다 고유의 문법과 어휘가 존재하듯이 고유의 텍스트성 기준이 존재한다. 만약 출발언어권의 텍스트성 기준과 도착언어권의 텍스트성 기준에 차이가 있다면 번역자는 적절한 중재를 하여 주게 된다. 이때 원문으로부터의 간섭(interference)을 배제할 수 없기 때문에 번역자는 두 언어권의 텍스트성 기준을 명시적으로 알고 있어야 한다. (곽성희 2006: 28).

따라서 텍스트성중심 번역은 도착텍스트에서도 출발텍스트의 텍스트성 정도만큼이나 유지하려고 노력한다는 것에 초점을 맞춘다.

이재원은 「번역에서의 텍스트성 등가를 위한 기고: 응결성[코헤지온] 등가를 중심으로」(2013)에서 번역에서 텍스트성 등가가 필요한 이유를 다음과 같이 설명하고 있다: "번역의 대상물은 텍스트 또는 출발텍스트의 단편일 테고, 그것이 도착텍스트로 번역될 경우 출발텍스트에서 구현된 텍스트성의 강도가 도착텍스트에서도 유사하게 발현되어야 함을 의미할 수 있다. 왜냐하면 도착텍스트도 출발텍스트와 유사한 통화성이 함유된 하나의 텍스트이기 때문이고, 그렇다면 당연히 텍스트성을 지니고 있어야 하기 때문이다. 소위 축자적 번역으로서는 출발언어와 도착언어가 가진 텍스트성의 강도가 유사하게 실현되기 어렵기 때문에 구체적인 텍스트의 성질로서 기능하는 텍스트성이 번역에서도 아주 중요하게 된다. 즉 출발텍스트의 텍스트성과 도착텍스트의 텍스트성이 등가를 이루는 것이 이상적이다." (이재원 2013: 219 이하). 이에 따라 이재원은 보그랑데/드레슬러의 이론에 기대어 텍스트성이 정도성을 따지는 개념이라는 것을 주장한다. (보그랑데/드레슬러 1981/2008: 17 이하 참조).

비록 정도의 문제가 논의되는 텍스트성으로는 코헤지온과 코헤렌즈 그리고 정보성만이 등장하지만, 보그랑데/드레슬러의 주장대로 "코헤렌즈가 단순히 텍스트가 지니는 하나의 자질이 아니라 텍스트 사용자들 간의 인지적 처리 과정에서 오는 결과라는 점이 분명하다"(보그랑데/드레슬러 1981/2008: 12)면, 즉 이들의 텍스트언어학적 방향이 '인지 중심적'이라면, 상술된 세 가지 텍스트성 이외의 여타 텍스트성 기준에서도 번역의 충실성 문제를 논의할 수 있을 것이다. 결국, 출발텍스트가 가진 텍스트성의 정도를 도착텍스트가 가진 텍스트성의 정도와 근접하게 만드는 것이 텍스트성 번역의 핵심목표가 될 것이다. 이러한 점은 캘로우의 주장에서도 추정될 수 있다: "각 언어에는 사람과 사건의 상호 관계를 전달하는 고유한 유형이 있다. 독자가 번역을 이해하기를 바란다면 어떤 언어든지 이런 유형을 무시하지 말아야 한다."(캘로우 1974: 30). 또한 "상이한 문화는 상이한 텍스트 전통 및 체계를 가지고 있다"(라이히만 1983: 20)는 라이히만의 언명도 본서의 이론적 체계를 정립하는 데 힘이 됐다. 번역에서 출발텍스트와 도착텍스트가 유사해야 한다고 할 때, 그 유사함의 대상에 따라서 다양한 번역유형이 생겨나게 된다. 예를 들어 라이스/페어메어는 그것을 '모방(Imitation)'이라는 개념으로 설명하고 있다. 즉, 다른 언어 및 문화 코드로 이루어진 전형을 모방하되, 모방의 목적에 따라 가능하면 모든 형식과 의미의 층위에서(즉, 텍스트에서 음성, 알파벳에 이르기까지의 모든 부분들과 비언어적이고 문화적 부분들에 이르기까지) 모방을 행하는 것이다. (라이스/페어메어 1985/2010: 82 참조). 우리들에게 모방의 대상은 바로 '텍스트성'이다. 따라서 우리들은 나이다/태버(1964: 4)의 "메시지의 핵심적인 요소가 형식이 아닌 경우 특정 언어로 진술된 모든 것은 다른 언어로 진술될 수 있다"는 주장에서 출발하여, 번역할 때 중요한 것은 형식이 아닌 내용임을 강조하면서 "번역자가 추구하는 것은 동일성이 아닌 동일한 가치여야 한다"(나이다/태버 1964: 11)는 사실을 넘어서서 번역할 때 중요한 것은 '텍스트성의 등가'라고 감히 주장한다. 그러나 우리들이 구상한 번역에 있어서의 텍스트성 등가 개념은 결코 완전하거나 결정적인 것은 아니다. 다시 말해서, 번역에서의 텍스트성 등가 문제는 결정론적(deterministic)이라기보다는 개연적 (probabilistic)인 것으로 보는 것이 타당하다. 왜냐하면 출발언어의 모든 면 (의미나 화용적인 면)은 도착언어로 완벽하게 재생될 수 없기 때문이다. 이와 더불어 적절한 번역을 결정할 수 있는 분명한 기준을 세우기가 힘겹기 때문이다. 하지만 구조에 따라 언어는 다를지라도 모든 언어들은 제각기 의사소통 방식을 가지고 있기 때문에 텍스트성의 실현 양상은 유사하다고 할 수 있다. 만약 '등가'가 가진 논리적·자연과학적 이상성 문제로 텍스트성 등가 개념이 부담스러울 경우 라드미랄의 '근접(approximation)' 개념을 원용하여 '텍스트성 근접'으로 대체할 수도 있다. 근접에 대해 라드미랄은 다음과 같이 설명한다.

> 그 결과 [...] '이상화'를 통해 근접을 꾀하는 통번역 모델과, 출발텍스트와 도착텍스트 사이에서 형체는 사라지지만 오히려 역설적으로 등가성이 있다고 주장하는 통번역 모델이 출현하게 되었다. 특히 후자의 등가성에 관한 개념은 문제의 소지가 있다. 문제를 해결하는 것보다 오히려 더 많은 문제를 야기하기 때문이다. 실무에서는 통번역자의 주관성이 비교적 명백히 드러나는 근접의 개념으로 대체해 볼 수 있을 것이다. (라드미랄 1981: 393).

퀴팅어(1963)는 "성과중심 번역(leistungsgemäßes Übersetzen)"이라는 개념을 제안했는데, 이 개념은 또한 본서의 텍스트성 등가 번역과 유사하다. 퀴팅이는 도칙텍스트 수용자와 출발텍스트 수용자를 구분하지 않고 두 텍스트에서는 의사소통에서 이루는 성과가 동일해야 한다고 주장하기 때문이다. 즉, 도착텍스트는 출발텍스트와 동일한 효과를 내야 한다는 것이다. 그는 기차역 홈에 있는 표지판의 글로 예를 든다. 독일 도로표지판에는 보통 "Überschreiten der Gleise verboten(도로 횡단 금지)"이라는 문구가 새겨져 있다. 의미상으로 이것을 영어로 정확하게 번역하면, "It is forbidden to cross the lines(도로를 횡단하는 것은 금지되어 있다)"가 될 것이다. 그러나 이런 식의 번역은 동일한 정보나 의미를 전달하는 데 무리 없어 보이지만, 영어권 화자에게는 생소하기 때문에 출발텍스트와 동일한 성과를 낼 수 없다. (라이스/페어메어 1985/2010: 116 참조). 우리들이 주장하는 텍스트성 등가 번역에 의하면 이러한 경우는 두 언어의 정보성은 동일하지만 용인성에서 서로 차이를 보인다고 할 수 있다. 만약 정보성과 용인성을 모두 만족시키는 도착텍스트를 만들려면 해당 상황에서 통용되는 표현, 즉 "Don't cross the lines(도로를 횡단하지 마시오)"가 될 것이다. 윌스(1977: 159)에 의하면 번역에서의 등가성 개념은 야콥슨(1959: 233)에 의해 처음으로 사용됐고, 만약 야콥슨이 "차이 속의 등가(equivalence in difference)"라는 개념으로 등가를 의도했다면, 출발텍스트와 도착텍스트의 차이를 어느 정도 인정했음을 알 수 있고, 그런 한에 있어서 '텍스트성 등가'와 같은 개념도 충분히 설정될 수 있다. (이재원 2013: 220 참조).

번역된 도착텍스트는 번역되지 않은 텍스트들과 경쟁해야 한다. 여기서 도착텍스트의 자연스러움이 극히 중요하다. 텍스트가 자연스럽지 못하다는 인상을 풍기게 되는 이유 중의 하나가 텍스트성중심 번역이 이루어지지 않은 것으로 해석된다. 그것은 도착텍스트 수용자의 기대에 어긋나는 것과 관련되어 있다. 노이베르트/쉬리브의 용어를 빌려 이것은 "과소 번역(undertranslated translation)"(노이베르트/쉬리브 2000/2013: 185)이라고 칭할 수 있다.

8.1. 코헤지온중심 번역[5]

보그랑데/드레슬러의 일곱 가지 텍스트성 중에서 첫 번째에 해당되는 것이 코헤지온이다[6]. 코헤지온은 "텍스트 표층의 구성요소들, 즉 우리가 보고 듣는 실제 낱말들이 그 연쇄 속에서 서로 연관되는 방식에 관여한다. 표층 구성소들은 문법 형식과 규칙에 따라 서로 의존하므로, 코헤지온[결속구조]은 문법적 의존관계(grammatical dependencies)를 바탕으로 한다."(보그랑데/드레슬러 1981/2008: 4). 또한 코헤지온은 의사소통에서 통사구조가 가지게 되는 발화체의 연속성과 관련되어 있는데, 이러한 발화체의 연속성에 안정성을 제공하는 여러 가지 수단들이 소위 "코헤지온 장치"라고 불리는 것들이다. 보그랑데/드레슬러는 코헤지온 장치로서 다음과 같은 것들을 제시하고 있다.

> 회기법(recurrence)은 구성요소나 그 패턴을 단순히 반복 사용하는 것이고, 부분회기법은 이미 사용한 구성요소들을 다른 품사나 부류(가령 명사에서 동사로)로 전환해서 사용하는 것을 말한다. 하나의 구조를 반복하되 그 구조에 새로운 구성요소를 넣어 사용하는 것을 병행구문(parallelism)이라 하며, 같은 내용을 반복하면서 다른 표현을 사용하는 것을 환언(paraphrase)이라고 한다. 독립된 의미 내용은 없으면서 자리만 차지하는 짧은 요소가

---

5 "코헤지온중심 번역"의 많은 부분은 이재원의 논문 「번역에서의 텍스트성 등가를 위한 기고: 코헤지온[응결성] 등가를 중심으로」(2013)에서 발췌하여 수록했다.
6 우리들이 "텍스트성" 대신에 "보그랑데/드레슬러의 일곱 가지 텍스트성"이라고 하는 이유는 보그랑데/드레슬러와 달리 슈미트(1973)와 브링커(1985/2004)도 텍스트성 개념을 제안했기 때문이다. 본서에서 말하는 "텍스트성" 개념은 보그랑데/드레슬러가 주장한 텍스트성 개념이다. 이에 대한 논의는 이재원의 『텍스트언어학사: 연대기학에서 메타히스토리오그라피로』(2018)의 제7장을 참조하라.

의미 내용을 전달하는 요소를 대치하는 경우는 대용형의 사용이다. 그런가 하면 하나의 구조와 그 의미 내용을 반복하되 표층 표현의 일부를 빼고 사용하는 것을 생략법이라고 한다. 또한 시제, 상(aspect), 접속표현(junction)을 사용함으로써 텍스트가 구성하는 세계의 사상(events)과 상황 간의 관계를 표시할 수 있다. 의미 내용의 중요성이나 새로움의 정도를 나타내기 위하여 표층 표현들의 배열순서가 정해지는 과정이 기능적 문장투시법(functional sentence perspective)이다. 문어텍스트에서 억양도 의미 내용의 중요성이나 새로움이라는 동일한 과제를 충족할 수 있다. (보그랑데/드레슬러 1981/2008: 70 이하).

이러한 코헤지온은 텍스트성의 두 번째 기준인 코헤렌즈와 함께 텍스트 중심 개념에 속한다. (보그랑데/드레슬러 1981/2008: 9 참조). 다시 말해서 코헤지온중심 번역은 의사소통 참여자 그리고 언어외적 세계에 존재하는 상황이나 사건과는 관련이 없다.

코헤지온중심 번역의 구체적인 사례들을 살펴보자. 출발텍스트에서 동일한 표현이 반복되는 경우에 – 해당 낱말이 도착텍스트에 존재함에도 불구하고 – 도착텍스트에서 상위어나 하위어로 대체되어 번역되는 경우가 있다. 다음의 예를 보면 출발텍스트에서 동일한 낱말('scientists')이 반복되고 있는데, 도착텍스트에서는 그 낱말 대신 그 낱말의 상위어('학자'), 하위어('기상학자'), 생략 등으로 다양하게 번역됐다.

출발텍스트

Condsider, first, the uncertainty of scientists about the extent of global warming. Despite recent advances sciences still understands little about the world's climate, a system that depends on a huge range of variables, with causation flowing in every direction. Most scientists agree that, provided other variables remain the same, big increases of carbon dioxide will boost temperatures. But the extent of the boost is widely disputed. And nobody can predict whether other variables will remain the same. Some scientists reckon that rather than just growing gradually warmer, the climate may become subject to sudden lurches. [...] The intergovernmental Panal on Climate Change, the body of scientists studying global warming, reckons that a doubling of carbon in the atmosphere could lead to a temperature rise of anywhere between 1.5°C and 4.5°C.

도착텍스트

첫째로, 지구 온난화의 범위에 관해서 기상학자들도 확실히 모르고 있다는 점을 고려해야 한다. 최근에 과학이 많이 발달했지만 인과관계가 변화무쌍하고 방대한 범위의 변수에 의존하는 기호 체계에 대해서는 과학자들도 아는 것이 거의 없다. 여러 가지 변수가 동일한 조건이라면 이산화탄소가 크게 증가하면 지구 온도가 상승한다는 이론은 과학자 거의 모두가 인정하고 있다. 그러나 온난화 촉진의 범위에 대하여는 논쟁이 분분하다. 다른 변수가 변하지 않고 그대도 있을지 여부는 아무도 모르기 때문이다. 일부 학자는 지구 온난화가 점진적으로 일어나기보다는 오히려 급격한 기온 상승이 일어날지도 모른다고 생각하고 있다. 그렇게 되면 세계 여러 나라들은 기후 변화에 대비하기가 더 어려워질 것이다. 이와 같은 상황에서 지구 온난화의 학술단체 IPCC는 대기 중의 이산화탄소가 배가하는 경우, ∅ 지구의 온도는 1.5-4.5°C 상승할 것이라고 발표하였다. (서의석 외 2007: 38 이하).

위의 사례를 보면 출발텍스트를 구성하는 텍스트소들을 연결해 주는 '회기법'이 도착텍스트로 옮겨짐에 따라 달라지는 경우가 종종 있다. 캘로우(1974)는 영어와 달리 히브리어는 대상을 밝히기 위해서는 담화 내 고유명사를 사용한다고 설명한다. 히브리어에서 고유명사 회기법은 하나의 코헤지온 장치로서 기능하는 셈이다. 그러나 영어에서는 혼동의 여지가 없는 이상 이미 언급된 대상을 가리키기 위해 대체로 대명사를 사용한다. 따라서 히브리어의 대상에 의한 회기법을 영어로 옮긴다고 가정할 때, 그것은 영어에서 대명사와 같은 대용형으로 변경돼야만 코헤지온중심 번역이 성립되는 것이다. 이와 비슷하게 영어를 포르투갈어로 옮기게 되면 출발텍스트에서의 대용형이 도착텍스트에서 회기법이 되는 경우도 있다. 또한 브라질의 보로로스어에서는 의사소통 참여자를 지시하기 위해 연달아 몇 번은 명사를 사용하고 그 후에 대명사 형태로 바꾸는 경우도 있다. (베이커 2005: 265 이하 참조).

출발텍스트

As the eldest son of a wealthy sake and soy sauce producer in conservative Nagoya, he was expected to take over the family business and perhaps become the 15th generation of Moriata Mayors in the local community. Instead, he spent his time taking apart clocks and listening to Western classical music and preferred the study of physics to business. [보수적인 나고야에서 술과 간장 생산자의 부유한 장남으로 태어나 가업을 이어받아 15대 모리아타 시장이 될 것으로 예상됐지만, 대신 시계를 분해하고 서양 클래식 음악을 들으며 시간을 보냈고 사업보다 물리학 공부를 더 좋아했습니다.]

도착텍스트 (포르투갈어 역번역[7])

The eldest son of a prosperous producer of soya oil and saki, in Nagoya, the parents of Morita expected that he should take over the control of the family business. Instead of this, Morita spend the time taking clocks apart, listening to Western classical music and preferring to study physis to putting himself into business. [나고야에서 콩기름과 사케를 생산하는 명문가의 장남이었던 모리타의 부모는 7가 가업을 물려받기를 기대했습니다. 대신 모리타는 시계를 분해하고 서양 클래식 음악을 들으며 사업보다는 물리학을 공부하는 데 시간을 보냈습니다.] (베이커 2005: 265).

만약 포르투갈어에서 영어에 등장하는 의사소통 참여자들을 지시하기 위한 고유명사를 사용하지 않으면, 출발텍스트와 도착텍스트 사이의 코헤지온 정도는 비슷하지 않아 과소 번역의 원인이 된다. 이를 극복하기 위해서 도착텍스트인 포르투갈어에서 번역자는 고유명사를 좀 더 자주 사용해야 할 것이다. (베이커 2005: 265 이하 참조).

프랑스의 시인이자 소설가, 화가이자 공예가인 장 콕토의 『무서운 아이들』의 번역본에 대해서 심도 있게 탐구한 정혜용은 출발텍스트에 등장하는 회기 표현을 한국어 초역과 재번역에서 전혀 살리지 못했음에 대해서 아쉬워한다. (정혜용 2012: 148 이하 참조).

---

[7] 출발텍스트에 내재되는 정보를 가감 없이 도착텍스트에 옮기는 것이 거의 불가능하기 때문에 번역에서는 정보의 손실을 감내한다고 할 수 있다. 이러한 면을 보면 역번역은 결코 바람직한 번역방식이 아니다. 그러나 완벽한 번역은 거의 불가능하다 하더라도 역번역은 번역교육이나 번역 실무에서는 필요하다.

출발텍스트

Il a juste le temps d'apercevoir un rire et, á côté du rire, au milieu de son état-major, Dargelos qui se dresse, les joues en feu, la chevelure en désordre, avec un geste immense. (장 콕토 1929: 568)

Ces spectateurs, Paul les distinguait derrière les vitres [⋯] Il cherchait Dargelos. Lui seul il ne l'apercevait pas. Il ne voyait que son geste, son geste immense." (장 콕토 1929: 637).

도착텍스트①

웃음소리, 그리고 웃음소리가 들려온 쪽의 참모 본부 한가운데에 우뚝 서서 붉은 뺨, 흐트러진 머리칼에 큼직한 몸집을 놀리고 있는 다르즐로가 눈에 띄었다. (오현우 1958: 20).

폴은 유리창 밖의 관객들의 모습을 알아보았다. [⋯] 그는 다르즐로를 찾아보았다. 그런데 다르즐로만은 보이지 않았다. 보이는 것은 그의 몸짓, 큼직한 몸짓뿐이었다. (오현우 1958: 199).

도착텍스트②

그리고 그 웃음 너머로 자신이 속한 참모부 한가운데 우뚝 서서 붉게 달아오르는 뺨, 흐트러진 머리칼에 큼직한 몸을 놀리고 있는 다르즐로를 보았다. (오은하 2007: 14).

이 관객들을, 폴은 유리창 너머로 바라보았다. [⋯] 그는 다르즐로를 찾았다. 그러나 다르즐로만은 보이지 않았다. 보이는 것은 다르즐로의 몸짓, 큼직한 몸짓뿐이었다. (오은하 2007: 68).

출발텍스트의 생산자인 장 콕토는 수미상관 기법으로 도입부나 종결부에서 의도적으로 "geste immense"라는 표현을 반복한다. 하지만 한국어본 초역과 재번역에서는 이러한 표현을 생략하고 번역했다[8]. 정혜용은 그런 생략의 이유를 다음과 같이 추정하고 있다.

> 시장의 논리에서 자유로울 수 없는 출판사와 편집자는 상품의 실패 가능성을 줄이기 위해 대체로 모험보다는 안전을 선호하게 되는데, 이 논리의 집행자라는 악역을 맡은 편집자는 독자를 등에 업고 가독성 규범을 내세운다. 익숙한 표준적인 문장으로 다듬어 내고 쉬운 단어보다는 현학적이거나 시적이라고 생각되는 단어를 선호하고, 같은 단어가 반복된다 싶으면 단어의 동일성 유지가 텍스트작동에 필수적인지는 생각해 보지도 않은 채 다른 단어로 바꿔 놓고, 긴 호흡의 문장은 톡톡 끊어 놓고 짧게 차고 나오는 문장을 보면 불안해 하면서 이어 붙인다. (정혜용 2012: 108 이하).

코헤지온중심 번역과 관련된 구체적인 예들 중에서 생략 번역이 자주 보인다. 생략 번역이란 출발텍스트에 구체화된 특정 부분이 도착텍스트에서 사라지는 경우를 말한다. 출발텍스트의 문법범주가 도착텍스트의 문법범주와 정확히 일치하지 않거나 결여되어 있을 때 생략 번역이 자주 일어난다[9]. 여기에 해당되는 대표적인 문법범주는 수(number)이다. 다음 예는 오

---

[8] 문학작품의 경우, 특정 표현의 반복은 텍스트생산자인 작가가 의도적으로 그 효과를 노리는 경우가 많다. 안정효는 번역은 제2의 창작이 아니라 "고도로 정밀하게 발달한 기술"이라고 하면서 출발텍스트에서의 의도적 반복을 도착텍스트에 반영하지 않은 것에 대해서 다음과 같이 신랄하게 비판한다: "소설작품에서는 같은 단어를 의도적으로 반복해서 사용함으로써 얻어지는 율동의 묘미를 살린 것도 있는데, 같은 단어의 중복을 피하겠다는 생각에서 번역자가 다양한 어휘를 동원하여 구사했다가 어떤 결과가 벌어졌는지를 우리는 일본 작가 '가와바타 야스나리'의 경우에서 알 수 있다." (안정효 2006: 41).

[9] 출발언어의 수가 도착언어에서 실현되지 않는 경우는 "언어체계 내의 변이(intera-system shifts)"(캣포드 1965/2000: 146 이하 참조)라고 부르기도 한다. 예를 들어, 출발언어와 도착

바마 대통령이 2012년 3월 26일 한국외국어대학교에서 했던 연설의 일부와 그것에 대한 한국어 도착텍스트이다.

출발텍스트

Most of all, I see the strength of our alliance in all of you. For decades, this school has produced leaders —— public servants, diplomats, business people —— who've helped propel the modern miracle that is Korea —— transforming it from crushing poverty to one of the world's most dynamic economies; from authoritarianism to a thriving democracy; from a country focused inward to a leader for security and prosperity not only in this region but also around the world —— a truly 'Global Korea'. (오바마 연설문 2012.03.26).

도착텍스트

저는 또한 여러분 모두의 얼굴에서 한미 동맹의 힘을 확인할 수 있습니다. 외대는 수십 년 동안 공무원, 외교관, 경제인 등의 리더들을 배출해 왔고, 이들은 한국이라는 현대의 기적을 일구어냈습니다. 이들은 한국을 극빈국에서 전 세계가 부러워하는 역동적 경제 대국으로, 권위주의에서 활기찬 민주주의로, 내향적 국가에서 아시아를 비롯한 세계 각지의 안보와 번영을

언어의 체계가 비슷함에도 불구하고 번역과정에서 출발언어의 문법범주는 전적으로는 대응되지 않은 다른 문법범주로 옮겨지는 경우가 있다는 것이다. 프랑스어와 영어의 수와 관사 용법이 바로 그러한 경우에 해당된다. 다시 말해서 두 언어의 수와 관사 용법은 매우 유사하지만 언제나 대응되는 것은 아니다. 영어의 "advice(단수)"는 프랑스어의 "des conseils(복수)"가 되며 프랑스어의 "Ill a la jambe cassée"에서의 정관사 "la"는 영어의 "He has a broken leg"에서의 부정관사 "a"와 대응된다.

이끄는 리더로, 한 마디로 진정한 '글로벌 코리아'로 변모시켰습니다.[10] (오바마 연설문 2012.03.26).

위의 사례를 보면 출발텍스트에 등장하는 명사의 복수 표지는 도착텍스트에서 생략되어 있음을 알 수 있다. 따라서 도착텍스트 수용자는 도착텍스트에 등장하는 "공무원", "외교관", "경제인"이 한 사람인지 여럿인지를 그저 추측할 수밖에 없다. 또한 "one of the world's most dynamic economies"라는 표현은 도착텍스트에서 복수 표지가 생략되어 (또는 복수 표지가 어휘화되어) "경제대국"으로 번역됐다. 이처럼 한국어권에서 한 사람 또는 한 개와 그 이상 간의 차이에 대해서 관심이 없는 것은 영어권이나 독일어권 화자가 양수와 삼수의 구분에 대해서 무관심한 것과 마찬가지이다. 베이커는 수의 유형을 다음과 같이 상정했는데, 이 중에서 독일어와 영어는 ii)에 해당된다고 하면 한국어는 iii)에 해당된다고 할 수 있다.

    i) 복수가 없는 경우
    ii) 복수가 필수인 언어
    iii) 선택인 언어
    iv) 단수, 양수, 복수가 있는 언어 (예를 들어 에스키모어)
    v) 양수, 삼수, 복수가 있는 언어 (예를 들어 피지어). (베이커 2005: 127).

또한 한국어나 중국어 또는 일본어 화자는 문맥상 반드시 밝혀야 할 경우가 아니면 단수와 복수를 선택할 필요가 없다. 다만 불가피하게 수를 명

---

10 오바마 대통령의 연설문과 그 번역문은 한국외국어대학교 홈페이지(http://hufs.ac.kr)에 수록되어 있다.

시해야 되는 경우에도 명사 자체의 형태를 바꾸기보다는 "몇몇"과 같은 낱말이나 "하나", "다섯" 등의 수사를 덧붙여서 수를 지시해 준다.

출발텍스트

The heads of the ministries created in 1869 were not directly responsible for 'advising and assisting' (hohitsu) the emperor, though they were to become so in 1889.

도착텍스트 (일본어 역번역)

The head〈s〉 of Various ministry〈ies〉 created in Meiji 2nd are not directly responsible for 'hohitsu' the emperor.(베이커 2005: 129).

또한 한국어 도착텍스트에서는 수사가 등장하면 그 수사의 수식을 받는 명사에는 보통의 경우 복수 표지가 생략된다.

출발텍스트

The United States will continue to do our part -- securing our own material and helping others protect theirs. We're moving forward with Russia to eliminate enough plutonium for about 17,000 nuclear weapons and turn it instead into electricity. (오바마 연설문 2012.03.26).

도착텍스트

미국은 앞으로도 자국의 핵물질을 안전하게 관리하고 다른 나라들도 그렇게 할 수 있도록 지원하는 등 맡은 바 책임을 다할 것입니다. 러시아와 협력하여 핵무기 1만 7천 개 분량의 플루토늄을 발전 연료로 전환하는 작업을 추진 중입니다. (오바마 연설문 2012.03.26).

다음은 『전쟁 전 일본의 궁궐과 정치(Palace and Politics in Prewar Japan)』에서 발췌한 예문인데, 텍스트수용자는 바로 황제이다. 텍스트수용자는 생략된 주어를 모두 보충하고 나름대로 지시의 연쇄를 창조해 내야 한다. 일본어 도착텍스트의 역번역에서는 텍스트수용자를 고려하여 적절하게 주어와 대용형을 삽입하고 꺾쇠괄호로 표시했다. 다시 말해서 꺾쇠괄호로 표시된 부분은 도착텍스트인 일본어에는 등장하지 않는다.

도착텍스트(일본어 역번역)
The most blunt one was Komeda Torao who was the third Jiho If ⟨the Emperor/Your Majesty⟩ pours ⟨his/your⟩ wise consideration into politics as much as ⟨he/you⟩ likes riding in ⟨his/your⟩ daily life, ⟨I⟩ would not think that ⟨he/you/the government⟩ would have been said as 'to three ministers' politics' by the public. So ⟨I am⟩ sincerely concerned. (베이커 2005: 267).

영어 출발텍스트가 한국어 도착텍스트로 옮겨짐에 따라 대용형으로서의 주어가 빈번하게 생략될 뿐만 아니라, 출발텍스트에 등장했던 "your"나 "our"와 같은 소유관사의 생략도 빈번하게 일어난다.

출발텍스트
So to all the students here today, this is the Korea your generation will inherit. And I believe there's no limits to what our two nations can achieve together. (오바마 연설문 2012.03.26).

도착텍스트
여기 계신 학생들 세대가 물려받을 한국은 바로 이런 나라입니다. 그리고 저는 한미 양국이 힘을 합치면 어떤 일이든 해 낼 수 있다고 믿습니다. (오바마 연설문 2012.03.26).

여기서 출발텍스트의 "your generation"이 도착텍스트에서 "학생들 세대"로 구체화되어 번역되는 점이 특이하다. 그 이유는 선행된 "students"의 영향을 받았기 때문인 것으로 판단된다.

쿠스마울은 「독일어 및 영어로 작성된 인문학 논문을 통해서 본 텍스트 종류에 따른 의사소통 관습: 독일어와 영어 번역기술을 위하여」(2009/2012: 39 이하 참조)에서 일인칭 단수 문형의 양상이 두 언어에서 현격한 차이를 보이는 경우 번역에서는 각각의 수용자들에게 자연스럽게 접근하기 위해서 일인칭 단수 문형을 수동 문형으로 전환하거나, 반대로 수동 문형을 일인칭 단수 문형으로 전환할 수 있다고 한다.

대용형의 생략 외에 접속사의 생략도 종종 발생한다. 접속은 이미 등장한 문장과 지금 등장하는 문장 또는 이후에 등장할 문장들을 어떤 식으로든 연관 짓기를 바라는 구체적인 코헤지온 장치이다. 영어의 경우 부가(also, besides, […]), 역접(but, yet, however, […]), 인과(so, consequently, for, […]), 시간(then, next, finally, […]) 등과 같은 다양한 접속의 유형들이 있지만, 한국어는 영어보다도 훨씬 세분화된 접속표현들이 있다. 그러나 출발텍스트에 존재하는 영어 접속표현을 한국어 도착텍스트에서 유사한 대응 표현이 있음에도 불구하고 생략하는 것은 코헤지온 등가를 조절하기 위한 번역자의 결정으로 보는 것이 타당할 것이다. 이러한 경우, 아마도 번역자는 도착텍스트의 자연스러움을 위해서 정확성을 다소간 희생했다고도 말할 수 있다.

출발텍스트

I've also seen the bonds in our men and women in uniform, like the American and Korean troops I visited yesterday along the DMZ -- Freedom's Frontier. And we salute their service and are very grateful for them. (오바마 연설문 2012.03.26).

도착텍스트

양국의 제복 입은 군인들 사이에서도 그러한 유대를 확인할 수 있습니다. 바로 어제, 자유의 최전선인 비무장지대를 방문했을 때 만난 미군과 한국군 장병들에게서 그것을 느꼈습니다. ∅ 우리는 그들의 헌신에 경의를 표합니다. (오바마 연설문 2012.03.26).

지금까지 살펴본 이러한 생략 번역은 – 얼핏 보면 – 문제가 생길 소지가 다분한 번역방식 중의 하나이다. 그럼에도 불구하고 생략 번역의 전제는 어떤 맥락 내에서 특정 표현이 생략되더라도 텍스트성이 유지되는 것이다. 따라서 베이커가 "특정 항목이나 표현이 전달하는 의미가 텍스트 전개에 중요하지 않기 때문에 독자들에게 장황한 설명으로 혼란을 주지 않으려고 한다면 번역자는 문제의 단어나 표현을 간단히 생략하여 번역하는 것"(베이커 2005: 40)이 생략 번역의 전형으로 보고 다음과 같은 예를 제시한다. 이것은 우리들의 시각에서 보면 어느 정도의 의미적 상실을 동반하고 있으므로 코헤지온중심 번역으로 간주되기에는 무리가 따른다.

출발텍스트

This is your chance to remember the way things were, and for younger visitors to see in real-life detail the way their parents, and their parents before them lived and traveled. [이곳은 삶의 방식을 반추할 기회를 제공하여 어린이들에게는 그들의 부모와 조부모가 살았던 삶의 방식과 여행 방식을 실제로 세세하게 살펴볼 수 있는 기회의 장이다.]

도착텍스트

Voici l'occasion de retrouver votre jeunesse(qui sait?) et pour les plus keunes de voir comment leurs parents et grands-parents vivatient et voyageaient.

영어 역번역

Here is the chance to rediscover your youth(who knows?) and for the younger ones to see how their parents and grandparents used to live and travel. [여기는 젊음을(확인은 불가능하지만) 재발견할 기회를 제공하며, 어린이들에게는 그들의 부모와 조부모가 어떻게 살았는지 또 어떻게 여행을 했었는지 알 수 있는 기회의 장이 된다.] (베이커 2005: 40이하).

영어가 한국어로 번역되면서 생략되는 요소들이 많은 것에 대해서 이것은 양국의 문화 차이라고 해석하는 경우도 있다. 예를 들어 영미문화는 "눈의 문화(a culture of eye)"에 속하는 반면, 한국문화는 "귀의 문화(a culture of ear)"에 속한다. 그래서 시각을 중심으로 하는 영어는 "논리적(logical)"이고, 청각을 중심으로 하는 한국문화는 "감정적(emotional)"이라는 주장을 하기도 한다. (류성열 2001: 128 참조). 이러한 문화 차이를 극복하는 방식이 텍스트중심 번역이라고 가정할 수 있다. 다시 말해서 영어 출발텍스트를 한국어 도착텍스트로 전환할 때 생략되어야 될 요소가 생략되지 않으면 문화 차이가 극복되지 않고 드러나 보인다는 의미에서 그러하다.

특정 환경에서 개별어휘나 문법사항 또는 개별문장이 생략되는 경우가 있지만, 생략에 의해서 텍스트의 전체적인 양이 축소 번역되는 경우도 있다. 노이베르트/쉬리브(2000/2013)는 러시아어가 독일어로 번역될 때 낱말 대 낱말이나 구조 대 구조의 번역방식을 택하면 도착텍스트의 수용자들은 장황한 느낌을 받게 되고, 극단적인 경우에는 그런 번역이 이해를 방해한다고 주장한다. 그래서 출발텍스트와 도착텍스트의 중개자로서 번역자는 압축이나 생략을 통해 이러한 문제를 해결해야 한다고 말한다: "압축은 독자의 협력을 확보하고 텍스트 수용의 토대를 제공한다. 러시아어의 문법적 구성체에 포함된 정보 일부는 주어진 번역상황에서 필요하지 않을 수 있다. 사용자가 그러한 정보를 필요로 하지 않을 수 있다. 양의 격률은 번역자가 독자들에서 가장 도움이 되는 목표텍스트를 생산하기 위한 번역절차를 활용하도록 권고한다." (노이베르트/쉬리브 2000/2013: 125). 영어와 독일어의 번역도 마찬가지이다. 통상적으로 독일어 도착텍스트는 대부분의 경우 영어 출발텍스트보다 길다. 그래서 번역자는 – 러시아어를 독일어로 번역할 때 사용했던 압축이나 생략뿐만 아니라 – 불필요한 어구의 추가를 지양하는 것이 중요하다. 다음과 같이 출발텍스트와 도착텍스트의 양적인 크기를 조절하는 것이 코헤지온중심 번역에 충분히 포함될 수 있다.

> 오늘날의 독일어는 문장 당 단어 수가 최대 13-16개인데, 키케로 원문의 경우에는 대략 30개 정도이다. 그러나 마침표를 무엇보다 중시하여 문장 대 문장으로 번역한 과거 독일어 번역물들은 키케로를 독일어로 번역하면서 문장 당 최대 39단어까지 사용했다! 이것은 라틴어를 위조한 것이며 너더욱 오늘날 독일어를 위조한 것이다. (페어메어 1979: 6 이하).

생략의 강도가 심해서 오역에 이르는 경우도 더러 있다. 다음은 영어 출발텍스트에서의 주어가 한국어 도착텍스트에서 생략된 경우인데, 이때 두 텍스트의 의미가 동일하지 않으므로 진정한 의미에서 코헤지온중심 번역이라고 할 수 없다. 『킬리만자로의 눈』의 한국어본에는 "빠리에선 어디 머물렀지?"라고 해리가 여자에게 묻는 장면이 나온다. 이것은 얼핏 들으면 "그녀가 혼자 빠리에 갔을 때 어디에 묵었느냐?"는 질문처럼 들리지만, 사실은 "빠리에 갔을 때 우린 어디에서 묵었지?(Where did we stay in Pasis?)"로 해석되어야 올바르다. 즉 무턱대고 주어를 없애 버리고 나니까 빠리에 갔던 사람이 누구인지 알 길이 없어진 것이다. (안정효 2006: 53 참조).

첨가와 생략은 동일한 현상의 다른 측면이다. 출발텍스트에서 도착텍스트로 번역될 때 어떤 것이 생략됐다면, 입장을 바꿔서 그 도착텍스트가 출발텍스트가 된다면 도착텍스트에서는 어떤 것이 첨가되어 있을 수 있다. 다음 예는 영어 출발텍스트에 특정한 표현이 없음에도 불구하고 한국어 도착텍스트에 "방호"라는 표현이 첨가된 경우이다.

출발텍스트

Over the next two days, under President Lee's leadership, we'll move ahead with the urgent work of preventing nuclear terrorism by securing the world's nuclear materials. (오바마 연설문 2012.03.26).

도착텍스트

앞으로 이틀 간 우리는 이명박 대통령의 리더십 하에 전 세계 핵물질 <u>방호(Secure)</u>를 통한 핵 테러 예방이라는 시급한 과제에서 진척을 이룰 것이다." (오바마 연설문 2012.03.26).

출발텍스트에 없는 접속표현이 도착텍스트인 한국어에 추가되는 경우도 허다하다. 그러나 이러한 현상이 영어와는 달리 한국어가 가진 독특한 성질 때문인지 번역 일반의 성질인지에 관해서는 좀 더 세밀한 연구가 필요하다[11]. 베이커에 의하면, 영어 출발텍스트를 독일어 도착텍스트로 번역하는 경우에도 더 많은 접속표현이 필요하다. (베이커 2005: 286 참조). 그럼에도 불구하고 도착텍스트에서의 명확성을 담보하기 위해서 출발텍스트에 등장하는 접속표현보다도 더 많은 기타 표현들이 등장할 가능성이 번역 일반에 존재할 수 있다. 따라서 베이커의 다음과 같은 주장을 수긍하기에는 좀 더 다양한 연구가 필요하다: "독일어는 대체로 영어보다 더 표층 결속적인 편이다. 뜻이 명료한 접속사를 사용하면 텍스트구조가 더욱 투명해진다." (베이커 2005: 286). 왜냐하면 영어 출발텍스트에 등장하는 않았던 접속표현이 한국어 도착텍스트에 첨가되는 경우도 자주 발견되므로 독일어 도착텍스트에서도 경우에 따라 그럴 가능성이 농후하기 때문이다.

문학텍스트에서도 첨가 번역이 자주 발생하는데, 김욱동(2010)은 미국의 여성 작가 테일러의 장편소설 『우리가 어른이던 그 옛날에(Back When We Were Grownup)』의 번역에서 첨가의 예를 찾고 있다.

출발텍스트

Out of the dining room and through the parlors, towards the stairs. But in the foyer, she paused. She hoisted the baby higher in her shoulder and opened the front door. It wasn't raining anymore, although a thick mist still hung like veils. The air was soft and mild, a kind of non-tem-

---

11 도착텍스트에서 출발텍스트에 등장하지 않는 접속표현이 첨가된 것이 번역 일반의 특징임은 다음과 같은 블룸-쿨카의 주장에서도 엿볼 수 있다: "명백함은 언어 학습자, 비전문적 번역가 및 전문 번역자 모두가 사용하기 때문에 언어 매개 과정에 내재된 보편적인 전략이라고 할 수 있다." (블룸-쿨카 1986: 21).

perature against her skin. She stepped outside and shut the door behind her.

도착텍스트

<u>그녀는 식당에서 나와 거실을 통과하여 계단 쪽을 향하여 급히 걸어 나갔다</u>. 그러나 현관에서 걸음을 멈추었다. 한쪽 어깨 위에 갓난아이를 높이 들어 올리고 앞문을 열었다. 이제 비는 내리지 않았지만 짙은 안개가 아직도 장막처럼 걸려 있었다. 공기는 부드럽고 온화하여 피부에 닿는 느낌의 일종의 비(非)온도와 같았다. 그녀는 문밖으로 걸어 나간 뒤 문을 닫았다. (김욱동 2007/2010: 126 이하).

위와 같은 첨가 번역에 대한 김욱동의 말을 들어보자: "식당에서 식사를 하던 중 갓난아이가 갑자기 울음을 터뜨리자 레베커가 그 아이를 안고 식당 밖으로 나가는 장면이다. 인용문의 첫 문장에서 타일러는 문장의 주체가 되는 주어도 사용하지 않고 그 주어의 동작이나 상태를 묘사하는 동사도 사용하지 않는다. 오직 동사를 수식해 주는 부사구만을 사용할 뿐이다. 그러나 이 문장을 한국어로 옮길 때에는 반드시 생략된 말을 보충하여 넣어야 한다. 먼저 이 문장의 주어로 '레베'라고 이름을 직접 사용하거나 '그녀'나 '그 여자'라는 대명사를 사용해야 한다. 그런 뒤에 상황에 걸맞게 동사를 보충해 넣어야 한다. 이 인용문의 바로 앞 문장이 'And the instant she had him, she made away with him, out of the dining room completely'로 되어 있기 때문에 동사는 '급히 걸어 나갔다'라고 보충하면 될 것이다. 즉 작가는 '(Rebecca made away) out of the dining room and through the parlors, toward the stairs'라는 문장에 좀 더 긴장을 실어 주기 위하여 이렇게 생략 구문을 구사한 것이다." (김욱동 2007/2010: 126 이하). 그렇다면

우리들은 다음과 같이 질문할 수 있다: "출발텍스트에서 저자가 생략 구문을 구사해서 작품에 좀 더 긴장을 심어 주었다면, 마찬가지로 왜 번역가는 도착텍스트에 생략 구문을 구사해서 긴장감을 심어 주면 안 되는가?" 이에 대한 김욱동의 답은 아마도 다음과 같았을 것이라고 추정된다: "한국어 도착텍스트에서 영어 출발텍스트처럼 주어를 생략하면 텍스트의 의미가 달라지거나 텍스트를 이해하기 어렵게 된다. 마치 고무줄을 너무나 당겨서 고무줄이 끊어지는 형국이 될 것이다." 이것은 문학번역의 모범답안 중의 하나가 될 수 있다. 출발텍스트의 텍스트기능과 도착텍스트의 텍스트기능을 일치시키고, 정보의 손실이 없도록 번역하는 것이 기능주의 번역 이론가들의 모토이기도 했다. 여하튼 위와 같은 출발텍스트의 특정 텍스트소를 도착텍스트에서 생략하거나, 반대로 출발텍스트에 없는 텍스트소를 도착텍스트에서 첨가하는 코헤지온중심 번역에 대해 김욱동은 탄력성 있는 고무줄에 비유하며 훌륭한 번역이라 평가한다: "훌륭한 번역이란 마치 탄력성이 좋은 고무줄과 같다. 필요에 따라 생략된 것을 보충하여 길게 늘어놓기도 하고 필요 없는 것을 생략하여 짧게 줄여야 한다." (김욱동 2007/2010: 125). 그러나 고무줄처럼, 번역에서 생략이나 첨가의 경우도 정도가 지나치면 문제가 발생한다. 고무줄의 탄성을 지나치게 줄이면 고무줄의 기능이 사라지게 되고, 고무줄의 탄성을 한계치를 초과할 만큼 늘리면 그것은 끊어질 위험이 따르기기 마련이다.

번역에서의 과다한 생략이나 과다한 첨가는 코헤지온중심 번역을 해치는 경우가 될 수 있다. 다음은 카프카 소설 『변신』의 한 구절이다.

출발텍스트

Als Gregor Samsa eines Morgens aus unruhigen Träumen erwachte, fand der sich in seinem Bett zu einem ungeheueren Ungeziefer verwandelt. (카프카 1962: 17).

도착텍스트

어느 날 아침 그레고르는 <u>잠을 자다가</u> 불안한 꿈에서 깨어났을 때 자기가 침대 속에서 한 마리의 커다란 벌레로 변한 것을 깨달았다. (카프카 1972/1984: 1).

출발텍스트에 없는 "잠을 자다가"라는 표현이 도착텍스트에 첨가되어 옮겨졌다. 그러나 이와 같은 무의미한 첨가는 카프카의 문체를 고려했을 때 불필요하다. 논리적으로 "깨어났을 때"에는 "잠을 자다가"의 의미가 함축되어 있기 때문에 출발텍스트에 없는 표현을 첨가해서 출발텍스트의 고유한 문체를 어그러뜨릴 필요가 없다는 것이다. (윤일숙 1992: 22 이하 참조).

출발텍스트의 대명사, 특히 직시어가 등장할 때 그것이 가리키는 대상이 불분명하다고 하여 도착텍스트에서 직시어를 일상어로 대체하는 경우가 있다. 다음과 같은 예가 바로 이것에 해당된다.

출발텍스트

It is big blow to US war planning. (AP Network News 2003/3/4).

도착텍스트①

그것은 미국의 전쟁계획에 큰 타격입니다.

도착텍스트②

이러한 의회 표결의 결과는 미국의 대 이라크 개전 계획에 큰 타격을 가하고 있습니다. (Daily English AE Service). (이근희 2005/2015: 32).

출발텍스트의 번역을 평가할 때 도착텍스트①보다 도착텍스트②가 더 유용하다는 사실에 대해서 이근희는 다음과 같이 주장한다: "원저자가 사용하고 있는 직시(deixis) '그것은(It)'의 대상이 무엇인지에 관한 정보를 최종독자인 목표언어권의 독자가 공유하고 있어야만 원활한 의사소통이 가능하다. 물론 이전 문장 어딘가에 직시의 대상이 직접적으로 언급되겠지만 두 어휘가 너무 멀리 떨어져 있어 쉽게 이해되지 않을 때에는 번역자의 개입이 필요하다"(이근희 2005/2015: 32). 그러나 텍스트성중심 번역의 입장에서 보면 이러한 주장은 결코 바람직하지 않다. 왜냐하면 출발텍스트에서 직시어에 의해 가리키는 대상이 너무 멀리 떨어져 있든 그렇지 않든 간에 출발텍스트 수용자와는 달리 도착텍스트 수용자에게만 이해되기 쉽게 한다는 것은 코헤지온중심 번역의 견지에서 보면 텍스트성의 정도가 서로 비등해지지 않기 때문이다. 게다가 출발텍스트 수용자도 직시어와 그것이 가리키는 대상이 멀리 떨어져 있으면 어느 정도의 해석의 어려움은 따를 터이고, 텍스트생산자는 그러한 것을 염두에 두고서 텍스트를 생산했기 때문이다.

보그랑데/드레슬러에게 있어서 병행구문도 중요한 코헤지온 장치 중의 하나이다. 보그랑데/드레슬러에 의하면, 텍스트성 중에서 동일한 낱말이 반복되는 회기법은 텍스트의 정보성을 감소시키는 단점이 있다. 그래서 동일한 형식에 좀 다른 의미 내용을 담아내거나, 동일한 의미 내용을 다른 형식에 실어 반복 표현하는 기법이 사용되는 경우가 허다하다. 이때 병행구문은 동일한 표현 형식에 다른 의미 내용을 채워서 다시 사용하는 것을 말한다. 이들이 제시하는 예에 해당되는 것은 미국『독립선언문』에 등장하는 "위해서(for)"라는 표현을 앞세운 현재 분사형이다.

> For quartering large bodies of troops [...] For protecting them [...] For cutting off our trade [...] For imposing taxes [...] For depriving us [...]

For transporting us [...] For abolishing the free System [...] [대부대를 숙영시키기 위해서 [...] 그들은 보호하기 위해서 [...] 우리의 무역을 단절시키기 위해서 [...] 세금을 부과하기 위해서 [...] 우리를 약탈하기 위해서 [...] 우리를 호송하기 위해서 [...] 자유 체제를 폐지시키기 위해서 [...] (보그랑데/드레슬러 1981/2008: 86).

문학텍스트에서는 저자는 병행구문을 통하여 미학기능 내지는 표현기능을 극대화시키는 효과를 노리는데, 이때 번역자에게 그런 병행구문을 살펴서 도착텍스트에 반영해 번역하는 것이 중요하다. 테일러의 소설『우리가 어른이던 그 옛날에』에서 한국어 도착텍스트에서의 어떤 부분이 병행구문으로 적절하게 번역됐는지를 살펴보자.

출발텍스트

Through Mother Davitch's stroke, and Aunt Joyce's death, and Poppy's moving in with them. Through the constant threat of financial failure – blank squares on the appointment book, painful calls from creditors. Through Mother Davitch's death, too, and the time they nearly lost Patch to appendicitis.

도착텍스트

어머니 대비치의 뇌졸중 발작이며, 조이스 숙모의 죽음이며, 포피가 그들과 함께 이사를 들어온 것을 극복하게 될 거야. 약속을 적어 놓는 수첩에 텅 비어 있는 빈 칸이며, 채무자한테서 걸려오는 고통스런 전화 – 한 순간도 떠나지 않는 재정적 파산의 위험을 극복하게 될 거야. 또한 어머니 대비치의 죽음이며, 맹장염 때문에 패치를 잃다시피 한 때를 극복하게 될 거야.

(김욱동 2007/2010: 127 이하).

김욱동에 의하면, "위의 단락을 구성하고 있는 세 문장 모두 주부와 술부를 제대로 갖추지 않은 불완전한 문장이다. 여기에서 작가는 'We'll get'이라는 구절을 과감하게 생략하고 있다. 그러므로 우리말로 번역할 때에는 이렇게 생략한 구절을 보충해 넣어 옮겨야 한다. 그런데 이 단락의 매력은 똑같은 전치사를 문장 첫머리마다 반복하는 데 있다. 똑같은 낱말이나 구를 계속하여 되풀이하다 보면 마치 주문을 외우는 듯한 최면 효과를 낳는다. 이러한 효과를 조금이라도 얻기 위해서는 우리말로 번역할 때에도 같은 표현을 반복하여 사용하는 것이 좋다. 위의 인용문에서 문장이 끝날 때마다 '-을(를) 극복하게 될 거야'하는 구절을 되풀이한 까닭이 바로 여기에 있다." (김욱동 2007/2010: 127 이하). 또 다른 관점으로 병행구문을 보면, 대체가 낱말의 영역이라면 병행구문은 낱말보다 더 큰 영역에서의 대체라고 볼 수 있다. 이러한 병행구문은 하나의 텍스트에 자리하는 텍스트소들 사이에서의 문제이기는 하지만, 출발텍스트의 병행구문이 어떻게 도착텍스트의 병행구문에 반영하는가를 따지는 것이 번역에서, 특히 문학번역에서 매우 중요하다. 병행구문 번역의 모범사례를 보여주기 위해서 쇼의 『어느 여름날의 목소리』에 등장하는 문장을 예로 들어보자.

출발텍스트

For weeks after Pat told him that she loved him he wandered around the school grounds and through his classes in a foolish daze, forgetting where he had left his books, losing keys, turning up for the wrong courses at odd hours, staring unseeingly at his assigned reading, with Pat's face swimming, gently smiling and rich with love, between his eyes and the printed page.

도착텍스트

책을 어디다 두었는지 잊어버리고, 열쇠도 잃어버리고, 엉뚱한 시간에 남의 강의실에 불쑥 나타나기도 하고, 숙제로 읽어 오라는 글을 멍하니 쳐다보고 있으면 글씨도 눈에 들어오지 않고, 그의 눈과 책에 박힌 글자들 사이에서는 풍요한 사랑으로 넘치고 부드럽게 미소 짓는 팻의 얼굴만 어른거렸다. (안정효 1996/2006: 103).

위와 같은 출발텍스트의 병행구문을 도착텍스트에서 살리기 위해서 번역자는 "forgetting", "losing", "turning up", "starting"이 이끄는 종속적인 삽화를 모두 절로 격상시켰다. (안정효 1996/2006: 103 이하 참조).

코헤지온중심 번역의 한 유형으로서 단락 나누기도 상정될 수 있다. 출발텍스트와 도착텍스트 사이에 존재하는 단락 나누기의 차이는 도착텍스트의 목적, 즉 스코포스에 따라 발생한다. 예를 들어 출발텍스트의 수용자가 일반 성인인 반면에 도착텍스트의 수용자가 아동이나 그 분야의 전문가인 경우 출발텍스트와 도착텍스트의 단락 나누기에 차이가 생길 수 있다. 이외에도 출발텍스트가 오래된 고전인 경우에도 이러한 현상이 빈번하게 발생한다. 이것은 동일 언어 집단에서도 발생하는 전형적인 경우들 중의 하나이다. 기원전 46년 말경에 집필된 것으로 추정되는 키케로의 『수사학 나누기(Partitiones Oratoriae)』는 아버지(키케로)와 그의 아들 사이의 대화 형식을 취하고 있는데, 동서양의 옛 고전이 그러하 듯이 단락이 세세하게 구분되어 있지 않다. 이것을 『생각의 수사학』(2007)이라는 제목의 한국어로 번역한 양태종은 "I 대화의 시작", "II 대화의 대강", "III 대화의 핵심", "1. 수사학적 능력", "1.1 착상능력"이라는 장과 절 그리고 제목까지 추가하여 상세하게 구분하고 있다. 이것은 출발텍스트를 도착텍스트로 번역할 때 발생할 수 있는 생략과는 반대되는 첨가의 일종으로 분류할 수도 있다. 그러나 출발텍스트와 도착텍스트 사이에 존재하는 단락 나누기의 차이를 스코포스에 의한 것이라기보다는 개별언어가 가진 정보뭉치 구분의 특성에 따른 것이라고도 간주할 수 있다. 예를 들어 한국에서 대학생들에게 행한 영어로 된 오바마 대통령의 연설이 45개의 소단락으로 구성되어 있는데, 이것이 한국어로 옮겨짐에 따라 38개로 줄어들었다는 사실로 알 수 있는 것은 한국어가 영어보다 정보뭉치 구분에 덜 민감하다고 할 수 있는 근거가 된다. 아무튼 출발텍스트인 영어텍스트 생산자는 애초부터 영어권 수용자를 대상으로 한 것이 아니어서 출발텍스트의 수용자와 도착텍스트의 수용자 사이의 차이가 이런 현상을 야기했다고 할 수 없기 때문이다.

출발텍스트의 시제를 그대로 도착텍스트로 옮기는 것만이 반듯한 번역은 아니다. 언어마다 시제의 체계가 다르고 그 용법도 다르기 때문이다. 다음과 같이 영어 출발텍스트의 과거형을 한국어 도착텍스트에서 현재형으로 옮겨야 하는 경우가 있다. 피츠제랄드의 『위대한 개츠비(The Great Gatsby)』에 나오는 예문이다.

출발텍스트

I walked back along the border of the lawn, traversed the gravel softly, and tiptoed up the veranda steps. The drawing-room curtains were open, and I saw that the room was empty. Crossing the porch where we had dined that June night three months before, I came to a small rechange of light which I guessed was the pantry window.

도착텍스트

나는 잔디밭 가장자리를 따라 돌아가 자갈길을 가로질러 베란다 층계를 살금살금 올라갔다. 거실의 커튼은 열려 있었고, 방이 텅 비어 있는 것이 보였다. 세 달 전 6월의 그날 밤 우리가 저녁 식사를 했던 현관을 가로질러 나는 식기실 창문으로 추측되는 곳에서 새어 나오는 작은 장방향 불빛에 다가섰다. (김욱동 2007/2010: 154).

출발텍스트의 첫 문장은 쉼표로 이어지는 과거형 대등절로 구성되어 있고, 과거형임에도 불구하고 도착텍스트에서는 세 개의 동사 중에서 마지막 동사만 과거형으로 옮겨지고 나머지 두 동사는 현재형으로 옮겨졌다. 비록 "walked"와 "traversed"가 과거형이지만, 한국어의 경우 동작의 주체가 동일한 인물일 경우 마지막 동사만 과거형으로 해 주는 것으로 충분하다. 그렇지만 뒤따른 문장처럼 해당 동사의 주어가 상이할 경우에는 과거형은 과거형으로 번역해 주어야 한다. 그래서 "거실의 커튼이 열려 있고, 방이 텅 비어 있는 것이 보였다."라고 번역하면 의미가 달라지기 때문에 각각의 절을 과거형으로 번역해 주어야만 한다. (김욱동 2007/2010: 154 이하 참조).

특이한 경우로서 단수를 복수로 번역해야 하는 경우도 있다: "예컨대 성서의 가르침인 'Liebe deinen Nächsten wie dich selbst(네 이웃[단수]을 네 몸과 같이 사랑하라)'의 경우에는 이 말을 듣는 일부 사람들이 'Welche nächsten?(어느 이웃 남자를?)'이라는 반문을 만들 소지가 있는데, 많은 언어에서는 단수에 총칭의 의미가 없기 때문이다. 따라서 이 표현을 가끔 'Liebe deinen Nächsten wie euch selbst(네 이웃들을 너희 몸과 같이 사랑하라)'로 번역되어야 할 때도 있다." (슈톨체 2001/2016: 53).

운율번역은 문학번역에서 중요한 관심꺼리 중의 하나이다. 물론 운율이 광고번역에도 존재할 수 있지만, 출발텍스트로서의 광고텍스트를 옮길 때 출발텍스트의 기능이 도착텍스트에서 전환될 가능성이 농후하다는 사실을 고려하면(예를 들어, 호소기능에서 서술기능으로), 출발텍스트와 도착텍스트에서 그런 기능이 동일하게 작동되는 문학작품에서의 운율번역은 매우 중요하다. 그런데 많은 이들은 운율번역에 대해 회의를 가지거나 심지어 불가능하다고 주장한다. 특히 독일 자생의 언어이론인 내용중심문법 학파에 속하는 홍승우는 운율번역에 의해 여러 문제가 뒤따른 관계로 문학번역이 불가능하다고 주장한다:

> 언어예술작품은 언제나 내용과 형식의 불가분의 통일체이며, 일체의 형식적 요소들은 전체와 상호작용하여 독특한 진술가치를 형성한다. 이 요소들이 다른 언어의 형식수단과 결합될 때에도 그 진술가치가 여전히 동일할 것인가? 예를 들어 장단음절의 운격의 대립으로 구성된 호머의 시를 독일어로 재현할 수 있겠는가? 독일어는 강음의 정도에 따라서 강음절과 약음절의 두 범주로 나뉘어 독일시는 강약 음절의 규칙적인 연속으로 배열되고, 한 시행 내에서는 박자(Takt)라는 보다 짧은 단위로 구성된다. 즉 호머시의 음량체계에 대립되어 있는 것은 독일시에서는 음절의 체계이다. 물론 호머시의 장음과 단음을 독일시에서는 각기 강음절과 약음절로 바꾸어 복제할 수는 있다. 우리 시조의 아름다움은 그 음절수의 제한에, 송당의 5언 절구나 7언 절구는 낱말 수의 제한에, 이로써 동시에 시행의 길이의 제한에 있다. 이것을 인구어의 어떤 언어로 옮길 때 이 정형과 더불어 그 예술성은 파괴된다. 더욱이 중국시의 평성과 그 순서는 어떤 언어로도 재현될 수 없다.[12] (홍승우 1985: 162).

---

[12] 문학작품이 아니더라도 언어나 낱말이 세계를 분절하는 방식들이 언어마다 상이함으로 번역의 시시비비가 끊이지 않는다.

전체적으로 보면 홍승우는 문학작품의 번역불가능성에 대해 강한 주장이 있는 반면, 인용문의 중간쯤에 제시된 복제(번역)의 가능성은 있을 수 있다. 이러한 – 홍승우가 말하는 – 복제(번역)의 가능성은 우리들의 텍스트성중심 번역과 닮아 있다. 포우의 시를 예로 들어서 설명해 보자: "에드가 앨런 포우의 시 『까마귀(The Raven)』에서는 'nevermore'라는 후렴구를 사용하고 있다. 이 후렴구는 불길함이 내포된 음성[양성]모음 [o]와 미끄러지는 듯한 음소 /r/ 때문에 포우가 의도적으로 선택한 구절이다(라도 1979: 190 참조). 라도의 견해에 따르면 이 음소들이 'nevermore(결코 […] 않다)'의 선택에 결정적이었다. 따라서 이 부분을 번역할 때에는 단어 의미뿐만 아니라, (적어도 기능면에서는) 음성도 보존되어야 텍스트가 등가를 이룬다고 할 수 있다. 그러나 이는 모든 언어에서 가능한 것이 아니다. 독일어 번역에는 'nimmermehr(결코[…]않다)'라는 단어가 있다. 이 단어는 의미상으로는 ['nevermore'와] 등가이나, 음성상으로는 등가가 아니다. 음성[양성]모음 ([o])이 없어서 이와 연관된 연상효과도 없다. 그럼에도 불구하고 동일한 억양(névermóre/nímmerméhr)과 유사한 음('-more/-mehr')이 그러한 손실을 어느 정도 메워줄 수 있다. 원문의 후렴이 일으키는 불길함에 대한 연상은 도착텍스트 수신자의 경우에 망치로 두드리는 소리 같은 'nimmermehr'의 계속적 반복을 통해 치명적이고 최후적인 것에 대한 연상으로 대체된다. 원문의 요소가 변화 없이 그대로 유지되지는 못했지만, 전체 텍스트기능에 적합하고 유사한 연상으로 대체된 셈이다. […] 포우 시의 프랑스어 번역에서는 'nevermore'를 'jamais plus'로 하였는데, 여기서는 의미적 등가는 성립되나, 영어, 프랑스어의 차이로 인해 음성과 운율의 등가는 전혀 이루어질 수 없다. 이 경우에는 의미의 등가를 이루기 위해 의미적 요소가 우선시된다. […] Fernando Pessoa가 한 포르투갈어 번역에서는 동일 부분을 'nunca mais'로 번역하였다. 이 번역은 의미, 운율 면에서 모두 영어 원문과 등가를 이룬다. 다만, 음성적으로 'nevermore'의 '양성모음 → 음성모음'의 순서가 'nunca mais'의 '음성모음 → 양성모음' 순서로 바뀌었을 뿐이다. 따라서 절망적인 외침에 대한 연상이 일어날 수 있었다. 그러므로 이 부분의 번역은 기능적으로 등가를 이루었다고 할 수 있다."(라이스/페어메어 1985/2010: 147). 포우의 시 번역에서 이러한 것들을 꼼꼼히 따져야 하는 이유는 그가 『시 제작의 철학(The Philosophy of Composition)』에서 다음과 같이 자세히 설명하고 있기 때문이다.

1. 시의 길이
2. 주제의 선택(아름다움)
3. 시적 어조의 선택(어조 중에서 가장 합법적인 것은 우울함이다.)
4. "Nevermore"라는 후렴의 선택
5. 후렴을 담당할 새의 선택(까마귀)
6. 가장 시적인 주제의 선택(아름다운 여인의 죽음)
7. 후렴을 유도하는 연인의 일련의 질문들의 작성
8. 연(stanza)의 선택
9. 장소(실내 및 실외의 풍경), 검정 까마귀에 대비되는 흰 흉상의 선택
10. 클라이맥스 이후 결말의 두 연의 구성[13]

---

[13] 문학작품에서 번역가능성을 논의하기에는 어려움이 따르지만, 정보텍스트의 번역은 언제나 허용되는 편이었다. 카데 역시 정보 내용의 관점에서 번역가능성을 강력하게 주장하는 학자 중의 한 사람이다: "따라서 의미론적인 의미에 관해서 그리고 이와 더불어 언어로 된 텍스트의 정보 내용의 합리적 구성성분들에 관해서 원칙적으로 번역가능성에 대한 어떤 제약도 존재하지 않는다는 사실을 확인할 수 있다. 한 언어 Lx(근원어)로 되어 있는 모든 텍스트들은 합리적인 정보 내용의 보호 아래서 원칙적으로 의사소통의 성과가 훼손되거나 혹은 문제시되거나 하는 법이 없이 번역활동이 진행되면서 다른 언어 Ln(목표언어)의 텍스트로 대체될 수 있다. 인식화하기에 적합한 모든 의식 내용이 모든 언어에서 기호화될 수 있으며 또 기호화의 결과(다른 언어로부터의 기호전환을 포함하여)로 생성된 텍스트가 원칙적으로 - 비록 변증법적 모순

(포우, 김미숙 2004: 15에서 재인용).

문학번역에 있어서 정혜용은 리듬의 중요성을 강조하고 있다: "루이 페르고가 라블레의 글에서 따와 『단추전쟁』 안에서 제목으로 사용하고 있는 〈Faulte d'argent, c'est douleur non pareil〉라는 구절을 〈돈 없는 고통만한 고통이 없다네〉로 옮겨서 보내 놓으면, 〈돈 없는 고통만 한 게 없다네〉로 둔갑해서 돌아오는 식이다. 편집인이 이런 식으로 문장을 손 본 이유는 간단하다. 짤막한 한 문장 내에서 〈고통〉이 연달아 나오고 있고, 동일한 단어의 반복은 피해야 하는 것이기에, 두 번째 등장하는 〈고통이〉를 한 음절 대명사로 바꿔 놓은 것이다. 문장마다 저마다의 호흡 방식을 갖고 있음을 미처 고려하지 못한 기계적인 윤문은 4-4-3-3으로 호흡하던 문장의 호흡을 한 중간에서 무질러 놓았고, 그 결과 번역문의 리듬은 흐트러지고 말았다." (정혜용 2012: 109 이하).

운율 못지않게 억양도 그만큼 중요하다. "Who is crying?"이라고 하면 "누가 우는가?"라고만 번역하고 간단하게 넘어갈 일이 아니다. 이것이 울음소리를 내는 원인 제공자가 누구인지를 묻는 말인 반면에, 화난 목소리로 그런 발언을 했다면 그 의미가 달라진다. "울긴 누가 운다고 그래?"라는 의미로서, 울지도 않는 사람에게 왜 우느냐, 슬프냐고 옆에서 사람들이 지분거리니까 짜증이 난 사람이 항의하는 경우이다. 또는 "도대체 시끄럽게 어떤 자식이 울어?"라는 뜻도 가능하다. 비록 문어에서는 억양이 드러나지 않지만 문맥에 근거해서 추정할 수 있다. (안정효 1996/2006: 35 참조).

출발언어의 문법범주가 도착언어에 존재하지 않는 관계로 그런 부분을

을 극복해야 하지만 – 잠재적인 수신자에 의해서 해독될 수 있는 있다는 사실을 증명함으로서 경험상으로도 입증된 그러한 번역가능성을 시인할 수 있는 것이다." (카데 1971: 26).

번역할 때 버거울 경우가 항상 있다. 이때 문제되는 출발텍스트의 문법범주나 어휘를 출발텍스트에 해당되는 도착텍스트의 장소가 아닌 다른 장소에서 실현시킬 수 있다. 이것은 번역에서의 코헤지온 이동 등가라고 할 수 있다[14]. 알엘루의 자서전 『새장에 갇힌 새가 왜 노래하는지 나는 아네(I Know Why the Caged Bird Sings)』의 일부를 한국어 도착텍스트로 번역할 경우에 코헤지온 이동 등가가 실현될 수 있다.

출발텍스트

Occasionally, though, Mrs. Flowers would drift off the road and sown to the Store and Momma would say to me, 'Sister, you go and play.' As I left I would hear the beginning of an intimate conversation. Momma persistently using the wrong verb, or none at all. 'Brother and Sister Wilcox is sho'ly the meanest —'Is,' Momma? 'Is' Oh, please, not 'is,' Momma, for two or more. ["하지만 가끔 플라워스 아줌마가 길을 벗어나 상점으로 향하면 엄마는 저에게 '누나, 가서 놀아라.'라고 말씀하셨어요. 내가 떠날 때 나는 친밀한 대화의 시작을 듣곤 했다. 엄마는 계속해서 잘못된 동사를 사용하거나 전혀 사용하지 않았습니다. '윌콕스 남매가 제일 못됐어.' '이다', 엄마? '이다' 오, 제발, '이다'가 아니라 엄마, 둘 이상이에요."]

도착텍스트

어쩌다가 플라워스 부인이 길에서 벗어나 우리 가게에 오기도 했는데 그럴 때면 마마는 나에게 이렇게 말씀하시곤 했다. '얘야, 나가서 놀거라.' 나는 나가면서 두 사람이 허물없이 대화를 나누는 첫 부분을 듣곤 했다.

---

14 문학번역에서 이러한 이동 등가는 자주 사용된다. (라이스 1981 참조).

마마는 끈덕지게 동사를 잘못 사용하거나 아예 빼먹기 일쑤였다. '윌콕스 남매란 확실히 가장 짓궂은 […]' '남매란'이라고요. 마마? '남매란'이라고요? 오, 제발, '남매란'이 아니죠, 마마. 그럴 때는 주격조사 '는'을 사용해야 하지요. (김욱동 2007/2010: 133 이하).

출발텍스트를 보면 복수 표지 'are'를 사용해야 할 상황에서 화자(안젤루 할머니)는 그냥 단수 'is'를 사용하여 "Brother and Sister Wilcox is sho'ly the meanest−"라고 말했다. 단수형 표지를 사용하건 복수형 표지를 사용하건 이 문장을 한국어로 옮길 때에는 상관이 없다. 그래서 화자가 일반문법에 어긋나는 흑인 영어를 사용하고 있음을 표현하기 어렵기 마련이다. 이로 인해 도착텍스트에서는 주격조사를 일부러 잘못 사용함으로써 그것을 표현하려고 했다. 즉 "윌콕스 남매는"을 "윌코스 남매란"으로 옮겼다는 것이다. (김욱동 2007/2010: 134 이하 참조).

문법 중에 진행형은 역시 코헤지온 장치 중의 하나이다. 그러나 어떤 언어에서는 상 표지가 부재하는 관계로 이를 어휘적 수단으로 대체해서 텍스트성을 보상해 준다. 예를 들어, 영어 텍스트 "He was speaking when I joined the banque. [내가 만찬 장에 갔을 때 그가 연설을 하고 있었다.]"는 독일어로 "Er sprach gerade/er war gerade bei seiner Rede, als ich zum Bankett kam. [그는 막 말을/연설을 하는 중이었다.]"로 번역할 수 있다. 여기서 진행형이라는 문법범주가 어휘적 수단인 부사 "gerade[막]"로 대체되어 번역된 것이다. 우리들은 이것을 코헤지온 등가 이동으로 지칭한다. 이러한 등가 이동은 하나의 문장 안에서도 실현되기도 하고 문장을 넘어서도 실현되기도 한다.

8.2 코헤렌즈중심 번역

텍스트성의 두 번째 자리에 위치하는 코헤렌즈는 코헤지온과 함께 텍스트중심 개념에 속한다. 보그랑데/드레슬러에 의하면, "코헤렌즈는 인과관계에 속하는 일련의 관계에 의해서 특히 잘 예시된다. 이 관계들은 하나의 상황이나 사상(event)이 어떤 다른 상황이나 사상의 조건들에 영향을 미치는 방식에 관여한다."(보그랑데/드레슬러 1981/2008: 9). 그러나 위와 같은 정의는 너무 모호하고 입체감이 없다. 그래서 코헤렌즈에 대해서 좀 더 평이한 방식으로 접근하는 것이 중요하다. 보통의 경우 "의미(meaning/Bedeutung)"는 사용되기 전의 잠재적인 어떤 것을 가리키고, 이것을 표출해서 사용하면 실현적 의미인 "의의(sense)"가 된다. 이 개념은 언어학에서는 언어의 "사용의미"로 알려져 있고, 때로는 독일어에서 "Sinn(의의/전의)"으로 번역되기도 한다. 많은 언어기호들은 사용되기 전에는 일반적으로 여러 개의 잠재적인 의미를 갖지만 – 낱말의 다의성을 의도한 특별한 경우를 제외하고는 – 그 기호가 실재로 사용되는 텍스트상에서는 오직 하나의 의의만 가진다. 앞서 언급된 바와 같이 텍스트는 이미 언어기호가 사용되어 실현된 현실태이기 때문이다. 우리들이 의사소통을 한다는 것은 의미가 아니라 의의와 관련 있다. 그래서 의의를 "텍스트의미"라고도 한다. 물론 의의의 근저에는 의미가 도사리고 있다. 일반적으로 "어떤 텍스트가 의미 있다"라고 평가하는 것은 그 텍스트의 표현들 사이에 "의의(들)의 연속성(continuity of senses)"이 있음을 의미한다. 따라서 "무의미한 텍스트" 또는 "비텍스트(non-text)"는 텍스트수용자가 "의의의 연속성"을 찾아내지 못하는 경우에 생겨난 결과물이다. 보그랑데/드레슬러의 코헤렌즈 개념은 상술된 "의의의 연속성"을 기반으로 한다. 이와 반대인 "의미가 없다" 또는 "무의미한 텍스트"는 수용자가 그런 연속성을 발견하지 못했을 때 평가하는 말인데, 그것은 통상적으로 표현된 개념과 그 관계의 구성 그리고 수용자의 지식 사이에 심각한 불일치가 나타나기 때문이다. (보그랑데/드레슬러 1981/2008: 128 이하 참조).

보그랑데/드레슬러의 "의의의 연속성" 개념은 – 저서의 각주에서도 언급했듯이 – 독일 기능심리학의 거두인 회르만의 "의의 항상성(Sinnkonstanz)"에서 유래한다. 회르만은 "항상성"을 "밝기의 항상성", "색채의 항상성", "형태의 항상성", "사물의 항상성" 그리고 "크기의 항상성"을 구분해서 이해한다. 원래 "항상성"은 어떤 대상으로부터 받은 감각 정보가 수시로 변함에도 불구하고 그 대상이 안정된 어떤 특성을 가지고 있음을 지각하는 것이다. 인간에서 항상성이 없다면 환경에 적응할 수 없고 생명을 부지할 수 없다. 이를 테면, 먼 거리에 있는 작은 물체가 가까이 다가와 커지더라도 우리들은 그것을 항상 같은 크기로 지각하고(크기 항상성), 창문이 닫히고 열리면서 여러 가지 모양으로 변하더라도 우리들은 시각에 관계없이 그것을 같은 창문으로 보고(형태 항상성), 빨간 사과는 밤이건 낮이건 항상 빨갛게 보이는 것으로 간주한다(색채 항상성). 그래서 색채 항상성이 형성되지 않는 아이들이 그린 그림 속의 사과는 항상 빨간색으로 채색되어 있다. 회르만에 의하면 이러한 차원들이 언어를 감각적으로 받아들이는데 있어서, 텍스트수용자는 자신이 받아들이는 텍스트 표본이 "의의 있는 것"이라는 기대치와 관련 있다고 여긴다. 그래서 그는 언어체계 차원에서 종종 모순을 불러일으키는 언어적인 은유나 비유를 수용자의 의식과 관련을 맺고 있는 "의의의 항상성"으로 설명한다. (회르만 1976: 179 이하 참조, 쉐르너 1984: 154 참조, 이재원 2001: 176 이하 참조). 따라서 보그랑데/드레슬러의 코헤렌즈는 연역 추리와 항상성을 유지하려는 경향과 밀접한 관련을 가진다. 결국 코헤렌즈는 "텍스트 세계의 – 즉 표층텍스트의 기저에 깔려 있는 각 개념과 그들 관계의 구성체 – 구성성분들이 상호 수용 가능하고 적합성을 가지고 있는 방식에 관여하며"(보그랑데/드레슬러 1981/2008: 8), "여러 개념과 그들 관계가 이르는 한 구성체 내부에 갖는 상호적 접근과 적합성"(보그랑데/드레슬러 1981/2008: 129)이라고 정의된다. 여기서 우리들은 "표층텍스트의 기저", "상호 수용 가능", "개념", "관계", "주제", "지식 공간", "망", "인과관계" 등의 코헤렌즈 정의를 위한 핵심성분들을 추출해 낼 수 있다. "표층텍스트의 기저"는 텍스트 표본(즉 가시적으로 보이는 텍스트)의 심층구조 속에 녹여 있고 또한 표층적으로 드러나지 않는 어떤 성질일 것이고, "상호 수용 가능하다"는 우선적으로 화청자를 전제하는데, 이것은 텍스트 표본 자체만으로는 하나의 텍스트가 "의미(또는 의의) 있다"는 성질을 가지기 어렵다는 것이다. 즉 "이것이 텍스트로서 의미를 가지고 있다"라고 하는 것은 수용자의 머릿속에 비축된 경험 및 사전지식과의 상호 관련 속에서 텍스트가 이해되며, 이때 관찰되고 이해된 현실을 모델화한 하나의 이미지가 수용자에게 실현된다고 보는 것이다. (이재원 2001: 175 이하 참조). 그래서 파터의 경우, 보그랑데/드레슬러의 코헤렌즈를 텍스트성의 가장 중요한 범주라고 주장한다: "코헤렌즈는 분명 지배적인 텍스트성의 기준에 해당한다. 이것은 텍스트를 완성하는 데 핵심적인 것이다. 보그랑데/드레슬러(1981/2008)가 가정한 그 밖의 모든 기준들이 충족되어 있지 않더라도 코헤렌즈가 있는 한에는 텍스트일 수 있기 때문이다." (파터 1992: 65).

재차 정의되는 보그랑데/드레슬러의 코헤렌즈는 "주요한 주제를 중심으로 하는 지식 공간들로 구성된 하나의 망으로서, 그 안으로 개념들과 그들의 관계가 결합해 들어감으로써 이루어지는 결과"(보그랑데/드레슬러 1981/2008: 144)이다. 따라서 이들의 코헤렌즈에서는 다음과 같은 요소들이 중요하다.

프레임(frame) → "돼지 저금통", "생일 파티" 등과 같은 어떤 중심 개념에 관한 상식적 지식을 포함하는 인지패턴이다. 프레임은 원리적으로 어떤 항목들이 함께 포함되는가를 말해 주지만, 그것들이 어떤 순서로 실행되는가는 말해 주지 않는다.

스키마(schema) → 시간적 인접과 인과관계로 관련된 사상과 상태들이 일정한 순서로 배열된 인지패턴이다. 프레임과 달리 항상 진행 순서에 따라 배열된다.

플랜(plan) → 의도된 목표를 향해 나아가는 사상과 상태들로 구성된 전국적 인지패턴이다. 플랜이 스키마와 다른 점은, 플랜 작성자(즉, 텍스트 생산자)는 모든 요소들이 자신의 목표를 향해서 과연 잘 진행되고 있는가 하는 관점에서 그들을 평가한다는 점이다.

스크립트(script) → 참여자의 역할과 기대되는 그들의 행위를 명시하기 위해서 빈번히 호출되는 고정적 플랜이다. 따라서 스크립트는 사전에 정형화된 절차가 있다는 점에서 플랜과 다르다. (보그랑데/드레슬러 1981/2008: 137 이하 참조).

　실현될 텍스트를 생산하거나 이해하기 위해서 텍스트생산자와 텍스트수용자가 사용하는 지식의 레퍼토리는 언어지식과 세상지식의 무작위적 저장고에 기대는 것이 아니라 고도로 구조화되어 있는 프레임, 스키마, 플랜, 스크립트와 같은 전국적 패턴에 의지하게 된다. 이러한 전국적 패턴은 텍스트가 생성되고 이해되기 위한 기본 구조의 역할을 한다. (노이베르트/쉬리브 2000/2013: 99 참조). 필모어는 "우리는 언어사용자가 자신의 환경을 해석하고 자신의 메시지를 구성하고 타인의 메시지를 이해하고 자신의 세계에 대한 내적 모델을 수립하고 생성시킬 수 있게 하는 인지적, 상호작용적 '프레임'에 대한 기술을 문법과 어휘에 대한 기술에 부가해야 한다"(필모어 1976: 23)고 말하면서 현실태로서의 텍스트의 생산과 해석에서 프레임의 중요성을 강조한다. 번역과 연관 지어 보면 상술된 프레임 이론의 중요성이 새삼 부각된다. 문화연구에서 고전으로 간주되는 홀의 『침묵의 언어(The Silent Language)』(1959)에 기대서, 노이베르트/쉬리브는 독일과 미국의 상행위 이벤트 프레임 간의 차이점에 대해서 다음과 같이 설명한다: "가령 미국인이 'I bought a new car. [나는 새 자동차를 샀다.]'나 'I bought a new house. [나는 새 집을 샀다.]'라고 말하는 경우를 들 수 있다. 이때 화자는 자신이 집이나 자동차 값을 모두 지불했다고 암시하지 않는다. 미국에서 '사는 행위'와 '자동차'와 '집'의 연상 구조에 의해 접근할 수 있는 영역은 '모기지(mortgage)'나 '할부(installment plan)' 같은 개념들과 추가적으로 연관되도록 확대될 수 있다. 이러한 추가적 연결성은 독일문화에서는 그만큼 잘 성립되지 않으며 'kaufen(사다)'이라는 어휘를 사용해도 이러한 주변적 지식 영역에 그 만큼 잘 접근할 수 없을 수 있다."(노이베르트/쉬리브 2000/2013: 100). 따라서 대부분의 영역에서는 출발텍스트의 프레임과 도착텍스트의 프레임이 일치하지 않더라도 번역자는 특정 영역에 대한 출발텍스트의 프레임과 이와 유사한 도착텍스트의 프레임에 제시되는 언어적 항목들을 가능한 유사하게 만들어야 할 것이다. 만약 출발텍스트의 프레임과 도착텍스트의 프레임을 구성하는 언어적 항목들이 많이 어긋난다면 코헤렌즈중심 번역이 잘 이루어지지 않은 것으로 볼 수 있다.

다음의 예는 영어와 독일어의 프레임의 차이를 고려한 코헤렌즈중심 번역을 잘 보여주는 사례이다: 샌프란시스코에서 짧은 기간 동안 머문 두 사람이 집에 있는 가족들에게 "I spent two hours on land this afternoon. [오늘 오후에 육지에서 두 시간을 보냈어요.]"와 "I spent two hours on ground this afternoon. [오늘 오후에 지상에서 두 시간을 보냈어요.]"라고 편지를 쓴다. 첫 번째 문장을 보고 텍스트수용자는 항해의 프레임을 떠올린다. 왜냐하면 "on land(육지에서)"와 "at sea(항해 중인)"는 별개의 프레임이지만 거의 비슷한 내용을 담고 있기 때문이다. 이와 등가를 이루는 독일어의 '항해' 프레임은 "an Land(육지에)"와 "auf See(바다에/해상에)"이다. 한편 두 번째 문장은 "on the ground(지상에)"와 "in the air(공중에)"라는 프레임을 활성화시킨다. 하지만 독일어의 경우 "auf dem Boden(땅(바닥)에)", "am Boden(아래에)", "auf der Erde(지상에)", "auf dem Erde Boden(지면 위에)"과 같은 어구들은 비행의 프레임을 지시하지 않는 관계로 항상 "in der Luft(허공에)"의 반의어구 역할을 하지 않는다. 그래서 번역자는 동일한 프레임을 동일한 방식으로 떠올리도록 "unten"과 같은 어휘적 지시를 활용해야 한다. 따라서 두 번째 문장을 독일어로 옮기면 "Ich war heute nachmittag zwei Stunden unten. [나는 오늘 오후 두 시간 동안 지상에 있었다.]" 또는 "Ich war heute nachmittag zwei Stunden nicht in der Luft."[나는 오늘 오후 두 시간 동안 공중에 있지 않았다.]" 정도가 될 것이다. (노이베르트/쉬리브 2000/2013: 105 이하 참조).

연어번역(Kollokationsübersetzung)이 잘 이루어지지 않으면 텍스트중심 번역이 될 수 없다. 여기서 "연어"는 내용의 측면에 의해 생성된 낱말들이 언어관습에 의거해 특정 관계에 따라 결합되어 사용되는 것을 의미한다. (로빈스 1968: 67 이하 참조). 번역에서 연어관계가 제대로 유지되면 텍스트중심 번역이 이루어졌다고 할 수 있고, 그렇지 않은 경우에는 텍스트중심 번역이 잘 이루어지지 않았다고 할 수 있다. 출발텍스트의 연어관계를 정확히 파악하는 것은 결코 쉬운 작업이 아니다. 출발텍스트의 연어와 그것에 해당되는 도착텍스트의 연어가 일치하지 않는 경우, 특히 번역자가 도착텍스트를 모국어로 삼고 있다면 우선적으로 자신의 모국어로 연어를 판단하기 때문이다. 예를 들어, 영어의 "black coffee(검은 커피)"는 독일어로 "schwarzer Kaffee(검은 커피)"이다. 그러나 영어의 "white coffee(하얀 커피)"에 해당되는 독일어는 "Weißkaffee(하얀 커피)"가 아니라 "Milchkaffee(우유커피)"이다. "weißer Kaffee"는 독일어의 어법에 맞지 않기 때문에 독일어 수용자도 이해하기 힘들다. (쿠스마울 2012: 34 참조). 한국에서 흑맥주로 불리는 독일 맥주도 독일에서는 "Schwarz(검은/흑)" 맥주가 아니라 "Dunkel(어두운)" 맥주이다. 또한 몇 개의 낱말로 이루어진 관용구는 경우에 따라서 하나의 낱말로 번역되어야 할 때도 있다. 그런 경우 출발텍스트를 낱말 대 낱말 그대로 번역하게 되면 텍스트의 용인성에는 심각한 문제가 발생할 수 있다. 비교에 사용되는 영어 관용구인 "as dull as ditchwater(구정물같이 우중충한)", "as dead as a doornail(완전히 죽은)", "as bold as brass(뻔뻔한/ 철판을 깐)"에는 연어가 깔려 있으며 의미상 낱말 하나하나에 의미 특성이 부여되어 있다. 위의 낱말들을 독일어로 그대로 옮기면 연어중심 번역이 되지 않는다. 따라서 이에 대한 전형적인 독일어 표현인 "stinklangweilig(굉장히 따분한[냄새나게 따분한])", "mausetot(완전히 죽은[쥐 죽은])", "tollkühn(아주 저돌적인[미친 듯이 대담한])"으로 번역되어야 한다. (쿠스마울 2009/2012: 34 이하 참조).

연어에는 그것을 사용하는 언어공동체의 사회문화적 관습이 스며들어 있다. 그래서 출발텍스트의 연어를 도착텍스트에 낱말 대 낱말 번역을 하게 되면 그 표현은 어색해질 수밖에 없다. 즉 코헤렌즈중심 번역에서 문제가 발생하는 것이다. 예를 들어 영어에서 "버터"와 "빵"은 연어관계를 이루지만 아랍어에서는 그렇지 못하다. 또한 영어나 한국어에서는 "법"과 "질서"는 연어관계를 이루지만, 아랍어에서는 "법"은 "관습" 또는 "전통"과 어울려서 사용된다. 이것은 법 개념을 떠올릴 때 한국어권이나 영어권 화자들에서는 질서 개념이 우선적으로 떠오르는 반면에 아랍인들에게는 전통이나 관습이 우선시된다는 것이다. (이계연 2013: 146 참조).

거짓연어(pseudo-collocation)는 제대로 된 출발텍스트에서 나왔지만 도착텍스트에서는 자연스럽게 발생하지 않는 도착텍스트 어휘항목의 조합을 말한다. 출발텍스트의 낱말은 의미그룹에서 발생하는데, 그 의미그룹은 각 낱말이 그 그룹에 가져오는 의미적 특성들의 결합을 통해 성격을 얻는다. 각 낱말의 의미는 그 낱말을 기준으로 앞뒤에 등장하는 낱말들과 그런 낱말들의 관계를 살펴야만 해독될 수 있다. (노이베르트/쉬리브 2000/2013: 170 참조). 20세기 중반 넘어서까지 세계의 언어학계를 평정했던 독일 자생의 언어이론인 트리어의 "어휘장 이론(Wortfeldtheorie)"과 1950년대에 활동했던 포르찌히의 "본질적 의미 관련(Wesenhafte Bedeutungsbeziehungen)"에서의 낱말의미 개념은 언어에 의한 코헤렌즈와 관련이 깊다. "a blue sky"는 한국어에서 존재하고, "a green meadow"는 잠재적으로 가능한 채로 존재하겠지만 한국어에서 실현되지 않는다. 노이베르트/쉬리브(2000/2013)에 의해 제시된, 영어를 사용하는 방문객들을 위해 번역된 독일어 관광 브로슈어를 보자.

> Ein Bummel durch die Stadt erschließt den Besuchern oftmals deutlicher als den Einwohnern selbst das spezifische Leipziger Fludium, das sich aus der anheimelnden Atmosphäre einer gewachsenen Stadt und den Vorzügen einer modernen Großstadt ergibt. [도시를 배회하다 보면 종종 도시 주민들보다 방문객들이 더 명확하게 라이프치히 특유의 신비함을 느끼는데, 이 신비함은 성숙한 도시로서 집 같은 편안함을 주는 분위기와 현대적 대도시가 가진 특권의 결과물로 생기는 것이다.] (노이베르트/쉬리브 2000/2013: 173).

여기서 연어 "das spezifische Leipziger Fludium[라이프치히 특유의 신비함]"은 영어 도착텍스트에 "the specific Leipzig air"로 번역됐다. 이러한 토큰 대 토큰 방식의 사전적 번역은 코헤지온중심 번역을 과소 번역했다고 할 수 있다.

연어는 "텍스토니미(textonymy)"의 한 유형이다. 텍스토니미는 텍스트에서 나타나는 다양한 낱말 배열을 가리킨다. (노이베르트 1979: 22 참조). 어휘목록의 계열적(paradigmatic) 의미관계에 해당되는 텍스트토니미에 속하는 현상으로서는 연어, 동의성(synonymy), 포의성(hyponymy), 은유(metaphor), 반의성(antonymy), 상보성(complementarity), 역관계(converseness), 점층(gradation), 테마 전개(theamatic progression), 낱말가족(word families), 낱말체계(word system) 등이 있다. 연어는 구성요소가 각자의 특성을 가지고 결합하여 새로운 물질을 만들어 내는 화합물과 같은 것이다. 이러한 화합물과 유사한 구조를 만들어 내기 위해서 번역자는 도착텍스트의 텍스트자원을 이용하여 번역해야 한다. (노이베르트/쉬리브 2000/2013: 178 참조).

출발텍스트에 표현되어 있는 비유법의 일종인 환유 표현을 풀어서 직접적으로 표현하는 것이 적절한가에 대해서도 살펴야 한다.

출발텍스트

An Iraqi Offical indicates Baghdad could stop the missile destruction, if the US signal it is close to an attack on Baghdad. (AP Newwork News 2003.03.04).

도착텍스트

이라크의 한 정부 관리는 만약 미국이 이라크에 대한 공격을 감행할 조짐을 보인다면 이라크는 미사일 폐기를 중단할 수 있다는 점을 시사하고 있습니다. (Daily English AE Service). (이근희 2005/2015: 43).

출발텍스트에 등장하는 "Baghdad"는 환유 표현으로서 "이라크"를 지시하고 있기 때문에 "Baghdad"는 도착텍스트에서 "이라크"로 번역되어야 한다는 이근희(2005/2015: 44 참조) 주장은 좀 더 검토할 필요가 있다. "이라크"와 "Baghdad"가 지시하는 대상은 차이가 있으므로 출발텍스트의 "Baghdad"가 환유 표현으로 사용됐는지에 대해서는 확인할 길이 없기 때문이다. 사실 "이라크"를 전체를 공격하는 것과 "Baghdad"를 공격하는 것은 큰 차이가 있다. 하지만 일반적으로 위와 같은 시사정보를 전달하는 기사 보도에서는 정보성이 우선시되어 환유 표현은 잘 등장하지 않는다.

8.3 의도성중심 번역

보그랑데/드레슬러는 텍스트중심 개념인 코헤지온과 코헤렌즈와는 달리, 텍스트생산자와 수용자 양쪽 모두에 의해서 수행되는 텍스트적 의사소통 행위 전반에 관여하는 개념을 사용자중심 개념으로 정의하고, 그 중에서 텍스트생산자중심 개념을 의도성(intentionality)이라 칭한다: "이것[의도성]은 텍스트생산자의 태도에 관여하는데, 코헤지온과 코헤렌즈가 구비된 일련의 발화체는, 가령 지식을 나눈다든가 한 플랜의 특정 목적을 달성하는 등 텍스트생산자의 의도를 달성하기 위한 도구로써 구성되어야 한다는 것이다." (보그랑데/드레슬러 1981/2008: 13 이하). 그러므로 경우에 따라서 의도성이 코헤지온과 코헤렌즈보다 더욱 더 유용한 텍스트성의 역할을 할 수 있다[15]. 이를 테면 일상 대화에서 코헤지온과 코헤렌즈를 유지하지 못해 문제가 있어 보이는 텍스트도 의도성이라는 관용을 행사하면 온전한 텍스트로 간주된다. 다음과 같은 대화의 경우, 코헤지온과 코헤렌즈를 동시에 유지하기 어려운 텍스트인데, 텍스트수용자들은 의도성이라는 관용을 행사해서 텍스트를 의사소통적으로 만든다는 것이다.

> Well, where do - which part of town do you live? [에, 어디에 - 도시의 어느 구역에 사십니까?][16] (보그랑데/드레슬러 1981/2008: 14).

언어철학사에서 임의의 발화에서 의미가 아닌 의도가 중요하다는 것을 제일 먼저 간파한 이는 오스트리아 출신의 언어철학자 비트겐슈타인이었다. 그는 『철학적 탐구(Philosophische Untersuchungen)』(1952/1994)에서 "언어

---

[15] 1966년에 챗봇과 ChatGPT의 전신이 되는 최초의 지능형 대화엔진 "ELIZA"가 바이쩬바움 교수에 의해서 그 모습을 드러내는데, 오랜 기간 동안 이 분야에서는 자동대화 생성에 대해서 성과가 있었음에도 불구하고 발화의 의도를 핵심 영역으로 상정하지 않아서 그 분야의 발전이 느려졌다. 그러다 2000년대를 넘어서면서 챗봇에 화행 개념을 삽입해야 한다는 주장이 줄기차게 등장한다. 예를 들어 지능형 대화엔진에 화행 개념을 추가하지 않으면 다음과 같은 다의적이고 모호한 대답들이 만들어진다는 것이다: "사용자가 '비가 오고 있어요'라고 입력한 경우, 이는 사용자가 상대방의 정보제공 차원에서 말을 한 것일 수도 있고, 상대방이 질문한 내용에 대한 답변으로 말을 한 것일 수도 있다. 만일, 이러한 사용자의 의도를 정확하게 파악할 수 있다면, 정보 제공 차원에서 말을 한 경우에는 '비가 와요?'라는 형태의 응답을 제공할 수 있고, 답변으로 말을 한 경우에는 '시원하겠군요'라는 응답을 제공할 수 있을 것이다." (박범준/소수환/박태근 2010: 13). 이러한 화행의 개념이 챗봇에 삽입되면서 챗봇의 성능은 획기적인 발전을 이룩하게 됐다. (이재원 2022: 14 이하 참조). 이것은 발화에서 의도성과 수용성이 얼마나 중요한지를 단적으로 보여주는 예라고 할 수 있다.
[16] 그러나 코헤렌즈가 텍스트와 비텍스트를 구분하는 절대적 기준이 되지 못한다는 견해도 제시된다: "표층텍스트의 코헤지온과 텍스트 심층세계의 코헤렌즈는 텍스트성을 판정하는 데 가장 명백한 기준들이다. 이들은 텍스트의 구성요소들이 어떻게 서로 조화를 이루며 의미를 갖는가를 나타낸다. 그러나 이들은 실제 통화상에서 텍스트와 비텍스트를 구분 짓는 절대적인 경계선을 제공해 주지 못한다." (보그랑데/드레슬러 1981/2008: 167).

놀이"에 의한 언어행위(speech act)의 중요성을 강조했다. 이러한 언어행위의 핵심이 바로 의도이다. 뒤이어 등장한 영국의 분석철학자 오스틴은 주저『언어로는 무엇을 하는가?(How to do things with words?)』(1962)에서 발화가 곧 언어행위라는 비트겐슈타인의 가설을 이어받는다. 오스틴에게는 "약속하다", "경고하다", "내기하다", "부탁하다", "금지하다" 등의 수행적 발화(performative utterance), 즉 언어행위가 낱말의 의미보다도 훨씬 중요하다는 것이다. 텍스트중심 번역의 입장에서 보면 오스틴의 연구가 문장을 넘어서서 문장과 문장 사이 내지는 텍스트 전체를 관통하는 의도까지 나아가지는 못했지만, 문장을 의미가 아닌 의도로 간주했다는 사실이 중요하다.

보그랑데/드레슬러에게 있어서 "보다 넓은 의미에서의 의도성은 텍스트 생산자가 자신의 의도를 추구하고 달성하기 위해서 텍스트를 사용하는 모든 방식"(보그랑데/드레슬러 1981/2008: 173)을 가리킨다면, 한국에서 언어행위 '인사'를 표현하는 여러 가지 방법도 의도성중심 번역의 테마가 될 수 있다. 이를 테면, "안녕히 주무셨나요?" 또는 "식사하셨습니까?"라는 인사말이 그것이다. 이러한 문장 속에는 간접적인 인사행위가 내재되어 있는 것이 분명하다. 만약 아침시간에 그런 인사말을 들었다면 이 두 표현이 거의 동의적이라고 할 수 있다. 그런 인사말을 들고 나면, 상대방은 대부분 "예, 잘 잤습니다. 선생님은요?" 또는 "아직 식사 안 했어요. 선생님은 하셨나요?"라고 대답할 것이다. 그러나 그런 인사말을 독일어로 낱말 대 낱말 그대로 번역하게 되면, 독일인들은 의아해 할 것이다. 이것은 마치 독일어에서 부탁하는 발화 "Könntest du mir noch ein Bier aus dem Kühlschrank holen? [맥주 좀 냉장고에서 가져다 줄 수 있니?]"라는 표현에 대해서 친한 사람들 사이의 통상적인 대답은 "Ja, gerne. [그래, 그렇게 할게.]" 또는 "Nein, hol' dir's doch selber. [싫어, 네가 스스로 해.]"이고, 상대를 골리기 위한 의도적인 오해의 답은 "Das könnte ich schon. [할 수는 있지.]"인 것과 마찬가지이다. 물론 반응은 보이지 않은 채로 말이다. (슈톨체 2001/2016: 136 참조). 특정한 표현이 내포되어 있는 언어행위가 – 비록 그 표현이 그대로 도착텍스트로 옮겨졌다고 하더라도 동일한 의도를 함유하고 있지 않는 경우가 더러 있다. 의도성중심 번역은 이러한 부분과 깊은 관련이 있다.

다음은 부탁에 관한 다양한 영어 표현의 공손의 정도가 순서대로 나열된 관용적 발화이다.

> 1) Shut the window!
> 2) Can/Could you shut the window?
> 3) Would you mind shutting the window?
> 4) Why don't you shut the window?
> 5) Shut the window, won't you?
> 6) Shut the window, will you?
> 7) Shut the window, would you?
> 8) Won't you shut the window?

그러나 위와 같은 영어 표현과 직접적으로 대응되는 독일어 표현은 없다. 예문8)의 경우 그대로 독일어로 옮기면 관용 어법의 '부탁'이 아니라 '질문'이며, 기껏해야 '명령'으로 이해된다.

> 8') Wirst du nicht das Fenster schließen?
> [창문 닫지 않을꺼야?]

이와는 달리 독일어에서는 다음과 같은 표현이 '부탁'의 화행을 함의한다.

8″) Kannst/könntest/würdest du (bitte) das Fenster schließen?
[창문 좀 닫아줄 수 있니?/닫아 줄 수 있을까?/닫아 줄 수 있을지?]

이외에도 불변화사를 첨가해서 공손을 표현하기도 한다.

8‴) Schließ doch/mal/eben/doch mal/doch eben/mal eben/doch mal eben das Fenster.
[창문 좀 닫아 줘.] (슈톨체 2001/2016: 137 이하 참조).

괴퍼리히는 『자연과학과 기술분야에서 텍스트종류들: 화용론적 유형학과 대비 그리고 번역(Textsorten in Naturwissenschaften und Technik. Pragmatische Typologie – Kontrastierung – Translation)』(1995)에서 사용설명서나 수공업책자에서 "지시 화행"이 중요하다는 것을 역설하고, 그런 텍스트 유형에서 독일어와 영어의 사용양상이 어떠한지를 비교했다. 예를 들어, "지시/금지"와 같은 화행은 독일어에서 행위 지정의 경우, 부정사를 사용하고(Schlüssel abziehen und Lenkrad einrasten), 필요성을 지적하는 경우는 화법 조동사(müssen, sollen, dürfen, sein zu + 부정사, nicht dürfen, es ist erforderlich)에 의해 표현됨을 밝혔다. 이와는 달리 영어에서는 행위 지정의 경우 직접 명령형이 등장하고(push the red button), 필요성을 지적하는 경우에 화법 조동사가 등장함(must/have to/may not, should, it is necessary/important/essential, require, necessitate)을 언급했다.

트로스보그는 『계약 속의 '행위': 번역을 위한 몇 가지 지침('Acts' in contracts: Some guidelines for translation)』(1994)에서 영어에서 화행으로서의 계약적 합의와 법적인 규정과 관련된 표현이 번역되면서 생기는 문제를 지적했다. 인간 사이의 관계를 규정하는 법률텍스트에서는 법적인 구속 효과 때문에 "의무", "약속", "금지"와 같은 화행의 상황 묘사가 분명하게 표현되어야 한다. 화행들의 발화수반력 행사는 특히 수행동사를 통해 달성된다. 트로스보그는 코퍼스 분석을 바탕으로 다음과 같은 계약적 행위의 종류를 제시한다.

의무/책무: 한쪽 계약 당사자에게 의무를 지우려면 영어에서는 거의 전적으로 화법 동사 shall이 사용된다. 그러나 독일어에서는 그 자리에 직설법 '현재형' 혹은 'sein + 부정형' 형태가 나타난다. (Der Zulieferer erbringt […] (공급자는 […] 매출을 낸다); folgende Leistung […] sind zu erbringen(다음과 같은 성과가 […] 도출될 수 있다.)

금지: 금지를 통해 행동을 규정하려고 할 때는 'shall not'이 등장한다. 이것은 독일어에서 'nicht dürfen', 'nicht sollen'에 상응한다.

권리: 계약 당사자들은 서로에게 허락하고, 권리를 부여하거나 의무를 부인할 수 있다. 이것은 'may' 혹은 'grant'를 통해 발생한다. 이에 상응하는 독일어 표현은 'dürfen', 'können'이며, 'erlauben', 'gestatten', 'das Recht gewähren' 등도 사용된다.

계약적인 한정 조건: 계약서 안의 많은 문장에는 수행동사가 등장하지 않으며, 계약 관련 전문 용어의 설명과 해설 혹은 제약 조건 적용에 대한 지적이 나온다. 여기에는 동사 'mean', 'apply', 'include', 'exclude'와 'be + 계사'(이것은 낱말 그대로 독일어로 번역될 수 있다). 향후 법적 효력을 가진 계약 조건을 언급할 때 화법 동사 'shall'이 자주 사용되며, 독일에서는 현재형 형태로만 나타난다.

약속/자기 책무: 이러한 화행은 'agree', 'undertake', 'warrant', 'accept'와 같은 수행 동사 혹은 화법 동사 'will'을 사용하여 수행된다. 독일어에서 상응하는 표현은 동사 현재형 혹은 미래형이며, 'vereinbaren', 'anerkennen', 'garatieren' 등도 사용된다. (트로스보그 1994: 312 참조).

라틴어는 고대 로마의 공용어이었는데, 로마가 번창하면서 지중해 전역과 유럽지역 대부분으로 퍼져 나가게 됐다. 프랑스어, 스페인어, 이탈리아어, 포르투갈어와 같은 로망스어군들도 대부분 라틴어에서 파생된 언어이다. 중세가 지나고 로마가 몰락했음에도 불구하고 라틴어는 서양세계의 지식인들 사이에 링구아 프랑카(lingua franca)로 남게 됐는데, 이것은 로마 가톨릭 교회가 라틴어를 공적 언어로 채택한 영향도 있었다. 서양에서 이러한 라틴어의 역할은 한국이나 일본을 비롯한 동양세계에서 한자가 했던 역할과 유사하다. 그래서 출발텍스트에 라틴어가 등장하면 한국어 도착텍스트에 한자어 표현을 사용하는 것이 출발텍스트 생산자의 의도성을 살리는 역할을 할 수 있다. 그래서 안정효는 서양의 문학작품에 등장하는 라틴어를 한국어 도착텍스트에서 가능하면 한자어로 옮기려고 노력한다: "라틴어에서 파생된 단어가 나오면 한자식 표현을 쓰고, 앵글로색슨계 단어는 순수한 우리 토속어로 바꿔 놓는 방법 역시 작품의 본디 문체를 전달하는 데 큰 도움이 되며, 그렇게 신경을 써서 선정한 어휘는 그것이 담긴 문장 전체의 지적인 수준 등을 전달하는 데도 대단히 효과적이다." (안정효 2006: 44 이하).

2023년 11월, 제주도 4.3항쟁을 다룬 한강의 『작별하지 않는다』가 프랑스의 4대 문학상 중의 하나로 꼽히는 메디치 외국문학상을 수상했다. 이 소설의 프랑스어본에서 한국어 제목이 직역되지 않은 이유는 출발텍스트의 제목에서 작별의 주체가 "나" 또는 "너" 그렇지 않으면 "우리"일 수 있다는 출발텍스트 생산자인 작가 한강의 의도를 살리기 위해, 하나의 문장에는 주어가 필수적으로 등장해야 하는 프랑스어법 때문에 "불가능한 작별(Impossibles adieux)"로서 작별의 주체를 다의적으로 만들었다는 것에 한강 자신도 높이 평가하고 있다. (경향신문 2023.11.14 참조). 만약 프랑스어본에서 주어를 살린 번역을 택했다면 출발텍스트 생산자의 의도성은 과소 번역됐다고 할 수 있다.

문학작품에는 보통 여러 명의 인물이 등장한다. 교수와 군인, 상인과 성직자, 건달과 사기꾼 등. 소위 "사회적 방언"에 속하는 이들의 말투는 도착텍스트에서도 출발텍스트의 "사회적 방언"에 걸맞은 말투로 옮겨져야 한다. 그래서 문학작품에서는 대화체의 번역방식이 대단히 중요하다. 노벨상 작가인 헤일리가 저술한 『뿌리』(1977)의 한국어본에는 아프리카 토인인 주인공 쿤타 킨테의 어투가 충청도 사투리로 번역되어 있다. 그러나 그런 방식은 도착텍스트 수용자에게 너무나도 어색하고 들리고 웃음까지 자아내게 할 수 있다. 이와 달리 안정효는 흑인 노예들이 문법을 무시하고, 낱말들만 대충 나열하며, 발음이 부정확한 면을 살려서 한국에서 살아가는 중국 화교들의 말투로 대체했다. 그가 번역한 미첼의 『바람과 함께 사라지다』에 등장하는 흑인 노예들의 말투가 그런 방식으로 번역됐다.

출발텍스트

Honey, you kain fool me. Ah knows you. An' Ah seed Mist' Frank's face jes' now an' Ah seed yo' face, an' Ah kin read yo' mine lak a pah-son read a Bible. An' Ah heerd dat whisperin' you wuz givin' him 'bout Miss Suellen. Effen Ah'd had a notion 'twuz Mist' Frank you wuz affer, Ah'd stayes home ahar Ah b'longs.

표준영어: Honey, you can't fool me. I know you. And I saw Mister Frank's face just now and I saw your face, and I can read your mind like a person reading his Bible. And I heard that whispering you are giving him about Miss Suellen. If I'd had a notion it was Mister Frank you were after, I'd stayed home where I belong. [당신, 당신은 날 속일 순 없어요. 난 당신을 알아요. 방금 프랭크 아저씨 얼굴도 봤고 당신 얼굴도 봤는데 성경을 읽는 사람처럼 당신의 마음을 읽을 수 있어요. 수엘렌 양에 대해 속삭이는 것도 들었어요. 당신이 따라다니는 사람이 프랭크 씨라는 걸 알았다면 집에 있을 걸 그랬어요.]

도착텍스트

아씨 나 못 속여요. 나 아씨 어떤지 잘 알아요. 그리고 조금 아까 나 프랭크 선생님 얼굴 봤고 지금 나 아씨 얼굴 봤고 나 목사님 성경 환히 아는 것 마찬가지 아씨 마음 속 환히 알아요. 그리고 나 미스 수엘런 얘기 아씨하고 선생님하고 수군수군 들었어요. 아씨 마음 둔 사람 프랭크 선생님이다 생각 알았으면 그냥 나 집 얌전히 있었어요. (안정효 2006: 65 이하).

사회적 방언에 대한 이러한 번역 방식이 아프리카 흑인의 말투를 단순하게 충청도 사투리로 대체하는 것보다 더 나아 보인다.

8.4 용인성중심 번역

집에 있는 어머니들, 골목에서 노는 아이들,
저잣거리에서 일하는 평범한 사람들에게

자신들에 대해 물어보아야 한다.
그리고 그들이 어떻게 말하는지
그들의 입을 주시하며,
그에 따라 번역해야 한다.
그때야 비로소 그늘은 그 말을 이해하고,
사람들이 자신들에 대해서 독일어로 말하고 있다는
사실을 알아차리게 될 것이다.
그리스도는 말한다.
'Ex abundántia cordis os lóquitur'
[마음에 가득한 것을 입으로 말함이라] (마태복음 12장 34절).
그리고 그리스도가 이 말씀을 내게 제시하면
어떻게 번역할지를 제안하는 바보 멍청이들의 말에 따라
다음과 같이 번역한다고 하자.
'마음의 흘러넘침에서 입이 말한다.'
자, 이제 한 번 말해보자! 이게 과연 독일어인가?
그 어떤 독일인이 그와 같은 말을 이해하겠는가?
'마음의 흘러넘침'이란 게 대체 무엇인가?
그 말로써 어느 누군가가 지나치리만큼 큰마음을
갖고 있다거나 너무 많은 마음을 갖고 있다고
말하려는 게 아니라면, 독일인 어느 누구도
그렇게 말하지 않을 것이다. 물론 그런 말조차도
제대로 된 독일어는 아니지만 말이다.
왜냐하면 '집의 흘러넘침', '타일을 입힌 난로의 흘러넘침',
'은행의 흘러넘침'이 독일어라고 말할 수 없듯, '마음의 흘러넘침'
또한 독일어가 아니기 때문이다.

집에 있는 어머니들이나 평범한 사람들이라면
차라리 이렇게 말할 것이다.
'마음이 가득한 것을 입으로 말함이니라.'
이것이 바로 올바른 독일어를 하는 경우이다.
나는 그 같은 올바른 독일어를 찾아내기 위해
온갖 노력을 기울였다. 하지만 안타깝게도
아직은 그러한 목표에 도달하지 못했고,
그러한 독일어를 만나지도 못했다.
훌륭한 독일어를 말하는 것을 라틴어 자구가
끊임없이 방해했기 때문이다.
(루터『통역에 관한 서한(Sendbrief vom Dolmetschen』, 슈톨체 2001/2016: 9 이하에서 재인용).

보그랑데/드레슬러에 기대면, 표층텍스트의 코헤지온과 심층텍스트의 코헤렌즈는 텍스트성을 판별하는 가장 명백한 기준이다. 그러나 코헤지온과 코헤렌즈가 충족된 발화도 텍스트가 되지 못하는 경우도 있고, 코헤지온과 코헤렌즈가 충족되지 못했음에도 불구하고 텍스트가 되는 경우도 있다. 따라서 코헤지온과 코헤렌즈에 덧붙여서 텍스트성을 판단하는 기준으로 의도성과 용인성을 도입하는데, 이것은 텍스트사용자의 태도(attitudes)와 관련이 깊다. 즉 어떤 임의의 발화는 텍스트가 되기 위해 의도되어야 하고, 또 용인되어야 한다는 것이다. 그래서 어떤 임의의 발화에서 코헤지온과 코헤렌즈에 장애가 있더라고 의도성이나 용인성(어떤 임의의 발화체가 코헤지온이나 코헤렌즈를 만족시켰다고 의도하고 용인하는 것)이 있다면 그 임의의 발화는 하나의 온전한 텍스트로 받아들여진다. (보그랑데/드레슬러 1981/2008: 167 참조). 이러한 사실은 용인성과 의도성이 코헤지온이나 코헤렌즈보다 상위에 위치하는 텍스트성인 듯한 인상마저 풍긴다. 이를 테면, 어떤 임의의 발화가 용인성이 아주 낮으면, 코헤지온과 코헤렌즈를 충족한다고 하더라도 하나의 온전한 텍스트로 인정받기 힘들고, 반대로 코헤지온과 코헤렌즈가 충족되지 않았다고 하더라도 용인성이 높을 경우는 텍스트로 간주될 수 있기 때문이다. 텍스트언어학의 초창기에 텍스트언어학 학자들은 다음과 같은 예들을 가지고 "텍스트인가" 또는 "비텍스트인가"에 대해서 논쟁하곤 했다.

1) 은빛 물이 졸졸거리고 귀여운 숲새가 지저귀고 가축의 방울은 딸랑거리며, 다채로운 초록색을 띤 나무는 태양으로부터 황금빛을 받고 있었다. (하이네, 하이네만/피베거(1991: 39)에서 재인용).
2) 그녀의 노래에 매료되지 않는 사람은 아무도 없다. 우리 가수 이름은 조세핀이다. 노래는 두 음절로 된 낱말이다. 여가수들은 말이 많다. (하이네만/피베거 1991: 40).

예문1)의 경우, 텍스트구성소들이 상호 연관성을 갖는 것은 분명해 보이지만, 이것은 그레이마가 말하는 동위소(Isotopie)의 존재와는 상관없어 보이고[17], 예문2)에서는 "노래"라는 동위소 또는 어휘소의 존재가 분명하게 각 텍스트구성소에서 드러나지만 – 다시 말해서 이 예문에는 코헤지온 장치가 있는 것이 확실해 보이지만 – 용인성의 부족으로 인하여 이들은 온전한 텍스트로 대접받지 못한다.

---

[17] 원래의 자연과학적 의미에서 은유화된 언어학의 술어 "동위소"란 의미특징(Sem)의 반복적 출현으로 간주되는데, 예를 들어 그레이마는 의미 자질을 표현하기 위해서 의미특징이라는 술어를 사용한다. 따라서 동위소는 의미특징의 반복(Semrekurrenz)으로 정의된다. 다시 말해서 한 텍스트 안에서 최소한 두 개의 어휘가 동일한 자질을 가지게 되면, 동위소가 생겨나게 된다. (그레이마 1974: 126).

번역에서 용인성의 중요성은 스코포스 이론가들의 강령에도 잘 나타나 있다: "통번역은 어떤 것이든 모두 의도된 수용자 층을 겨냥하여 이루어진다. 수용자와 수용 상황은 통번역사가 의식적으로 잘 알고 있어야 하는 것도 아니고, 정확히 진술될 수 있어야 하는 것도 아니다. 그러나 이는 분명히 '존재'한다."(라이스/페어메어 1985/2010: 49). 이 같은 라이스/페어메어의 주장에서 "모든 통번역은 의도된 수용자 층을 겨냥한다"와 "수용자와 수용 상황은 통번역사가 의식적으로 잘 알고 있어야 하는 것도 아님"이라는 표현이 그리 썩 마음에 들지는 않지만, 번역에서의 용인성이 존재하고 있고, 그것이 어느 정도 중요하다는 견해에는 전적으로 공감한다. 그래서 노이베르트/쉬리브도 『텍스트로서의 번역』(2000/2013)에서 보그랑데/드레슬러의 일곱 가지 텍스트성 중에서 의도성과 용인성을 가장 전면에 배치한다. 왜냐하면 이들은 용인성이 텍스트의 일차적 특성이고, 번역에서 용인성이 주된 고려사항이라고 생각하기 때문이다. 그래서 노이베르트/쉬리브는 도착텍스트 수용자들을 고려하는 "도착텍스트 수용자 지향적 번역"에 대해서 고민하고, 도착텍스트 수용자의 이익을 고려해서 출발텍스트의 속성을 수정하는 작업도 한다. (노이베르트/쉬리브 2000/2013: 121 이하 참조).

번역에서 용인성의 범주를 좀 더 확실하게 규정하기 위해서 〈1972년도 도로교통법 Road Trafic Act 섹션 37〉의 예를 가지고 노이베르트/쉬리브가 의도하는 용인성 범주를 좀 더 구체적으로 살펴보자.

> A failure on the part of any person to observe a provision of the highway code shall not of itself render that person liable to criminal proceedings of any kind, but any such failure may in any proceedings (whether civil or criminal, and including proceedings for an offense under this Act, the Road Traffic regulation Act 1967 or the Public Passenger

Vehicles Act 1981) be relied upon by any party to the proceedings as tending to establish or to negate any liability which is in question in those proceedings. [누구든 교통법규를 준수하지 않을 경우 그 이유만으로 해당 법규 위반자에게 모든 종류의 형사 소송에서 법적 책임이 발생하는 것은 아니나, 모든 그러한 위반 행위는 (민사 혹은 형사를 불문하고, 본 법률, 〈1967년 도로교통규제법〉, 또는 〈1981년 대중여객운송차량법〉 위반에 대한 소송을 포함하여) 어떤 소송에서든 해당 소송에서 쟁점이 되는 모든 법적 책임을 입증하려 하거나 부인하는 모든 소송 당사자가 주장의 근거로 삼을 수 있다]. (노이베르트/쉬리브 2000/2013: 120).

노이베르트/쉬리브는 영국의 도로교통법 텍스트가 독일어로 번역될 때의 용인성 문제와 관련지어 다음과 같은 다양한 견해를 떠올린다.

- 번역자가 위와 같은 출발텍스트에서 용인될 수 있는 도착텍스트를 생산하려면 특정 텍스트 범주에 대한 도착텍스트 공동체의 용인성 기준에 대해 알고 있어야 한다.
- 이 경우, 이 두 텍스트의 용인성 기준이 동일하다면 큰 문제가 없지만 대부분의 경우, 출발텍스트와 도착텍스트의 용인성 기준은 차이가 있다.
- 위의 경우, 출발텍스트의 "Road Traffic Act"의 등가물 역할을 하는 독일어 "Straßenverkehrsordnung(도로교통규범)"은 출발텍스트의 그것과는 다른 용인성 조건들의 지배를 받는다.
- 번역자는 출발텍스트의 전형적인 문법적, 어휘적 용례를 무비판적으로 도착텍스트로 번역할 수 없다. 예컨대 번역자는 영어 출발텍스트의 이인칭 지시어를 삭제하고 그 대신 독일어 도착텍스트에서는

"Fahrzeugführer(운전자)"로 대신해야 한다.
- 비유적 표현으로서 영어 출발텍스트에서 용인되는 "hug the middle of the road(도로 중간을 따라 운행하다)"는 공식적인 독일어 도착텍스트에는 어울리지 않는다. 이것은 삭제되거나 바꾸어 표현되어야 한다. (노이베르트/쉬리브 2000/2013: 120 이하 참조).

그러나 위와 같은 노이베르트/쉬리브가 말하는 용인성중심 번역의 문제는 우리들의 연구에서는 상호텍스트성중심 번역(본서의 "8.7 상호텍스트성중심 번역" 참조)에 포함되는 개념이다. 왜냐하면 위와 같은 경우, 특정 텍스트유형에 특징적인 문법사항이나 언어구조 등이 논의되면서 특정 텍스트유형에 속하는 출발텍스트의 어휘 및 문법범주들이 도착텍스트의 텍스트유형에 적합하지 않으므로 번역자가 개입하여 적극적으로 전환시켜야 함을 의미하기 때문이다.

용인성중심 번역과 스코포스 이론의 관련성에 대해 살피는 것도 의미가 있다. 앞서 언급된 바와 같이 스코포스 이론에서 "스코포스"는 고대 그리스어에서 유래하는데, 문자적 의미는 "목적"이다. 즉 목적에 맞게 번역하라는 것이 스코포스 이론의 취지이다. 이것은 번역의 기능과도 유사하게 사용되어 스코포스 이론을 기능주의 이론으로 간주하기도 한다. 또한 스코포스 이론은 용인성중심 번역과도 깊은 관련성을 가진다. 어쨌든 용인성은 수용자중심 개념이기 때문이다. 이러한 기능주의 이론은 기술번역학과도 관련이 있는데, 이 학파는 "목표문학의 관점에서 번역은 특정한 목적을 위해 원문을 어느 정도 조작하게 된다."(헤르만스 1985: 11)고 주장했던 헤르만스에 의해 조작학파(manipulation school)라고도 불리게 된다. 그러나 좀 더 명확하게 설명하면, 번역 또는 번역자가 특정한 목적을 위해 조작하는 것은 출발텍스트가 아니다. 왜냐하면 출발텍스트는 언제나 그대로 존재하기 때문이다. 조작되는 것은 출발텍스트가 아니라, 번역자에 의해서 도착텍스트가 조작되는 것이다. 어쨌든 이 학파는 출발텍스트의 언어적 특징이 중요한 것이 아니라, 도착문화권에서 번역이 갖는 기능이었는데, 투리는 이에 대해서 다음과 같이 명확하게 설명하고 있다.

> 기호학적으로 접근하자면, 번역을 의뢰하기로 하는 결정이나 번역 과정과 관련된 결정을 하는 주체가 목표/수용자 문화 자체 또는 그에 속하는 일부분이라는 것은 명확하다. 번역을 목적론적 활동으로 바라보면 번역을 탁월하게 잘 수행하는지는 상당 부분 번역이 달성해야 하는 목표에 따라 결정되는데, 이와 같은 목표는 잠재적인 수용자 시스템(들)이 결정한다. 이에 따라 번역사는 원천텍스트 또는 원천문화가 아니라 번역을 하면서 접근해 들어가는 목표문화의 관점을 최우선시하면서 번역한다. (투리 1985: 18 이하).

이러한 용인성 개념은 투리의 정의를 빌어 오시모의 번역학 사전에도 다음과 같이 실려 있다.

> 용인성(Acceptability): 이스라엘 학자 투리가 도입한 [번역의] 이분법인 적합성과 용인성의 두 요소 중 하나. 이러한 이분법은 투리가 확인한 첫 번째 종류의 번역 규범, 즉 '초기 규범'과 엄격하게 관련되어 있다. Leuven-Zwart가 말했듯이, '초기 규범'에 대해서 투리는 '번역의 주요 목적에 대한 번역가의 (의식적이든 무의식적이든) 선택, 번역 과정에서 내려진 모든 결정을 지배하는 복적'을 의미했다. 전자의 경우 번역은 적절성으로 향하는 경향이 있는 반면 후자의 경우 용인 가능성의 경향이 있다. 즉, 투리의 구분에 따르면 적절성은 원본 텍스트 규범에 대한 준수이며, 용인 가능성은 대상 문화에서 비롯된 규범을 준수하는 것이다. (오시모 등: http://www.

trad.it/dictionary.htm).

따라서 번역학의 용인성은 텍스트언어학의 용인성보다 범위가 좀 더 넓어 보인다. 왜냐하면 이 용어는 번역학의 두 지평인 "직역과 의역", "원천주의자와 목표주의자"(라드미랄 1994), "이국화와 자국화"(슐라이어마허 1814, 베누티 1995), "외현적 번역과 내재적 번역"(하우제 1977)과도 견줄 수 있기 때문이다. (구하나/이영훈 2010: 25 이하 참조). 나이다도 이 개념을 사용한 적이 있다. 왜냐하면 그는 "용인성"과 "용인 가능한 번역(acceptable translation)"에 대한 정의를 시도한 적이 있기 때문이다. 나이다는 1988년에 발표된 「성경번역에서 이해도와 용인성(Intelligibility and acceptability in Bible translating)」에서 용인성을 이해도와 견주고 있다. 그에 의하면, 도착텍스트가 이해도를 가지려면 어휘 층위의 번역이 가장 중요한 반면, 용인성을 가지려면, 이해도와는 반대 순서인 수사적 특징, 문법, 어휘의 순으로 도착텍스트가 번역되어야 한다는 것이다. 이때 그의 용인성은 출발텍스트의 수사적 특징, 그 중에서도 문체와 깊은 관련을 맺고 있음을 알 수 있다. 이것은 번역 일반에 관련된 논의는 아니고, 단지 성서라는 특별한 텍스트의 번역에 해당되는 것이라고 볼 수 있다. 예로부터 종교적 경전으로서의 성서가 소위 직역 내지는 어휘번역에 크게 의지한 것에 비해서 이러한 논의를 시작하는 것만 하더라도 나이다의 혁신적인 견해를 읽을 수 있다. 그러나 다음과 같은 벤드란트의 용인성 개념은 너무 넓게 정의되어 있어서 번역에 관한 모든 것을 용인성이 포괄하는 느낌이다.

(1) 충실성(fidelity, 원어의 의미의 정확한 전달)
   A. 명확성(intelligibility, 도착텍스트에서 메시지의 이해가능성)
   B. 관용성(idiomaticity, 번역문에서 사용된 언어형식의 자연스러움)

C. 근접성(proximity, 출발텍스트의 형식을 고려) (벤드란트 2001, 구하나 2010: 31 이하 참조).

벤드란트와 달리 체모리온의 용인성은 범위가 조금 좁아졌다. 왜냐하면 그는 성경번역의 필수조건으로 정확성(accuracy), 자연스러움(naturalness), 명확성(clarity), 용인성을 언급하기 때문이다. (체모리온 2009, 구하나 2010: 32 참조).

공손 격률이 다른 두 문화권에서의 경우가 용인성중심 번역을 잘 설명할 수 있다. 예를 들어, 수출에 대한 미국의 우려 표명에 대해서 일본 총리가 "선처하겠습니다."라고 답하는 것이 총리의 입장에서는 일본문화의 공손 격률을 준수해서 "잘 검토해 보겠습니다."의 의미이지만 미국 대통령에게는 문제해결을 약속한 것으로 되었다는 것이다. (베이커 2005: 236 참조). 한국어는 유럽 표준어와 성격이 달라서 높임말 체계가 아주 복잡하다. 지구상에서 한국어와 일본어 정도에만 이러한 복잡한 체계가 존재한다. 한국어에서는 청자대우법만 하더라도 총 여섯 가지로 구분된다. 이를 테면, 1) 아주높임(하십시오체), 2) 예사높임(하오체), 3) 예사낮춤(하게체), 4) 아주낮춤(해라체), 5) 두루높임(해요체), 6) 두루낮춤(해체/반말). 이 중에서 앞의 네 가지는 격식체인 반면, 뒤의 두 가지는 비격식체이다. 그래서 높임법 체계가 발달하지 않은 영어 출발텍스트에서 한국어 도착텍스트로 번역하는 것이 여간 까다롭지 않다. 유명숙은 "고전 번역의 실제"(2000)에서 『폭풍의 언덕』의 도착텍스트에 등장하는 히스클리프와 캐서린의 다음과 같은 경어법 사용이 별로 마음에 들지 않는다.

출발텍스트

'What is it to you?' he growed, 'I have a right to kiss her, if she chooses, and you have no right to object – I'am not your husband, you needn't be jealous of me!' 'I'm not jealous of you,' replied the mistress: I'm jealous for you. Clear your face, you shan't scowl at me! If you like Isabella, you shall marry her. But, do you like her, tell the truth, Heathcliff? These, you won't answer. I'm certain you don't!

도착텍스트

'그것이 당신한테 어떻다는 거요?'하고 그[히스클리프]는 으르렁거리듯 말했습니다. '만약 그녀가 원한다면 내게는 입을 맞춰 줄 권리가 있지만 당신에게는 반대할 권리가 없어. 나는 당신의 남편이 아니오. 내게 질투할 필요가 없소!' '당신을 질투하는 게 아니야.' 아씨[캐서린]는 대답했습니다. '나는 당신을 위해서 질투를 하는 거야. 얼굴을 펴요. 그렇게 찌푸리지 말구! 이사벨라가 마음에 들거든 결혼시켜 주겠어요. 하지만 당신 정말 좋아하나요? 똑바로 말해 봐요. 저 봐, 대답을 하려 하지 않지. 좋아하지 않다는 것을 나는 확신해요! (유명숙 2000: 81).

유명숙에게 이 같은 높임법 번역이 마음에 들지 않는 이유는 히스클리프와 캐서린의 관계 때문이다. 이 둘은 대여섯 때부터 한 침상을 쓰면서 남매처럼 자란 터라서 3년 만에 다시 만나면 한국어의 환경에서는 높임말보다 낮춤말을 할 것이다. 위의 장면은 린튼의 여동생 이사벨라가 자신을 짝사랑한다는 사실을 알게 된 히스클리프는 복수의 일환으로 그녀를 유혹하기로 하는 부분이다. 위의 대화는 히스클리프가 이사벨라에게 키스한 것을 캐서린이 알고 난 후의 장면이다. 여기서 우선 "당신"이라는 호칭어 번역이 용인성중심 번역에 어긋난다[18]. 이러한 이인칭 호칭어가 한국어에서는 부부관계에 사용되는 경우가 많기 때문에 한국인에게 히스클리프와 캐서린이 불륜의 관계로 암시될 수도 있다. 그러므로 유명숙은 위의 구절을 다음과 같이 번역하는 것이 자연스럽다고 주장하는데, 이것이 용인성중심 번역의 좋은 예시라고 할 수 있다.

> '그게 너와 무슨 상관인데?' 그는 으르렁거렸습니다. '그녀가 원하면 난 그녀에게 키스할 권리가 있지만 넌 반대할 권리가 없어. 내가 네 남편인 건 아니니까, 질투할 필요는 없다구!' '질투하는 게 아냐' 우리 안주인이 대답했습니다. '널 위해 노심초사하는 거지. 얼굴을 펴. 날 보고 찌푸리는 건 싫어. 이사벨라가 마음에 들면 결혼하도록 해. 하지만 이사벨라를 정말 좋아해? 똑바로 말해 봐, 히스클리프. 저 봐, 대답을 못하지. 좋아하지 않는다는 걸 난 분명히 알거든!' (유명숙 2000: 82).

공손 격률을 지켜서 번역한다는 것은 출발텍스트가 생산될 무렵의 사회사를 정통하고 있어야 함을 의미하기도 한다. 그렇지 않으면 다음과 같이 용인성중심 번역이 되지 않기 십상이기 때문이다. 모파상 『비곗덩어리』의 번역에서 이러한 사례가 자주 눈에 띄는데, 번역자가 당시의 마부라는 직업의 사회적 인식이 어떤지를 자세히 알지 못한 채 지위가 낮은 마부에게 "노형"이라는 높임말을 쓰고, 하오체 등을 사용하여 출발텍스트의 용인성과는 차이 나게 도착텍스트를 구성한다는 것이다. 특히 이 소설이 사실

---

18 사실, "당신"은 이인칭과 삼인칭에 두루 사용되는 대명사이다. 그러나 특이한 "당신"의 사용법도 있다. 다툼이 있어났을 때 상대방을 "당신"이라고 지칭하는 경우이다. 이때의 "당신"은 높임법과 관련 없는 비난과 비하의 느낌을 주는 표현이다. 그러므로 "당신"을 번역할 때는 그 표현이 사용된 상황과 문맥을 면밀하게 따져야 한다. 즉, 텍스트중심 번역을 해야 한다는 것이다.

주의 계열의 소설이므로 이러한 용인성중심 번역은 더욱 더 중요하다고 할 수 있다. (정혜용 2012: 186 이하 참조).

> [마부는] […] 여행객들을 발견하고는 그들에게 이렇게 말하였다. '왜들 차 안으로 올라가지를 않습니까? 적어도 눈을 피할 곳은 될 텐데요.' (양원달 1988: 256).

> […] 그러자 밖에서, [마부가] '모두들 올랐소?'하고 묻는 소리가 들렸다. '예'하고 이번에는 안에서 대답하는 소리가 들렸다. (양원달 1988: 256).

> '8시에 떠날 수 있게 말 채비를 하라고 분부해 두지 않았던가요?' '예, 물론 그렇습니다만, 그 뒤에 또 딴 분부를 받았는데요. […] '그가 노형께 그러던 가요?' '아닙죠, 여관 주인이 대신 그런 분부를 전해 주었죠.' (양원달 1988: 274 이하).

유럽어 중 게르만 어족에 속하는 독일어는 한국어와는 달리 상대방을 부를 때 보통의 경우 이름으로 호칭한다. 친구나 부부 그리고 식구들끼리도 이름을 사용하고, 대학생들끼리는 처음 보는 경우에도 서로 이름을 물어보고 "du"(영어의 you)라는 호칭을 사용한다. 학생이 교수와 대화할 경우에도 둘 사이에 친분관계가 생기고, 윗사람인 교수가 허락하면 이름을 부르기도 한다. 이러한 호칭이 번역에서 문제되는 경우가 많다. 한국어에서는 이름보다도 호칭을 선호하는 경향을 띠기 때문이다. 다음은 피처제랄드의 소설 『위대한 개츠비』와 그 번역본에서 발췌한 예문들이다.

출발텍스트

"I love to see you at my table, Nick. You remnind me of a – of a rose, an absolute rose. Deosn't he?" She turned to Miss Baker for confirmation. "An absolute rose?" This was untrue. I am not even faintly like a rose.

도착텍스트

"오빠, 난 오빠가 이렇게 우리 식탁에서 식사를 하게 되어 반가워요. 오빠는 저에게 생각나게 해 주는 게 있어요. 한 떨기 장미, 순수한 장미 말이지요. 안 그래[요]?" 그녀는 확인을 위해 미스 베이커 쪽으로 얼굴을 돌렸다. "순수한 장미 말이야?" 이 말은 사실이 아니었다. 나는 조금도 장미와 닮지 않았다. (김욱동 2007/2010: 52).

이 소설의 주인공 닉은 데이지와 먼 친척관계에 있고, 그녀보다 나이가 많다. 그래서 번역자는 "닉" 대신에 "오빠"로 옮겼는데, 이외에 "닉 오빠"도 가능하겠다. 그러나 닉이 동생을 부를 때는 "데이지 동생"이 아니라 그냥 "데이지"라고 했다. 만약 "데이지 동생"이라고 했으면, 희극적인 느낌을 줄 것이다. (김욱동 2007/2010: 52 참조).

한국어의 복잡한 높임법 체계에 불만을 갖는 이성민은 자신이 헤밍웨이의 대표작 『노인과 바다』를 번역하면서 노인 산티아고와 소년 마놀린 사이의 대화에서 높임법을 의도적으로 사용하지 않았음을 언급한다. 이를 테면, 기존의 번역이 "산티아고 할아버지!"로 시작하시만 사신은 "산티아고!"라고 번역했다는 것이다. 마을에서 서로 둘도 없는 친구 사이인 두 사람의 사랑하는 마음을 듬뿍 담아야 했으므로 노인의 반말과 소년의 높임말로는 그 마음을 표현할 길이 없었다는 것이다. (이성민 2023. 11. 8 참조). 출발텍스트의 용인성의 강도와 도착텍스트의 용인성의 강도를 비슷하게 하려는 번역자의 흔적이 엿보이는 대목이다. 이러한 높임말의 번역방식과 더불어 낮춤말과는 약간의 차이가 있는 "평어 쓰기 운동"을 하는 이성민의 이야기를 들어 보면 높임법 때문에 수평적인 소통이 어려운 한국사회에서 평어의 미래에 대해서 고민할 필요는 있어 보인다.

다음은 문화전환 번역이라고 칭하는 스코포스 이론가들의 예인데, 우리들은 이것을 용인성중심 번역으로 간주한다: 영국 리버풀 소재 클라크사는 독일 졸링엔 소재 슈나이더사에 비즈니스 서신을 쓰고자 한다. 서신은 우선 영어로 작성된 후, 클라크사와 슈나이더사의 중간에서 (혹은 이 중 한 곳에서) 번역자에 의해 비즈니스 서신 형식의 독일어로 번역된다. 이때 번역자는 영어문화 특유의 사고로 쓰인 출발텍스트의 표현을 독일문화 특유의 행위방식의 관점에서도 받아들이고 이해할 수 있도록 바꿔 써야 한다. 미국 비즈니스 서신을 독일어로 번역할 때는 흔히 의례적인 공손 표현을 넣고, 반대의 경우에는 그런 표현을 삭제하는 것이 그러한 예이다. (라이스/페어메어 1985/2010: 49 참조).

2023년 가을, 정치권에서 이준석 전 국민의힘 대표가 인요한 국민의힘 혁신위원장을 향해서 토크쇼에서 "Mr. Linton!"이라고 호칭한 것에 대해 논란이 일고 있다. 이것이 인종 차별적 발언이라는 것이다. 그러나 이 전 대표는 이러한 비난에 대해서 어이없어 하면서 인위원장의 "언어 능숙치"를 고려해 "뉘앙스"를 전달하기 위해서 영어로 말했으며 "정중하게" 했다고 주장한다. 이에 대한 다음과 같은 문소영의 비판도 호칭에 대한 용인성중심 번역과 관련 있다: "그의 영어가 과연 뉘앙스를 전달할 수 있을 정도로 정교했는지에 대해서는 말을 아끼겠다. 기자도 영어 신문 경력 20년에 영국유학을 다녀오긴 했으나 늘 영어 실력이 부족하다고 느끼기 때문이다. 다만 '뉘앙스'를 전달하는 영어를 '정중하게' 하고 싶었다면 시작부터 '미스터 린튼'이 아니라 '닥터 린튼(Dr. Linton)'이어야 했다는 지적은 하지 않을 수 없다. 영미권에서는 상대가 의사인 걸 뻔히 알면서 '닥터'가 아니라 '미스터'라고 몇 번씩 부르는 것은 두 가지 경우뿐이다. 첫째, 기 싸움을 하며 상대를 얕잡아 볼 경우, 둘째, 영어 '뉘앙스'를 잘 몰라 실수할 경우." (문소영 2023.11.10).

프랑스 대통령 드골이 죽고 난 후 퐁피두는 추모연설을 하게 되는데, 거기에 다음과 같은 구절이 있었다.

출발텍스트

Le general de Gaulle est mort. La France est veuve.
[드골 장군은 죽었다. 이제 프랑스는 과부이다.]

도착텍스트

General de Gaulle ist tot. Frankreich ist Witwe.
[드골 장군은 죽었다. 이제 프랑스는 과부이다.]

프랑스어 출발텍스트에 대한 독일어 도착텍스트는 그 의미 내용을 그대로 번역한 것이기는 하지만, 어딘지 모르게 자연스럽지 못한 느낌을 준다. 왜냐하면 "과부"라는 낱말 때문이다. 이 대목에서 우리들은 왜 홀아비가 아니고 과부일까 또는 왜 "프랑스"는 여성인가라는 질문을 던질 수 있다. 왜냐하면 프랑스어에 대해서 잘 모르고 – 관사가 없을 때 중성이 되는 독일어 국가명과는 달리 – "La France(프랑스)"가 문법적으로 여성이며 따라서 여자로 비유될 수 있다는 것을 잘 모르는 도착텍스트의 수용자들은 국가를 여성으로 비유하는 것이 자연스럽지 못하다고 느낄 수 있기 때문이다. 그래서 위와 같은 번역이 아니라 다음과 같은 번역이 더 자연스럽고,

또한 용인성중심 번역에 가깝다.

도착텍스트

General de Gaulle ist tot. Frankreich ist verwaist.

[드골 장군은 죽었다. 이제 프랑스는 고아이다.]

이 경우는 용인성중심 번역을 위해서 낱말이 대체된 경우이다. 넓게 보면 남편을 잃은 슬픔이나 부모를 잃은 슬픔이나 그 느낌은 유사한 법이다. (라이스/페어메어 1985/2010: 198 참조).

라이스/페어메어는 다음과 같은 스페인어 출발텍스트를 독일어로 번역한 두 텍스트를 제시하는데, 이들은 이것을 "이해를 돕기 위한 번역"과 "의사소통 번역"이라 칭한다. 이때 용인성중심 번역은 후자에 해당된다.

출발텍스트

[⋯] si yo digo que 'el sol sale por Oriente' lo que mis palabras [⋯] propiamente dicen es que un ente de sexo varoni; y capaz de actos espontáneos – lo llamado 'sol' – ejecuta la acción de 'salir' (Ortega y Gasset: Miseria Es[lendor de la Traducción]. [[⋯] 내가 "태양은 동쪽에서 떠오른다"고 말하면, 그것은 [⋯] 엄밀한 의미에서 남성이며 자체 행위능력을 갖춘 존재, 즉, "태양"이 "떠오르는 행위"를 수행함을 의미하는 것이다.] (오르테가와 가세트의 『번역의 비참함과 영광』에서).

도착텍스트① (이해를 돕기 위한 번역)

[⋯] wenn ich sage, dass "die Sonne im Osten aufgeht", so sagen meine Worte [⋯] nach ihrem eigentlichen Sinn, dass ein Wesen männlichen

Geschlechts [Anm. d. Übers.: im Spanisch] und spontaner Handlungen fähig – die sogenannte 'Sol' – die Handlung des 'Aufgehens' ausführt. (Übers. Kilpper 1957: 65).] [[…] 내가 '태양은 동쪽에서 떠오른다'라고 말하면, 내 말은 […] 엄밀한 의미에서 남성이며 자발적인 행위능력이 있는 존재, 즉, 'sol'이 '떠오르기' 행위를 수행한다고 하는 것이다. (번역: 킬퍼 1957: 65)].

도착텍스트② (의사소통 번역)

[…] Wenn ich sage: 'die Sonne geht im Orient auf, dann besagen meine Worte […] eigentlich, das sein Wesen weiblichen Geschlechts und spontaner Akte fähig – das, was wir 'Sonne' nennen –, die Handlung des 'Aufgehens' […] vollzieht (Übers.: Reiß 1976(a), 52f.). [[…] 내가 "태양은 동방에서 떠오른다"라고 말하면, 내 말은 […] 엄밀히 말해 여성이고, 자발적 행동 능력이 있는 존재, 즉, 우리가 "태양"이라고 부르는 존재가 "떠오르기 행위"를 수행한다는 것을 뜻한다. (번역: 라이스 1976: 52 이하)].

라이스/페어메어에 의하면, 의사소통중심 번역의 목적인 기능 등가는 도착텍스트 수용자가 출발텍스트의 내용 및 형식 그리고 텍스트의 개별요소들의 원래 기능을 도착텍스트에서 발견할 수 있을 경우에 성립된다. 위의 예에서 출발텍스트의 텍스트유형인 "에세이"는 도착텍스트에 보존되어야 한다. 또한 출발텍스트에서는 태양을 남성석 존재로 칭하는데, 도착텍스트 수용자에게 태양은 남성이 아니라 여성이기 때문에 도착텍스트 수용자에게 태양이 남성이라는 것은 어색하게 들린다. 왜냐하면 독일어에는 태양의 문법적 성이 여성이고 또한 독일어에는 "어머니의 태양"이라는 많이 알려져 있는 구절도 있기 때문이다. 그렇지만 이러한 구절들이 "에세이"가 아니라 그리스의 신과 영웅 설화와 같은 내용을 다룬 텍스트유형에 등장했다면 독일어 도착텍스트에서 태양을 그대로 "여성"으로 번역했을 것이다. 왜냐하면 그리스·로마 신화에서 태양은 남성적 존재로서 큰 역할을 했기 때문이다. (라이스/페어메어 1985/2010: 152 이하 참조). 결국 라이스/페어메어의 이런 식의 번역 구분법도 텍스트중심 번역에 속한다고 할 수 있다. 왜냐하면 번역방식이 철저하게 출발텍스트와 도착텍스트의 유형에 의해 결정되기 때문이다.

보그랑데/드레슬러(2008)의 용인성에 대한 예로서 등장하지는 않았지만 출발텍스트의 품사가 도착텍스트에서 다른 품사로 바뀌는 경우도 용인성 중심 번역에 추가할 수 있다. 영어권에서 "good"이라는 형용사를 접속사 "and"와 결합하여 부사적인 용법으로 사용하는 경우가 더러 있다. 예를 들어 "good and tired"나 "good and hungry" 또는 "good and ready"나 "good and mad" 등의 표현이 그것이다. 이때 "good and"는 "아주"나 "몹시" 또는 "완전히"와 같은 부사적 의미로 옮겨야 한다. 예를 들어 보자.

출발텍스트

The average dog was accustomed to the preliminaries of snarling and bristling and growling, and the average dog was knocked off his feet and finished before he had begun to fight or recovered from his surprise. So often did this happen, that it became the custom to hold White Fang until the other dog went through its preliminaries, was <u>good and ready</u>, and even made the first attack.

도착텍스트

보통 개는 짖어 대고 털을 곤두세우고 으르렁거리는 예비 작업에 익숙해 있었다. 보통 개라면 싸움을 시작하거나 놀란 상태에서 회복하기 전에 발로 서지 않고 앉아서 일을 끝냈다. 이런 일이 너무 자주 일어나곤 했기 때문에 다른 개가 예비 동작을 거치고 확실히 준비가 되고 심지어 먼저 공격할 때까지 '흰 엄니'를 붙잡고 있는 것이 관례가 되었다. (김욱동 2007/2010: 213).

출발텍스트의 "good ready"는 "완전히 준비된"이나 "철저히 준비된"이라고 번역해야 한다. "좋고 준비가 된"이나 "훌륭하고 준비가 된"은 출발텍스트 생산자의 의도에 벗어나는 번역이다. (김욱동 2007/2010: 213 이하 참조).

안젤루의 자서전 『새장에 갇힌 새가 왜 우는지 나는 아네』에 비속어가 난무한다. 그리고 성이나 성기와 관련된 표현뿐만 아니라 강간과 혼전 섹스 그리고 동성애 같은 예민한 문제들이 테마가 된다.

출발텍스트

Mr. Freeman pulled me to him, and put his hand between my legs. He didn't hurt, but Momma had drilled into my head; 'Keep your legs closed, and don't let nobody see your pocketbook.' 'Now, I didn't hurt you. Don't get scared.' He threw back the blankets and his 'thing' stood up like a brown ear of corn. He took my hand and said, 'Feel it.' It was mushy and squimy like the inside of a freshly killed chicken.

도착텍스트

프리먼 씨는 나를 자기한테로 잡아당기더니 손을 내 다리 사이에 집어넣었다. 그는 나를 아프게 하지 않았지만 마마가 귀에 못이 박히도록 했던 말이 생각났다. '언제나 다리를 오므리고 있거라. 아무에게도 네 '거시기'를 보여 줘선 안 돼.' '여봐, 아프게 하지 않았지. 그러니 겁내지 마.' 그가 담요를 젖히니까 그의 '물건'이 갈색 옥수수처럼 일어났다. 프리먼 씨는 내 손을 잡으며 말했다. '한 번 만져 봐.' 그것은 금방 잡은 닭의 내장처럼 흐늘흐늘하고 꿈틀거렸다. (김욱동 2007/2010: 216 이하).

위의 텍스트는 주인공인 안젤루의 어머니의 남자친구인 프리먼이 앤젤루를 강간하는 장면이다. 두 번째 문장에서 "drilled into my head"란 송곳이나 착암기를 사용하여 구멍을 뚫듯 무엇인가를 반복하여 말하거나 가르치는 것을 뜻한다. 이 구절은 속어나 비어의 묘미를 살려 우리말로 '귀가 따갑도록 되풀이했다'나 '귀에 못이 박히도록 되풀이했다'로 옮기는 것이 좋다. '송곳처럼 내 머리를 뚫고 들어왔다'로 옮길 수도 있지만 그런 경우 속어나 비어에서 느낄 수 있는 독특한 맛이 사라질 수 있기 때문이다. 마마가 하는 말 중에서 "pocketbook"이란 손지갑이나 핸드백이 아니고 여성의 성기를 가리키는 속어이다. 여성이라면 소중하게 간직하여야 하기 때문에 생긴 속어인 듯하다. 한국어에서 여성의 성기를 뜻하는 속어로 '조개'를 사용하지만 '조개'는 너무나도 비속어의 강도가 세서 이곳에서는 "거시기" 정도가 적당해 보인다. 또한 이렇게 옮긴 이유 중의 하나는 두 번째 단락의 "thing"과 관련 짓기 위해서다. 여기서는 프리먼의 성기를 가리키는데, 한국어로 '물건'이나 '거시기' 정도이다. 독일어에도 이와 유사한 표현이 있는데, 영어와 유사한 'Ding'이라는 표현이다. 이것을 문자 그대로 '사물'로 번역하면 비속어의 뉘앙스가 살아나지 않고 그 의미에서도 문제가 발생한다. 그러나 이 낱말들은 일정 기간 동안 사용되다가 사전에 올라가기도 전에 사라지는 경우가 태반이기 때문에, 사전에서 그 의미를 짐작하기가 어렵다는 점이 있다. (김욱동 2007/2010: 216 이하 참조).

곽성희(2000)는 출발텍스트로서의 기사제목을 도착텍스트에서 번역한 경우, 이것을 상호텍스트성중심 번역의 범주에 위치시켰는데, 상호텍스트성중심보다 이때는 기사제목의 가독성이라는 입장에서 보면 용인성중심 번역에 위치시키는 것이 좀 더 나아 보인다. 상호텍스트성에서는 기존에 있는 다른 어떤 텍스트와 관련이 중요한 반면, 출발텍스트로서의 기사제목이 도착텍스트에서 직역하지 않았다는 것과는 별로 큰 관련이 없기 때문이다. 그러나 특정 언어문화권의 기사제목을 생성하는 구조적 틀을 고려할 때, 기사제목의 번역 문제를 상호텍스트성중심 번역의 범주에 위치시킬 조금의 여지는 있어 보인다.

> 뉴스위크 한국판의 제목은 영문 제목을 직역하지 않고 기사의 내용을 설명하는 제목으로 바뀐다. 북한에서 위조달러 제조의 가능성에 관한 기사의 영문판 제목은 'Is Your Money Real!'이지만, 한국판 제목은 '위조달러의 원산지는 장막속 북한'이다. 위의 예에서 알 수 있듯이 영문판 제목은 간결하고 암시적인 반면, 한국판 제목은 직설적이고 설명적이다. 이는 한국판 기사제목이 한국 기사문 제목의 관례를 따르기 때문이다. (곽성희 2000: 109).

곽성희의 주장대로 한국 신문(잡지) 기사의 제목이 영어의 그것보다 직설적이고 설명적이라면 가능한 한 한국의 관례에 따르는 것이 용인성중심 번역에 부합하다고 할 수 있다. 그것이 바로 출발텍스트의 용인성과 도착텍스트의 용인성 정도 내지 강도를 비슷하게 만들어 주는 방식이기 때문이다.

음차번역의 문제도 용인성중심 번역의 문제와 결부시킬 수 있다. 다음의 예문들을 보자.

출발텍스트

The twenty-first century, unlike the previous ones, will be typified by synergy, the cross-fertilization between all three fields, which will be mark a sharp turning point on the development of science.

도착텍스트

지난 세기들과는 달리 21세기의 특징은 이 세 가지 분야의 결합, 즉 공동상승효과가 될 것이며, 이는 과학의 발전에 있어 획기적인 전환점이 될 것이다. (강주헌 2002: 130).

여기서의 쟁점은 "synergy"를 "시너지 효과"로 번역하지 않고 "공동상승효과"로 번역했다는 것에 있다. "시너지 효과"에 비해 "공동상승효과"는 도착텍스트 수용자에게 너무나도 낯설어서 "synergy"라는 낱말에서 가지는 부수적 의미를 가질 수 없다. 그래서 이 경우에는 도착텍스트의 용인성이 출발텍스트의 용인성보다 낮다고 할 수 있다. 즉, 두 텍스트의 용인성이 차이난다는 것이다. 그러므로 위와 같은 번역은 텍스트의 용인성이 아니라 번역자의 강요와 관련있는 것 같다: "번역가가 능동적으로 번역하면 독자의 용인성이 높아질 수 있다. 또, 이러한 번역이 장기적으로 반복되면 궁극적으로는 목표언어가 확대되고 독자의 수용성도 높아질 것으로 예측된다. 예를 들어 'synergy'는 국어사전에도 '시너지'로 음차번역되어 등재될 정도로 우리말처럼 익숙하여 '시너지 효과', '경영 관리 시너지' 등으로 쓰이고 있다. 그러나 강주헌(2002: 130)은 'synergy'를 '공동상승효과'로 번역하는 능동적인 번역 형태를 보여주었다. 사실 이러한 번역은 독자가 능동적으로 용인성을 갖기보다는, 번역가가 적극적이며 능동적으로 독자의 용인성을 유도하는 번역이다." (황세정 2007: 64).

독일어에서 영어 외래어를 아무런 가감 없이 그대로 받아들이는 경우(예: "know-how", "soundtrack", "meeting", "layout")가 있고, 독일어의 정서법과 음(소리)을 같게 함으로써 동화의 과정을 거치는 경우(예: "pilot study - Pilotstudie", "escalation - Eskalation", "domino theory - Dominotheorie")가 있다. 말블랑(1968)은 이러한 번역방식을 "차용(emprunt)"이라 칭했는데, 이것은 소위 "직역(traduction directe)"에 속하는 것이었다. 한국의 경우, 외래어가 포함되어 있는 출발텍스트를 한국어 도착텍스트로 번역할 경우, 국립국어원의 규정에 맞는 로마자한글표기법에 의해 전환해야 한다. 만약 그 외래어의 출발언어 발음에 맞추어 표기하게 되면, 그 유명한 "아륀지" 사건이 생겨나게 된다. 외래어 표기법이 그 외래어의 생겨난 언어의 발음에 전적으로 의지하지 않는다는 것은 의도성중심 번역이 아닌 용인성중심 번역에 해당한다고 할 수 있다. 왜냐하면 'friend'의 원어 발음이 '후렌드'에 가깝다고 해서 그렇게 하지 않고 '프렌드'라고 하는 것은 전적으로 도착텍스트 수용자인 한국인을 고려한 방식이기 때문이다. 한국어에서 다음과 같은 외래어가 이에 해당되는 외국어를 음차 표기한 듯한 인상을 주지만 그렇지 않다.

Blender → 믹서기
Old maid → 올드 미스
Pantyhose → 팬티 스타킹
Highlighter → 형광펜
Marker → 매직펜
Body shop → 카센터
Hood → 본네트
Horn → 클랙슨
wiper → 윈도 브러시

flat tire → 펑크

transmission → 마송

rearview mirrors → 백미러

cell phone → 핸드폰/휴대폰/휴대전화

a part-time job/a part-time-employment → 아르바이트

(김욱동 2007/2010: 312 이하 참조).

사실, 위와 같은 외래어 번역이 출발텍스트의 의미 부분만을 따지면 문제가 있음에도 불구하고 도착텍스트인 한국어에서는 큰 문제없이 사용된다. 바로 용인성 등가가 인정되는 것이다. 위와 같은 외래어 번역이 도착텍스트 수용자를 위한 용인성과 관련 있음이 분명한 것은 "아르바이트"라는 낱말만 보아도 알 수 있다. 원래 이 낱말은 독일어 "Arbeit"에서 유래했다. 이 낱말의 의미는 결코 시간제 일자리가 아닌 "full-time job"에 해당된다. 또한 "Hausarbeit"라고 하면 대학생의 "보고서"나 "리포트"를 의미하기도 한다. 이 낱말에는 일과 연구라는 의미가 모두 포함되어 있다. 그러나 이 낱말이 한국으로 넘어오면서 의미 전성을 겪었다. 그럼에도 불구하고 우리들은 이 낱말의 원뜻에 대해서 왈가왈부하지 않는다. 그래서 한국어권 화자들이 아르바이트를 "시간제 일자리"로 이해해도 전혀 문제되지 않는다. 용인성이 발현되는 순간인 것이다. 그러나 전문용어 분야에서의 외래어나 외국어 번역은 다른 차원의 논의들이 필요하다. 의학서적에 등장하는 "dextromethorphan"이라는 의학용어는 사전에 등재되어 있지도 않은 용어이므로 로마자한글표기법에 따라서 한국어로 옮기되 주석을 덧붙일 필요가 있고(경우에 따라서는 로마자 그대로 노출시킬 수도 있다), "philopon(필로폰)"은 한국인에게도 익숙한 낱말이므로 원어를 병기할 필요 없이 로마자 표기법을 사용해서 옮기면 된다. (김정우 2003: 34 이하 참조).

도량형의 단위는 언어권마다 조금씩 다르다. 예를 들어 높이, 거리, 부피, 넓이 등의 단위를 언어권마다 달리 사용한다는 것이다. 이러한 단위들은 도착언어에 맞는 단위로 전환되는 것이 보통이다. 도량형의 단위가 출발텍스트와 도착텍스트에서 다를 경우, 출발텍스트의 도량형 단위를 그대로 직역하게 되면 도착텍스트 수용자들이 제대로 된 정보를 획득할 수 없기 때문이다.

출발텍스트

Sharon has actually authorized construction of a 12-fond-high fence along some parts of the West Bank's 300-mile perimeter. (Newsweek 2002.12.4).

도착텍스트

사실 새론도 총 4백 80km에 달하는 서안의 둘레 중 일부 구간에 대해 높이 3.6m의 방벽 건설을 승인한 바 있다. (Newsweek 한국판 World Affaurs 2002.12.4).

출발텍스트

Harry, though still rather small and skinny for his age, had grown a few inches over the last year. (롤링 1999: 6).

도착텍스트

해리는 또래들에 비해 아직 작고 마르기는 했지만, 작년에는 그래도 키가 몇 센티미터나 자랐다. (롤링 2000: 17).

그렇다고 해서 출발텍스트에 등장하는 모든 도량형의 단위를 도착텍스트에 맞는 도량형의 단위로 대체해야 하는 것은 아니다. 예를 들어 19세기 후반을 살았던 후기 인상주의 화가 고흐의 편지에 등장하는 화폐단위를 한국어로 옮길 때 "프랑"이 아닌 "원"으로 했을 경우를 상상해 보라.

> 그림은 나에게 건강을 잃은 앙상한 몸뚱아리만 남겨주었고, 내 머리는 박애주의자로 살아가기 위해 아주 돌아버렸지. 난 어떠냐. 넌 내 생활을 위해 벌써 15만 프랑가량의 돈을 썼다. 그런데 […] 우리에겐 남은 것이라곤 하나도 없다. (고흐 1999/2005: 194 이하).

문학번역에서 슐라이어마허 "낯설게 하기 번역" 내지는 "이국화(Verfremdung/foreignization)" 번역의 입장을 취해야 하는 이유는 문학작품에서는 의미중심이 아니라 형식중심 번역이 선호되기 때문이다. 순수 문학번역에서 낯설음을 제거하기 위해서 "자국화(Entfremdung/domestication)" 번역을 시도하더라도 도착텍스트 수용자가 느끼는 낯설음은 제거되기 힘들고 오히려 텍스트의 가독성을 방해할 수 있다. 왜냐하면 외국문학을 도착텍스트로 접하는 수용자는 이미 그 작품에 낯선 이국적 요소들이 많이 들어 있음을 미루어 짐작하고 있기 때문이다. 그래서 문학번역에서의 극단적인 자국화 번역은 타문화의 이질성을 자국문화의 동질성으로 오도할 수 있다. 따라서 다음과 같은 영미문학연구회 번역평가사업단은 가독성 평가(우리들의 입장에서 보면, 용인성)에 대하여 도착텍스트의 한국어 구사 수준을 판단하는 영역으로, 대개 문장 차원에서 어색하거나 생경하거나 비문인 정도가 어떠한지를 판별하지만 다만 번역자가 의도적으로 낯선 억어나 구문을 선택했다고 보이는 경우에는 번역자의 선택을 존중한다고 예외로 두었다는 것은(영미문학연구회 2005: 21 참조) 순수 문학번역이 이국화 번역의 방향을 취해야 함을 보여주고 있다.

모든 의역들을 용인성중심 번역으로 간주하는 것은 결코 바람직하지 않다. 문학번역의 경우 용인성중심 번역을 위해서 대체 번역해야 한다는 것은 문학작품이 가진 "표현기능"이 위축될 수 있으므로 면밀한 검토가 필요하다. 이를 테면 텍스트에 대한 이해를 증진해서 도착텍스트 수용자의 용인성을 높인다는 이유로 다음과 같이 대체 번역하는 것이 언제나 옳은 것은 아니다.

> 또 다른 능동적인 번역 방법은 독자의 이해를 돕는 번역이다. 예를 들면 책의 제목을 번역할 때도 영국의 번역가 호키스는 중국 소설인 『홍루몽(紅樓夢)』을 'A Dream of Green Days[푸른 날들의 꿈]'으로 번역하였다. 그 이유는 붉은 색에 대한 문화적 인식이 목표언어와 원천언어에서 매우 상이하기 때문이며, 번역가는 책의 내용을 암시해 주는 제목의 중요성을 인식하고 독자의 수용성[용인성]을 높였다는 점에서 바람직한 번역이라고 할 수 있다. (황세정 2007: 64).

오역을 용인성중심 번역의 위배 사례로 구분할 수 있는 것은 순전히 노이베르트/쉬리브(2000/2013) 덕분이다. 이들은 "진실된 말을 하라"라는 그라이스(1975: 46)의 "질의 격률(maxim of quality)"을 용인성의 문제와 결부시켰기 때문이다. 오역과 충실하지 못한 번역의 경계가 그리 썩 확실한 것은 아니지만, 오역됨으로써 도착텍스트의 수용자가 출발텍스트의 의미 내용을 정확하게 파악할 수 없다는 측면에서 보면, 오역이 용인성중심 번역에 위배되는 것은 분명해 보인다.

8.5 정보성중심 번역

보그랑데/드레슬러(2008: 6 이하 참조)에게 있어서 일곱 가지 텍스트성 중에서 텍스트중심 텍스트성은 코헤지온과 코헤렌즈이고, 텍스트사용자중심 텍스트성은 의도성과 용인성이다. 이와 달리 정보성이란 "제시된 텍스트 자료가 수용자에 의해서 예측되었거나 수용자에게 알려진 (또는 불확실한) 정도에 관여한다. […] 모든 텍스트에는 최소한 어느 정도 정보성이 있어야 한다. 어떤 텍스트의 형식과 내용이 아무리 예측 가능한 것이라 하더라도, 거기에는 완전히 예견할 수 없는 가변적인 자료들이 언제나 조금씩 있게 마련이다. 정보성이 지나치게 낮으면 이해의 혼란을 가져오기 쉽고 지루함을 야기시키며 심지어 그 텍스트가 거부당하는 원인이 된다."(보그랑데/드레슬러 1981/2008: 16 이하). 보그랑데/드레슬러가 정보성을 정의하면서 사용하는 "예측 가능한"이나 "예측 불가능한"이라는 표현은 – 출발텍스트이건 도착텍스트이건 – 오로지 텍스트수용자와 관련된 개념이다. 그러므로 당연히 출발텍스트 수용자와 도착텍스트 수용자의 사용언어가 다르기 때문에 번역되어야 하는 특정 텍스트에 대해서, 만약 출발텍스트가 이상적으로 낱말 대 낱말의 번역에 적합하게 도착텍스트로 번역됐다고 할지라도 동일한 정보성을 가지지 못하는 경우가 허다하게 생겨나게 된다. 곽성희의 말을 빌리면, "출발언어권의 독자들이 공유하는 정보라고 할지라도 도착언어권의 독자에게는 알려지지 않은 경우와 도착언어의 독자들이 공유하는 정보가 출발언어권의 독자에게는 낯선 경우가 있다."(곽성희 2006: 39). 바로 이 지점에서 정보성중심 번역이 생겨나게 된다. 출발텍스트의 의미가 도착텍스트에 완벽하게 전달되는 것은 사실상 불가능하다. 정보의 손실이든 과잉이든 문제시되는 사항들이 있기 마련이다. 번역자는 이러한 정보의 손실과 과잉을 최소화하기 위해 두 텍스트 사이의 정보성 차이를 줄여야 하는 의무를 가지고 있다.

보그랑데/드레슬러는 개연성(probability)의 강도에 따라서 다음과 같이 세 단계의 정보성(three orders of informativity)을 구분한다.

- 1차 정보성(first-order informativity)
- 2차 정보성(second-order informativity)
- 3차 정보성(third-order informativity).

(보그랑데/드레슬러 1981/2008: 213 이하 참조).

텍스트생산자는 이러한 정보성을 조절하기 위해서 텍스트가 진행되는 과정에서 너무 낮은 정보성을 격상시키기도 하고 너무 높은 정보성을 격하시키기도 한다. 보그랑데/드레슬러는 정보성 격상의 예로서 과학 교과서의 서두 부분을 언급하고 있다. 이를 테면, "바다는 물이다. [The sea is water.]"라는 내용은 텍스트수용자에게 너무나도 잘 알려진 내용이어서 텍스트수용자에게 있어서 정보성이 너무나도 낮다. 그렇게 되면 정보성의 결여로 이어질 가능성이 있고, 결과적으로 텍스트성을 갖추지 못한 발화체가 될 가능성이 농후하기 때문에 텍스트생산자는 다음과 같은 내용을 추가하면서 정보성 격상을 이루어 낸다는 것이다.

바다에 현존하는 물질 가운데 물이 지배적이라는 의미에서만 바다는 물이다. 실제로 바다는 살아있는 엄청난 숫자의 유기체에 기체와 염분의 용액을 더한 것이다. (보그랑데/드레슬러 1981/2008: 17 이하).

이와 유사하게 번역의 장에서 출발텍스트의 수용자이자 도착텍스트의 생산자인 번역자는 두 텍스트 사이의 정보성 정도를 유사하게 만들기 위해서 정보성을 조절해야만 한다. 그래서 노이베르트/쉬리브에게 있어서 번역자는 "이중언어 의사소통 과정의 조정자"(노이베르트/쉬리브 2000/2013: 113)이다. 두 언어가 각각에 대해서 유창하다고 하더라고 정보성 조절능력이 뛰어나지 않으면 번역을 제대로 할 수 있다고 보장할 수 없다. 일반적으로는 출발텍스트를 도착텍스트로 수정하지 않고 낱말 대 낱말 또는 문장 대 문장으로 옮겨지는 경우, 그렇게 옮겨지더라도 후자의 정보성이 전자보다 높기 때문에 후자의 정보성을 격하시키기 위한 작업을 해야 하는 것이다.

번역자는 정보성중심 번역을 하기 위해서 출발텍스트의 정보성을 도착텍스트 수용자를 위해서 격상시키기도 하고 격하시키기도 한다. 텍스트언어학의 장에서 보그랑데/드레슬러는 정보성을 격상하고 격하하기 위한 각각 세 가지 방법을 다음과 같이 제시한다.

> [정보성] 격하 작용은 여러 방향성을 가질 수 있다. 만일 텍스트수용자가 앞서 나타난 발화체에서 그 동기를 찾으러 되돌아간다면, 후향적 격하(backward downgrading)를 하는 것이다. 만일 나중에 나타날 발화체를 대기해 고려한다면 그것은 전향적 격하(forward downgrading)가 된다. 현재 문제가 되는 텍스트나 담화의 범위 밖으로 이동한다면 그것은 외향적 격하(outward drawing)이다. 격상에도 동일한 구분을 적용할 수 있다. (보그랑데/드레슬러 1981/2008: 217 이하).

번역자가 사용하는 정보성의 방향은 대부분이 외향적 격하에 해당된다고 할 수 있지만, 경우에 따라 도착텍스트의 특정 내용이나 표현을 삭제하여 번역함으로써 두 텍스트 사이의 정보성을 조절할 수 있다. 다음과 같은 예시가 여기에 해당된다.

출발텍스트

It was written not for the Court, however, but for the secret perusal of the Queen, and he used the symbols of the phonetic Korean alphabet. (벽 1990: 24).

도착텍스트

그러나 왕비가 은밀하게 검토할 예정일 뿐, 국왕께 올리는 글이 아닌 만큼 그는 한글로 써 내려갔다. (벽 1996: 19).

위의 예시는 출발텍스트의 수용자보다 도착텍스트의 수용자가 "한글"에 대해 더 많은 정보를 가지고 있는 경우이다. 따라서 출발텍스트를 번역함에 있어서 번역자는 일부를 생략함으로써 두 텍스트수용자들이 가진 정보성을 조절하고 있다. (곽성희 2006: 42 참조). 이런 경우는 도착텍스트와 관련 있는 내용인 경우가 대부분이다. 왜냐하면 출발텍스트에서 다루어지는 그런 내용들을 도착텍스트 수용자들이 알고 있는 경우가 많기 때문이다. 이러한 경우들은 – 보그랑데/드레슬러(1981/2008)의 용어에 의하면 – 출발텍스트가 도착텍스트로 번역되면서 정보성이 격상된 경우이다. 이것은 번역의 일반적인 현상이 아니다. 왜냐하면 보통의 경우 도착텍스트 수용자는 출발텍스트의 정보를 높은 것으로 생각하는 경우들이 많기 때문이다.

곽성희는 출발텍스트 수용자가 공유하는 정보를 도착텍스트의 수용자가 공유하지 못할 때 번역자가 정보성을 조절하기 위한 세 가지 번역방식을 언급한다.

1) 도착언어권 독자가 공유하지 않은 정보를 생략
2) 도착언어권 독자가 공유하지 않은 정보를 상위 개념어 또는 도착언어권

독자에게 친숙한 다른 정보로 교체

3) 도착언어권 독자를 위하여 설명 추가 (곽성희 2006: 42).

1)과 같은 경우를 설명하기 위해서 곽성희는 다음과 같은 예를 들고 있다.

출발텍스트

My brother and I went faithfully to Sunday school and were usually back at church at least once more during the week for youth group meetings, athletic competitions, potluck suppers, or play rehearsals. (클린턴 1996: 26 이하).

도착텍스트

남동생들과 나는 주일 학교에 착실하게 다녔습니다. 청소년 모임, 운동 경기, ∅, 연극 리허설 때문에 보통 주 중에도 한 번 이상은 교회에 가곤 했습니다. (클린턴 1996: 30).

그러나 도착텍스트에서 이러한 출발텍스트의 특정 표현을 생략함으로써 정보성 조절 내지 정보성 등가를 이루어야 한다는 주장은 좀 더 신중하게 접근해야 한다. 왜냐하면 이러한 경우가 항상 성립되는 것이 아니고, 정보성 등가를 위한 생략의 여부는 전적으로 텍스트유형과 관련 있기 때문이다. 정보성 등가를 위한 생략의 여부가 텍스트유형과 관련 있다고 하는 것은, 예를 들어 텍스트유형 "FTA 체결 협정서"나 "상품설명서"와 같은 경우는 아무리 도착텍스트 수용자에게 알려지지 않는 정보라고 할지라도 그런 정보를 생략하게 되면 의미의 누락이 생기고, 따라서 도착텍스트가 심각한 손상을 입을 가능성이 있기 때문이다. 또한 "FTA 체결 협정서"는 일종의 계약서이기 때문에, 이런 텍스트종류는 출발텍스트와 도착텍스트의 구분이 모호할 수도 있다. 이를 테면, 두 언어로 된 계약서 모두가 출발텍스트일 수 있다는 것이고, 서로 출발텍스트와 도착텍스트를 공유하고 있다는 것이다. 이에 대해서 방교영/신항식/배선경(2011)은 퍼스의 기호삼각형 모델에서 FTA 협성(서)를 표상체로 간수하면서 다음과 주장한다:

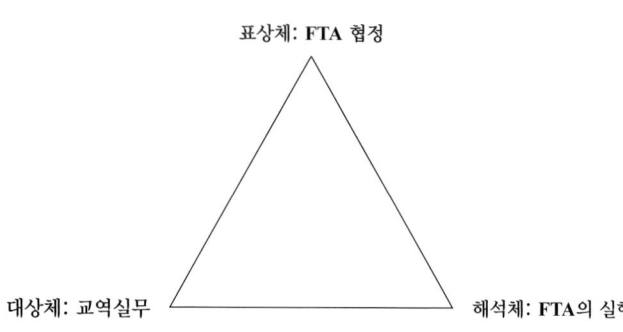

〈표 20〉 FTA 협정의 기호학적 순환 (방교영/신항식/배선경 2011: 31)

〈표 20〉에서 퍼스의 표상체는 기호(sign)와 거의 같은 개념이다. 여기서 기호/표상체가 나타내는 그 무엇이 대상체(object)이다. 위의 도표에서 대상체로서의 교역실무는 표상체로서의 FTA 협정이 나타내는 그 무엇이다. 해석체(interpretant)는 해석자가 아니다. 해석체는 주어진 기호로부터 촉발되는 의미 효과이다. 일반적으로 해석체는 우리가 한 기호를 접하게 될 때 우리의 관념 속에서 발행되는 기호로 이해할 수 있다. 그런데 이 도표에서 해석체와 대상체의 순서가 바뀌어야 할 것 같다. 퍼스의 삼원적 기호모델에서는 기호 그 자체인 표상체는 대상체와 관계를 가지며, 이 관계는 해석체를 함의하는 것으로 요약되기 때문이다. 그래서 기호과정 전체의 진행 방향을 시계방향으로 배열하는 것이 자연스럽다. 우리는 정보텍스트라고 해

서 번역방식이 모두 유사하지 않다는 사실을 항상 염두에 두어야 한다. 위와 같은 도착텍스트 "FTA의 협정서"나 "법률텍스트"의 경우는 정확한 정보의 전달이나 엄밀성 그리고 간결성 같은 범주들이 아주 중요하기 때문이다.

> 조약협정의 표상체는 해석의 존재를 심각하게 약화시키며 인간의 실제행동(대상체)을 강제하고 제약한다는 점에서 번역될 것이 아니라 상호 일치시킴으로써 존재가치를 지닌다. 한국의 경우, 각 텍스트가 상호적으로 구성되어야 할 국제조약임에도 불구하고 일방적으로 제시된 외국어 조약을 번역하는 바람에 조약기호가 지닌 경제활동의 표상체(법적 적용영역)에 혼동을 불러온 것이다. 본 연구는 한-EU, 한미 FTA 협정문의 오역 및 단어 불일치 문제를 검토함으로서 한국과 FTA를 체결하는 대상 사이의 표상적 차이가 가지는 사회적 의미를 탐구한다. 이로써, 실제와 기호 간의 관계가 결코 상호 종속적이지 않은 상호 주체적 존재임을 밝힌다. (방교영/신항식/배선경 2011: 31).

여기서 중요한 것은 "조약협정의 표상체가 인간의 실제 행동을 강제하고 제약한다는 점에서 번역이 아니라 상호 일치시킴"이라는 점이다. 그것은 바로 "FTA 조약 협정서"에 대한 낱말 대 낱말이라는 등가 추구와도 같은 극한의 작업을 요구할 것이기 때문이다. 또한 한-칠레, 한-싱가포르, 한-인도 FTA 협정서의 경우에는 양국 언어 사이의 등가관계를 따져야 하는 것이 아니라, 국제적으로 인정받기 위해서 영어와 해당국 간의 등가관계를 따지는 특이한 방식이 사용되기도 한다. 그래서 영어본의 "any"가 한국어본에서 생략된 것이 가져오는 엄청난 결과에 대해서 방교영/신항식/배선경은 다음과 같이 서술하고 있다.

이를 테면, '이용사는 동물미용에 관한 어떤 권리도 가질 수 없다'고 한다면, 미장원 아줌마는 모든 권리를 가질 수 있다는 법이 된다. 만약 '어떤'이라는 단어가 빠진다면, 이발소 아저씨는 동물미용을 제외한 다른 권리는 가질 수 있다는 뜻이다. 이런 any의 단어가 한-EU 협정문에 50개 이상 누락되어 있다. (방교영/신항식/배선경 2011: 32).

더욱이 국민의 경제, 법률생활에 지대한 영향을 끼치는 FTA 협정문을 [국가는] 인턴사원에게 번역시키는 관행을 인정한다. 다시 말하면 협정을 협정으로 이해하지도 못했으며, 번역관행 또한 국가대사에 적절하지 못한 것이다. 이런 상황에서 'any라는 형용사 문제도 애초에 문맥상 반드시 필요하지 않으면 번역할 이유가 없다는 원칙을 세웠다'는 비정상적인 지침이 나왔으며, '전체 의역 상, 크게 해석의 문제가 없다. 문학번역도 직역과 의역을 한다'(2011년 4월 3일 국회 외교통상위원회, 김종훈 통상교섭본부장)는 자세가 탄생한 것이다. 법률번역과 구성을 문학번역과 비교할 정도의 사안으로 생각하는 통상교섭본부장의 사고는 법학이나 행정학의 원칙뿐만 아니라, 기호학적 의미론에서 볼 때 불가능한 인식이다. 문학에 의한 기호의 구성양식과 법과 같이 실제 사물과 행위에 근거한 기호구성 양식은 대상체의 존재가치에 있어서나 표상체 및 해석체를 이끌어내는 데 서로 판이한 차이를 주기 때문이다. (방교영/신항식/배선경 2011: 37).

방교영/신항식/배선경의 주장처럼, "문학텍스트"의 번역과 "FTA 협정 체결문"을 동등하게 취급하여 의역 운운했다는 정부 관계자들을 말은 텍스트유형중심 번역의 입장에서 보면 거의 납득할 수 없는 주장이다. 왜냐하면 "FTA 협정 체결문"은 오해의 소지를 없애고 정확한 정보전달을 생명으로 삼는 텍스트유형이기 때문이다. 이러한 정보기능을 중시하는 텍스트유형의 번역과 표현기능을 중시하는 텍스트유형 번역을 동일시한 것은 적절하지 않다.

번역자가 출발텍스트 수용자와 도착텍스트 수용자가 가진 정보성의 강도를 어느 정도 맞추어 주는 것이 정보성중심 번역의 관건이다. 그래서 심한 경우에는 출발텍스트와 도착텍스트의 정보성을 조절하기 위해서 번역자는 문장에 버금가는 단위를 생략해야 되는 경우도 있다. 예를 들어, "한국과 일본의 관계를 설명하는 글에서, 한국의 역사를 잘 모르는 영어 독자[영어 출발텍스트 수용자]에게 일제 강점기를 설명하기 위해 '35-year-long Japanese occupation which ended in 1945[1945년에 끝난 35년간의 일제강점기]'이라고 쓰는 경우가 있다. 이때 [만약 이 텍스트가 한국어 도착텍스트로 번역된다면] 번역의 목적에 따라 한국 독자가 알고 있는 정보인 '35-year-long'과 'which ended in 1945'는 생략할 수 있다. 물론 생략 여부는 정보성뿐만 아니라 번역 목적에 따라 결정되기 때문에, 번역자는 누구를 위한 어떤 목적의 글인지를 고려하여 생략여부를 결정한다." (곽성희 2006: 41).

독일 영화 『카스퍼 하우저의 비밀(The Enigma of Kaspar Hauser)』(1974)의 서두에는 대강의 배경을 설명하는 글이 등장하는데, 영어본에도 그런 내용을 제시한다.

출발텍스트

Am Pflugsonntag des Jahres 1828 wurde in der Stadt N. ein verwahrloster. Findling aufgegriffen, den man später Kaspar Hauser nannte. Er konnte kaum gehen und sprach nur einen einzigen Satz. Später, als er sprechen lernte, berichtet er, er sein zeit seines Lebens in einem dunklen Kellerloch eingesperrt gewesen, er habe keinerlei Begriff von der Welt gehabt und nicht gewußt, dass es außer ihm noch andere Menschen gäbe, weil man ihm das Essen hereinschob, während er schlief. Er habe nicht gewußt, was ein Haus, ein Baum, was Sprache sei. Erst ganz zuletzt sei ein Mann zu ihm hereingekommen. Das Rätzel seiner Herkunft ist bis heute nicht gelöst. [1828년 성령 강림절, N이라는 마을에서 누더기 차림의 버려진 아이가 발견되었다. 그는 이후에 카스퍼 하우저라고 불렸다. 그는 간신히 걸을 수 있었고, 단 한 문장만 말할 줄 알았다. 그는 나중에 말을 할 줄 알게 되자, 자신이 평생 동안 어두운 지하실에 갇혀 있었으며, 바깥 세상이라는 개념을 전혀 가지고 있지 않았고, 자기가 자는 동안 먹을 것을 들여 놓아 주었기 때문에 자기 외에 또 다른 사람들이 존재하리라고는 생각도 못했다고 말하였다.]

도착텍스트

One Sunday in 1828 a ragged boy was found abandoned in the town of N. He could hardly walk and spoke but one sentence. Later he told of being locked in a cellar from birth. He had never seen another human being, a tree, a house before. To this day no one knows where he came from – or who set him free. [1828년 어느 일요일, N이라는 마을에서 누더기 차림의 버려진 남자 아이가 발견되었다. 그는 간신히 걸을 수 있었고, 단 한 문장만 말할 줄 알았다. 나중에, 그는 태어나서부터 어두운 지하실에 갇혀 있었다고 말하였다. 그는 다른 사람, 나무, 집을 본 적이 없었다. 오늘까지도 그가 어디에서 왔는지 아무도 모른다. 또 누가 그를 풀어 줬는지도.] (먼데이 2000/2006: 141).

독일어 출발텍스트와 영어 도착텍스트를 비교해 보면, 도착텍스트에 아이의 이름과 아이가 이후에 말을 할 줄 알게 된 점, 아이가 자는 동안 지하실에 음식이 밀어 넣어져 있는 점, 아이의 출생의 비밀이 아직도 밝혀지지 않는 점이 구체적으로 드러나 있지 않다. 하우저는 이러한 번역방식을 "외현적 번역"이라고 말하지만, 텍스트성중심 번역의 입장에서 보면, 정보성중심 번역과 거리가 있다. 왜냐하면 출발텍스트나 도착텍스트의 기능이나 상황이 동일하고 텍스트유형 또한 동일하므로, 출발텍스트의 정보나 문법사항들이 도착텍스트에서 대체되거나 생략되어야 할 당위성이 없기 때문이다. 그래서 우리들은 이러한 경우를 정보가 너무 많이 삭제되어서 텍스트중심 번역이 미흡한 경우로 간주한다.

라이스/페어메어의 다음과 같은 주장은 출발텍스트와 도착텍스트 사이에서 정보성 조절자로서의 번역자의 역할을 잘 명시하고 있다.

> 남미 출신 작가가 저술한 『남미 문화사(文化史)』를 중부유럽 일반 독자를 위한 일반 도서로 번역할 경우 수용자의 사전 지식이 다르므로 부분적 수정이 필요하다. 수정작업은 번역 전에 전문가들이 하거나, 번역 중 전문 지식을 갖춘 번역사가 직접 할 수도 있고, 번역 후 전문가가 할 수도 있다. […] 본래 비독일어권 독자를 위해 작성된 여행 안내서를 독일어로 번역할 경우에도 독일어권 독자는 관심사가 다른 점을 감안해 부분적으로 수정해야 한다. (라이스/페어메어 1985/2010: 93).

스코포스 이론가들의 이러한 주장은 정보성을 조절하기 위해서 도착텍스트에 출발텍스트의 표현에 대한 대응 표현이 있음에도 불구하고 다른 표현으로 대체하여 두 텍스트의 정보성의 강도가 균형을 이루어야 한다는 것인데, 이것은 번역자의 정보성 조절능력과 관련 있다.

통번역의 맥락은 출발텍스트의 맥락과 다르며, 통번역물 수용의 맥락은 통번역 맥락 및 출발텍스트 맥락과 또 다르다. 통번역물의 사회문화적 배경도 출발텍스트의 사회문화적 배경과는 다른데, 그 이유는 도착문화의 텍스트, 텍스트유형, 텍스트종류에 따른 언어사용 방식이 출발문화와 다르며, 두 문화 내의 텍스트 수신자가 유사한 그룹이더라도(예: 영국의 청소년, 독일의 청소년) 그들의 사회문화적 사전 지식과 배경 지식이 일치하는 일이 거의 없다는 것이다. (라이스/페어메어 1985/2010: 141).

라이스/페어메어의 이러한 주장은 출발텍스트 수용자는 알고 있으나 도착텍스트 수용자가 전혀 모르고 있는 정보들을 대체하거나 첨가하는 등의 방식을 사용하여 정보성 조절을 해 주어야 한다는 것이다. 결국 번역물의 사회문화적 배경, 개별언어의 텍스트유형의 특징 등이 정보성중심 번역의 변수가 되는 셈이다. 키플링의 『정글북』에 등장하는 다음의 예가 스코포스 이론가인 라이스/페어메어의 정보성 조절에 대한 견해를 잘 보여주고 있다.

출발텍스트

Father wolf listened, and in the dark valley that ran down to a little river, he heard the dry, angry, snarly, singsong whine of a tiger who has caught nothing and does not care of all the jungle knows it. 'The fool!' said Father Wolf. 'To begin a night's work with that noise! Does he think our bucks are like his fat Waingunga bullocks?' [어두운 골짜기에서 아무 것도 사냥하지 못했지만 온 정글이 그 사실을 다 알아도 상관없다는 듯한 호랑이의 건조하고, 성나고, 딱딱하고 단조로운 울음소리가 들려왔다. '저런 멍청이!'하고 아버지 늑대가 말했다. '저 따위 소음과 함께 밤 사냥을 시작해야 하다니! 우리 사냥감 수사슴이 제가 잡으려는 와인궁가의

거세한 숫소(bullocks) 같은 줄 아나?']

도착텍스트

Lauschend spitzte Vater Wolf die Ohren. Da vernahm er unten im Tal, das sich zu einem kleinen Bach hinabsenkt, das ärgerliche, schnarrende, näselnde Gewindel eines Tigers, der nichts geschlagen hatte und den es nicht kümmert, dass alles Dschungelvolk sein Mißgeschick erfährt. 'Der Narr, der!' knurrte Vater Wolf. 'Die Nachtarbeit mit solchem Lärm zu beginnen! Glaubt etwa, dass unsere Böcke ebenso dumm sind wie seine fetten Ochsen am Waingungafluss?' [아버지 늑대가 귀를 쫑긋 세웠다. 아래 쪽 작은 강으로 이어지는 골짜기에서 아무 것도 잡지 못했지만, 모든 정글 짐승들이 자기의 실패를 알아도 상관없다는 듯한 호랑이의 성나고, 그르렁 소리와 콧소리가 섞인 울음소리가 들려왔다. '저런 멍청이!'하고 아버지 늑대가 투덜거렸다. '저 따위 소음과 함께 밤사냥을 시작해야 하다니! 우리 사냥감 숫염소가 제가 잡으려는 와인궁가강가의 살찐 황소(Ochsen) 같은 줄 아나?'] (라이스/페어메어 1985/2010: 106 이하).

이 경우 우리들의 입장에서 보면 정보성중심 번역에 해당되는 라이스/페어메어의 주장은 다음과 같다: "통번역에서 명확성을 기하기 위해 무엇인가를 추가하려는 경향은 물론 종종 통번역사 자신이 텍스트 이해 과정에서 겪었기 때문에 수신자에게는 덜어 주고 싶은 ('인도주의적 기관'으로서의 통번역사) 문제를 반영한다. (위의 예가 그렇다는 것은 아니다). […] 우리가 관심을 기울일 부분은 (키플링의 태도와 분명히 관계가 있는) 오직 한 부분이다. 즉, 마지막 문단의 마지막 단어인 'bullocks'가 'Ochsen'으로 번역되어 있는 부분이다. 위 문단, 혹은 책 전체를 두고 보면, 이 두 단어는 일단 서로 부합되는 어휘이다. 'bullock'이나 'Ochse'나 모두 '거세된 수소'를 뜻한다. 그러나 'Ochse'는 오늘날 일반적으로 그저 '수소'의 의미로 사용된다. (산업화된 오늘날 독일에서 누가 목축업에 대해 자세히 알겠는가?) 수소를 의미하는 또 다른 독일어 단어인 'Stier'는 주로 스페인의 투우와 연관되어 사용된다. 은유적으로 'Stier'는 강한 근육의 힘을, 'Ochse'는 편협한 어리석음을 나타낸다. 'Ochse'는 은유적으로 쓰이지 않았을 경우에는 무엇이든 자기 앞을 가로막는 것은 언제나 공격하면서 앞으로 달려 나갈 자세가 되어 있는 위험한 동물이라는 뜻을 가질 수 있다. 키플링의 소설은 인도를 배경으로 하고 있다. (유럽의 사육우와는 다른 종인) 인도의 'bullock'는 힘은 세나 온화한 동물의 전형이다. 그러한 'bullock'을 죽이는 것은 비열한 행위이다. 반면에 'Ochse'을 공격하려면 용기와 기술이 필요하다. 따라서 '서로 다른 세계' 간의 코헤렌즈[결속성] 차원에서 보면 'Ochse'는 'bullock'에 정확하게 상응한다고 할 수 없다. 아마도 독일어에는 인도의 그러한 함의를 정확히 반영하는 표현이 없을 것이다. (독일은 인도와 같은 식민주의 경험이 없다.) 나이다의 개념을 약간 변형하여 '가장 가까운 함의의 등가성'이라는 것을 찾아본다면, 그것은 'Büffel'(물소, 단어 차원의 영어 등가어는 'buffalo')이 될 것이다. 'Büffel', 좀 더 강조한 'friedlicher(평화로운) Büffel'이야말로 위의 문맥에서 'bullock'이 전달하고자 한, 힘은 세나 온화한 동물의 이미지에 근접하는 것이라고 할 수 있다. 물론, 어떤 도착수용자도 그렇게 미묘한 차이를 알아차리지는 못할 것이며, 원문을 참고하지 않고는 더더욱 모를 것이므로, 'Ochse'로 번역한다 해도 잃을 것이 별로 없다고 반박할 수도 있다. 하지만 어쩌면 번역이나 통역도 하나의 예술이 아닐지 [⋯]" (라이스/페어메어 1985/2010: 106 이하).

출발텍스트와 도착텍스트에서 일대일 대응어가 존재하지 않을 경우 도착텍스트에서는 출발텍스트의 표현에 대한 상위어로 대체할 수 있다. 정보성중심 번역의 경우, 출발텍스트 수용자들이 공유하는 정보를 도착텍스트 수용자들이 공유하고 있지 않은 경우가 대부분이다. 이때 번역자는 정보성의 조절자의 역할을 하게 되는데, 가장 간편한 방법 중의 하나가 – 어휘의 문제인 경우 – 상위어로 대체하는 것이다. 다음의 예는 출발텍스트에 있는 고유명사적 성격을 가진 미국의 전통악기인 "banjo"가 도착텍스트에서 상위 개념으로 대체된 예에 속한다.

출발텍스트

A: I'm running late. But since I'm a vice president you'll have to wait in the hallway. You'll be able to judge your relative worth by observing what things I do while you wait.

B: He's teaching himself the banjo. (아담스 1996: 34).

도착텍스트

A: 내가 늦었죠. 하지만 난 부사장이니까 여기 복도에서 기다리도록 해요. 당신들이 여기서 기다리는 동안 내가 무엇을 하는지 살펴보면 자신의 가치를 판단할 수 있겠죠.

B: 악기를 익히고 계시는데요. (아담스 1996a: 53, 곽성희 2006: 47에서 재인용).

출발텍스트의 고유명사를 도착텍스트에 그대로 음역하는 경우가 많다. 그럼에도 불구하고 도착텍스트 수용자에게 출발텍스트 수용자만큼의 정보가 제공될 여지가 있으면 번역자는 과감하게 대응된 고유명사를 사용한다.

출발텍스트

He drove over to Cambridge a lot so we could continue our long talks about future schemes. (게이츠 1995: 14).

도착텍스트

그는 회사에 들어간 뒤에도 하버드 대학까지 차를 몰고 와서 미래의 계획을 놓고 장시간 토론을 벌였다. (게이츠 1996: 36, 곽성희 2006: 48에서 재인용).

위에서 출발텍스트의 생산자인 게이츠는 미국 케임브리지에 소재하는 하버드 대학 재학 시절에 자신의 친구이자 나중에 사업 파트너가 된 파울이 자신을 보러 학교에 자주 방문했다는 이야기를 하고 있다. 문제는 미국에 소재하는 도시명 "케임브리지"에 대한 한국어 도착텍스트 수용자들의 인식이다. 한국인들은 케임브리지가 미국에 있는 도시라기보다 거의 대부분이 영국의 케임브리지 대학이 소재하는 도시로 알고 있다. 그래서 번역자는 이러한 오해의 여지 때문에 출발텍스트의 "케임브리지"라는 도시명을 도착텍스트에서 그 도시에 소재하고 있는 "하버드 대학"이라는 고유명사로 과감하게 대체했다. 어차피 출발텍스트에서 "하버드 대학"을 말하기 위해서 그 대학이 소재한 케임브리지라는 도시를 제유법을 이용해서 제시했기에 거짓 정보는 아닌 셈이다. 그러므로 바로 이곳에서 번역자의 탁월한 정보성 조절 능력을 볼 수 있다.

특정 표현을 첨가하여 정보성중심 번역을 하는 경우도 있다. 예를 들면, 출발텍스트에서 "대통령 윤석열"로 제공하는 정보성 강도와 도착텍스트에서 "President Yun Seukyeul"로 제공하는 정보성 강도가 다르다. 정확히 낱말 대 낱말을 번역했음에도 불구하고 두 텍스트의 정보성이 차이가 있다면 번역자는 그 차이점을 조절해 주어야 한다. 그래서 번역자는 독일어 도착텍스트에 "Süd-Korea"라는 표현을 첨가해서 한국인 수용자가 가지는 정보성의 무게와 독일인 수용자가 가지는 정보성의 무게를 비슷하게 할 수 있고, 또한 번역자는 텍스트성의 조절자로서 그렇게 해야만 한다. 경우에 따라, 주석을 첨가하여 정보성중심 번역을 하는 경우도 있다.

> 미국 대학 네 개 학년 여학생이 화기애애한 분위기 속에 크리스마스 파티를 함께 즐기는 것이 미국에서는 이례적인 사건이란 것을 이해하려면, 미국에서는 이들 선후배가 경쟁관계를 이룬다는 사실, 특히 1학년과 2학년은 전통적으로 적대관계라는 사실을 알고 있어야 한다. 독자가 이러한 '배경 지식'을 염두에 두어야만 텍스트에 나오는 'all united in amicable accord(모두 유쾌하게 화합하여)' (웹스터의 「키다리 아저씨」 1967: 29)라는 문구가 아이러니컬한 풍자 표현이라는 사실을 알 수 있다. 이 작품을 독일어로 번역한 M. Boveri(1979: 85)는 독일 독자의 이해를 돕기 위해 이 배경 지식을 주석을 달아 말로 표현하였다. (라이스/페어메어 1985/2010: 140).

소설번역의 경우 보통은 역주를 본문 내에서 처리하는 경우가 많지만, 과학서적 등의 번역에서 번역자는 각주에 자신의 주석을 달아 도착텍스트의 정보성을 출발텍스트의 정보성과 맞추려고 노력한다. 예를 들어 호프스태터의 『괴델, 에셔, 바흐. 영원한 황금노끈』(1999)을 번역한 박여성은 번역서의 군데군데마다 텍스트수용자의 이해를 돕기 위한 엄청난 수의 역주를 달고 있다. 다음이 그중의 하나이다.

한국어 도착텍스트

그러나 부분적인 동형관계란 무엇인가? 이것은 정말 대답하기 어려운 질문이다. 그 질문은 기호그물과 그 격발 패턴을 표상하는 적절한 방법론을 어느 누구도 찾아내지 못했다는 사실로 인하여 더욱더 어려워졌다. 종종 그러한 기호그물의 일부분이 그려질 경우가 있는데, 이때 모든 기호는 출입의 절점으로서 표상되며 호선으로 연결된다. (역주: 예를 들면 R.-A. de Beaugrande 및 W. U. Dressler, Introduction to Textlinguistics(1981)에 있는 의미망(105-108)을 참조하라.). (호프슈태터 1999: 479).

문학번역에서 문화 차이에 의해서 정보가 추가는 되는 경우도 종종 생겨난다. 다음은 도착텍스트『바람과 함께 사라지다』에 등장하는 고유명사 앞에 "처녀"라는 정보가 추가된 경우인데, 결혼하면 남편의 성을 따르는 미국문화에 따라 결혼 후 스칼렛 해밀턴이 됐던 주인공이 다시 처녀 시절로 돌아갔으면 하고 바라는 심정을 "다시 스칼렛 오하라가 되어"라는 어구로 표현했다. 한국어 도착텍스트의 문화에서는 이런 경우가 없으므로 "처녀"라는 정보를 도착텍스트에 삽입시켜 출발텍스트와 도착텍스트의 정보성 등가를 유지시킨 경우이다. (곽성희 2002: 50 참조).

출발텍스트

If only she were Scarlett O'Hara again, […] (미첼 1974: 188).

도착텍스트

만약 그녀가 다시 처녀 스칼렛 오하라가 되어, […] (미첼 1992: 230).

문화 차이뿐만 아니라 발음에 의한 코노테이션 때문에 특정 표현을 첨가하지 않으면 도착텍스트에서 속어가 될 것이 우려되어 정보가 첨가되는 경우도 있다. 프랑스 소설『Zazie dans le metro[지하철에서 자지]』를 한국어로 번역한 정혜용은 외래어표기법을 따르면 망측스러운 발음이 될 수밖에 없는 고유명사 "Zazie"의 한국어 번역에 대해 고민한다. 아마도 제목만을 놓고 보면 한국어 도착텍스트의 수용자들은 이 소설이 지하철 성추행범과 관련된 이야기로 지레짐작할지도 모르겠다. 그래서 이 소설은 한국어본 제목에 "소녀"라는 정보를 추가하여『지하철 소녀 쟈지』가 됐다. 물론 "Zazie"라는 이름의 발음도 마찬가지로 /자/가 아니라 /쟈/가 됐다. (정혜용 2012: 282 참조).

한 언어의 어휘 분절체계 밖에서 고립되어 그 음운 연속체에 의하여 일정한 대상을 직접 지시하는 고유명사는 일반적으로 번역되지 않는다. 도대체 누가 "Blumenberg"를 "꽃동산"으로, "Vogelbach"를 "새들이 사는 개천"으로 번역하겠는가? 일반적으로 고유명사는 의미를 가지고 있지 않고 외부세계의 대상을 가리키는 지시만을 가지고 있다하지만, 대부분의 고유명사는 어느 정도의 정보성을 가지고 있다. 다음은 카프카의『변신』에 등장하는 주인공의 성을 생략해서 이름만 제시한 경우와 음차 번역한 경우이다.

출발텍스트

Als Gregor Samsa eines Morgens aus unruhigen Träumen erwachte, fand der sich in seinem Bett zu einem ungeheueren Ungeziefer verwandelt. (카프카 1962: 17).

도착텍스트①

어느 날 아침 그레고르는 잠을 자다가 불안한 꿈에서 깨어났을 때 자기가 침대 속에서 한 마리의 커다란 벌레로 변한 것을 깨달았다. (카프카 1972: 20).

도착텍스트 ②

어느 날 아침, 그레고르 잠자가 불안한 꿈에서 깨어났을 때, 그는 자기가 침대 속에서 커다란 벌레로 변해 있는 것을 발견했다. (카프카 1990: 25).

일견, 별다른 문제점이 없어 보이는 주인공의 성을 생략하거나 생략하는 것에 대한 논의가 여기서는 중요하다. 카프카가 주인공의 성을 "Samsa"라고 지은 것은 특별한 의미를 가지고 있다. 카프카는 자신의 이름 "Kafka"에서 "자음+a+자음+자음+a"이라는 연상 효과를 생각했으므로 "Samsa"라는 이름은 이 소설에서 대단히 중요하다. 출구 없는 삶을 사는 현대인의 모습을 기이하게 그려냈다는 평을 받는 이 소설에서 어쩌면 저자 자신의 삶이라고 못 박은 것이 바로 "Samsa"라는 주인공의 성이다. 그러므로 이것을 생략한 것이나 음차하거나 모두 다 정보성중심 번역에 못 미친다. 이것이 바로 문학번역의 한계를 주장하는 이들이 득세하는 이유이다. 이런 식으로, 문학작품에서 등장인물의 이름이 중요한 역할을 하는 경우가 자주 있다. 미첼의 『바람과 함께 사라지다』의 여주인공인 "스칼렛 오하라(Scarlet O'Hara)"만 하더라도 화려한 빛깔의 "주홍(scarlet)"인데다가 "오하라(O'Hara)"라는 성은 그녀가 낭만적이고 다혈질인 에이레인의 피를 가지고 있음을 암시하고 있다. 그가 평생 사랑하는 "애슐리(Ashley)"는 "Ash"라는 낱말 때문에 핏기 없는 얼굴을 생각나게 하고, 그의 착한 아내는 이름까지도 맬랑콜리한 "멜라니(Melanie)"이다. (안정효 2006: 137 이하 참조). 이러한 정보들은 도착텍스트에 거의 전달되지 않는다. 고유명사의 정보성중심 번역을 엄밀하게 실행하기가 문학번역에서는 여간 어려운 것이 아니다.

고유명사의 번역을 가볍게 생각하여 단순하게 음차번역 정도로만 만족하는 경우가 많은데, 정보성중심 번역을 위해서 다음과 같은 경우에는 대체나 첨가 번역을 해 줄 수 있다.

출발텍스트

He sent his son to Eton(public school).

도착텍스트

그는 자기 아들을 이튼(공립중학교)에 보냈다. (김효중 2004: 89).

만약 위와 같은 출발텍스트를 글자대로 번역했다면, 정보성중심 번역과 거리가 있다고 할 수 있다. 왜냐하면 영국인들에게 공립학교 "이튼"은 한국의 공립학교 개념과 달라서 많은 기본 재산을 소유한 "사립중학교"에 해당된다는 사실과 영국에서 최고의 명문학교라는 사실을 한국어 도착텍스트 수용자는 알 턱이 없다. 그래서 김효중은 위의 출발텍스트를 "그는 자기 아들을 영국 최고의 명문 사립학교인 이튼에 보냈다"라고 번역할 것을 제안한다. (김효중 2004: 89 참조). 그의 이러한 주장이 일견 합리적일 수 있지만, 번역이라는 것이 언제나 텍스트유형이 고려되어야 함을 감안한다면 그런 선택은 특정 텍스트유형에서 위의 문장이 출현했을 경우에만 한정된다는 사실을 알 수 있다. 이를 테면 뉴스나 신문기사와 같은 서술기능을 가진 정보텍스트에서의 경우에서 그렇다는 것이다.

8.6 상황성중심 번역

상황성중심 번역이 중요한 이유는 출발텍스트의 시공간적 상황과 도착텍스트의 시공간적 상황이 다르기 때문이다. 그러나 그런 식으로 말한다면, 야콥슨이 주장한 번역유형 중에서 "동일 언어 간 번역(intralingual translation) 또는 바꿔 쓰기(rewording, 언어기호를 동일 언어의 다른 기호로 해석하는 행위)"(야콥슨 2000: 114)에 해당되는 번역도 상황성중심 번역과 관련 있고, 번역과 관련 없는 모든 텍스트의 생산과 수용도 상황성중심 번역과 관련 있다고 할 수 있다. 그래서 우리들은 상황성중심 번역을 보그랑데/드레슬러의 상황성에 입각해서 좁게 정의한다. 상황성은 이들의 텍스트성 기준에서 여섯 번째에 속하는 범주로서 "한 텍스트를 그 발화의 상황에 적합한 것으로 만드는 요인에 관여하는"(보그랑데/드레슬러 1981/2008: 18) 텍스트성이다. 예를 들어, "천천히 – 노는 – 어린이들(slowly – played – children)" 이라는 교통 표지판이 있을 때, 이것은 이 텍스트를 수용하는 운전자들이 "천천히 운전해야 하는 행위"를 할 만한 지점에 설치되는 것이 합리적이고, 그렇게 해야지 상황에 적합한 텍스트가 된다는 것이다. 만약 이 표지판이 학교 교실 안에 설치되어 있다면 그 표지판은 상황성이 없게 될 터이고, 본래 교통 표지판이 가진 텍스트성을 상실하게 될 터이다. 또한 이러한 상황성은 코헤지온 수단에도 영향을 미친다. 예를 들어, 위의 표지판에 "운전자들은 차를 천천히 몰아야 합니다. 왜냐하면 어린이들이 인근에서 놀고 있으며, 도로로 뛰어들지 모르기 때문입니다. 차는 천천히 움직일 때 세우기가 더 용이합니다"라고 쓰이면, 이 표지판을 읽는 수용자들의 이해를 위한 모든 의문점을 제거해 주지만 교통 표지판에 대해서 들일 수 있는 시간과 주의력이 제한되어 있기 때문에 적절성이 결여된다. 그래서 이 표지판의 텍스트생산자는 내용이 자세하게 적힌 것보다 많이 생략되고 요약된 것을 생각하게 되는 것이다. (보그랑데/드레슬러 1981/2008: 18 이하 참조). 그래서 보그랑데/드레슬러는 상황성의 핵심을 텍스트의 신뢰성과 적합성을 가지기 위한 조건으로 간주하고 있다: "어떤 텍스트가 수용 가능한 것이냐 하는 문제는 '현실세계'에서 그 텍스트의 '지시체'가 '옳은 것'인가 여부에 달려 있지 않다. 오히려 참여자들의 시각에서 볼 때 그 상황에서 텍스트가 신뢰성과 적합성을 갖느냐 하는 점에 달려있는 것이다." (보그랑데/드레슬러

1981/2008: 274).

세익스피어 소네트에는 "Shall I compare thee to summer's day? [그대를 여름날에 비유할까?]라는 구절이 등장하는데, 보통 유럽문화권에서는 여인의 아름다움을 화창한 여름날에 비유하여 그 여인을 칭송한다. 그러나 연중 내내 찌는 듯한 무더위에 고생하는 열대문화권의 텍스트수용자나 화창한 여름날에 햇살을 보는 일이 그리 어렵지 않은 문화권의 텍스트수용자는 텍스트생산자가 원하는 효과를 유도할 수는 없을 것이다. 그럴 경우, 번역자는 각주를 첨가하거나 별도의 정보를 덧붙여서 도착텍스트 수용자가 그런 출발텍스트의 인상을 느낄 수 있도록 도착텍스트를 조탁해야 한다. (이근희 2005/2015: 32 이하 참조).

상황성중심 번역은 시간 경과에 따른 낱말의 의미 변화와도 관련 있다. 하나의 낱말이 언어공동체에 의해서 생산되어 오랫동안 사용되기도 하고, 어느 정도의 시간이 지나면 폐어(obsolete)가 되기도 한다. 유기적인 생명체처럼 그 낱말이 살아 있는 동안 의미의 변천을 겪는 일은 다반사이다. 김욱동은 『번역인가 반역인가』(2007/2010)에서 문학작품에 등장하는 고어와 폐어들을 번역할 때에는 신중을 기해야 한다고 언급한다. 예를 들어, 영어의 "nice"는 처음에는 "어리석은"이나 "속기 쉬운"이란 의미로 사용되다가 "까다로운"이나 "괴팍스러운"의 뜻을 거쳐서 "미묘한"이나 "맛있는"의 뜻으로 사용됐다. 지금 우리들이 알고 있는 의미인 "좋은", "괜찮은", "예쁜", "훌륭한" 등과 같은 긍정적인 의미는 그러한 변천과정을 거친 후의 일이다. 그뿐만이 아니라 "fond"도 지금의 긍정적인 의미보다는 "어리석은"이라는 부정적인 의미로 예전에는 사용됐다. 그래서 16세기 후반의 시인 나쉬의 시에 등장하는 "fond"를 현대의 의미인 "정다운"이나 "사랑스러운"이라고 번역하면 상황성중심 번역을 놓치는 우를 범하게 된다. 그래서 한국어 도착텍스트의 "fond"는 다음과 같이 "어리석은"으로 번역됐다.

출발텍스트

Adieum farewell, earth's bliss;
This world uncertain is;
Fond are life's lustful joys;
Death proves them all but toys;
None from his darts can fly;
I am sick, I must die.

도착텍스트

안녕, 잘 가시오, 지상의 축복이여
이승은 불확실한 것
인생의 육욕적인 쾌락은 어리석어라
죽음은 이 모든 것이 보잘것없는 것임을 증명하도다
어느 누구도 죽음의 화살을 피해 갈 수 없으리
나는 병들어 있고, 또한 죽어야 하리 (김욱동 2007/2010: 201 이하).

형용사 "fond"뿐만 아니라, 부사 "fondly"도 유사한 과정을 거쳤다. 그래서 이 낱말도 한국어 도착텍스트에는 "어리석게도"로 번역되어야 한다.

출발텍스트

'Doth God exact day-labor, light denies?'
I fondly ask.
(밀튼, "When I Consider How My Light Is Spent")

도착텍스트

'빛을 잃었는데도 하나님께서는 대낮의 노동을 강요하십니까?'
<u>어리석게도</u> 나는 묻노라. (김욱동 2007/2010: 202).

앞서 언급된 "nice"나 "fond"가 의미 순화의 과정을 거쳤다면, 그와 반대로 의미 악화의 과정을 거친 낱말도 있다. 영어의 "silly"가 그러한 예인데, 이 낱말은 고대 영어에서는 "행복한"이나 "축복받는"이라는 의미로 사용되고, 13세기 말 중세 영어에서는 "순진한"이라는 의미로, 14세기 중엽에는 "동정을 받을 만한"이라는 의미로 의미가 조금씩 악화되는 과정을 거치면서 드디어 17세기부터 오늘날의 의미로 사용됐다. (김욱동 2007/2010: 202 참조). 그러므로 이 낱말이 등장하던 시기의 의미에 걸맞게 도착텍스트로 번역하는 것이 상황성중심 번역이다. 또한 16세기 말에 작성된 영국의 경험주의 철학자 베이컨의 『학문에 대하여(Of Studies)』에 등장하는 많은 어휘들은 지금의 뜻이 아니라, 당시의 의미에 맞게 도착텍스트로 번역되어야 한다. 예를 들어, 당시의 "curiously"는 "호기심 있게"가 아니라 "정성껏"이나 "주의 깊게"이고, "diligence"는 "부지런함"이 아니라 "주의"나 "조심"이며, "flashy"도 "화려한"이나 "야한"이라는 의미가 아니라 "무미건조한"이나 "김빠진" 정도의 의미이다. (김욱동 2007/2010: 203 이하 참조).

출발텍스트

Some books are to be read only in parts; others to be read, but not curiously; and some few to be read wholy, and with diligence and attention. Some books also may be read be deputy, and extacts made of them by others; but that would be only in the less important arguments, and the meaner sort of books; else distilled books are like common distilled waters, flashy things.

도착텍스트

어떤 책들은 오직 몇 부분만을 읽을 것이고, 어떤 책들은 읽되 정성 들여 읽을 필요까지는 없다. 몇 권 안 되는 소수의 책은 주의를 기울여 전체를 꼼꼼히 읽어야 한다. 또 어떤 책들은 다른 사람에게 대리로 읽게 할 수도 있으며, 다른 사람들에게 발췌하도록 시킬 수도 있다. 그러나 그것은 어디까지나 그렇게 대수롭지 않은 내용과 좀 더 저급한 종류의 책에 한정하여야 할 것이다. 만약 그렇지 않으면 개요만을 간추린 책들은 마치 흔한 증류수와 같아서 무미건조하다. (김욱동 2007/2010: 203).

번역에서 상황성중심 번역은 숙명이다. 대체로 도착텍스트는 출발텍스트와는 다른 시공간적 상황에 놓이게 되기 때문이다. 영어와 독일어의 "tree/Baum(살아 있는 나무)", "wood/Holz(목재)", "firewood/Feuerholz(화목)"에 해당되는 각각의 낱말이 한국어에 있음에도 불구하고 우리는 이 세 가지 경우에 동일한 "나무"로 발화한다.

1) 저 산의 나무는 푸르다.
2) 이 가구는 나무로 되어 있다.
3) 목동이 나무하러 산에 간다[19]. (박용삼 2003: 25).

---

[19] 이에 대한 영어와 독일어 번역은 다음과 같다: "1) The trees on that mountain are green. 1′) Die Bäume auf diesem Berg sind grün. 2) This furniture is made of wood. 2′) Diese Möbel sind aus Holz gemacht. 3) The shepherd goes to the mountains for wood. 3′) Der Hirte geht auf den Berg, um Feuerholz zu sammeln." (박용삼 2003: 25).

상황성이 적용되는 경우들이 언어마다 제각각이다. 그래서 번역에서 상황을 제외하면 하나의 큰 폭력이 될 수 있다. 이러한 이유로 인해서 번역은 "탈장소적이고(displaced) 뒤틀린(disjointed) 의사소통"(노이베르트/쉬리브 2000/2013: 24)으로 간주되기도 한다. 예를 들어, 세르반테스(1547-1616)의 『돈키호테』는 동시대 수용자를 대상으로 기사문화에 대한 향수를 풍자한 소설이다. 그러나 현대어로 번역된 이 소설에서 전문가가 아닌 일반인 수용자는 그러한 풍자를 찾아내기가 그리 쉽지 않다. 현대작가의 소설을 다른 언어로 번역하는 경우도 마찬가지이다. 프랑스와 북미 수용자들은 독일 작가의 소설을 다르게 받아들일 것이다. 그러나 좀 더 생각해 보면, (문어)텍스트에서는 텍스트생산자와 수용자가 상이한 시공간적 상황에 놓여 있는 것이 숙명적이지 않는가? 결국 출발텍스트든 도착텍스트든 모든 텍스트들은 거의 대부분 상이한 시공간에 존재하는 텍스트이다. 그래서 라이스/페어메어의 다음과 같은 주장은 – 정도의 차이가 있을 뿐이지 – 도착텍스트뿐만 아니라 텍스트 일반의 문제라고 할 수 있다.

> 현대작가의 작품을 번역할 때도 출발텍스트 수용자와 도착텍스트 수용자 간의 문화적 차이 때문에 기능변화가 일어난다. 독일 독자는 독일 작가 토마스 만(1875-1955)의 작품을 프랑스나 북미 독자와는 다르게 받아들일 것이다. 뿐만 아니라, 양 쪽 언어와 문화를 다 아는 외국 독자가 출발텍스트를 읽는 것인가, 아니면 번역을 통해 예컨대 자기 모국어와 같은 다른 문화권의 언어로 – 게다가 번역사가 이미 해 놓은 해석의 필터를 통해 – 읽는 것인가에 따라서 생기는 차이도 있다. (라이스/페어메어 1985/2010: 52).

이로써 결국은 "텍스트 의의"는 안정되지 못하는 부초(浮草)처럼 부유한다는 정도로 이해되는 다음과 같은 주장도 생기게 되는데, 이것은 포스트

모던적인 텍스트이해에서 자주 거론되는 이야기이다: "우리는 여기서 다시 한 번 강조하고자 한다. 한 텍스트는 처음부터 확정된 하나의 텍스트로 존재하는 것이 아니라, 수용자에 따라 이러저러한 텍스트로 읽히고(예컨대, 번역자에 의해 해석되고), 각각 독자적인 방식으로 전승되는 것이다. 이를 달리 표현하면 다음과 같다. 통번역을 단순히 특정한 한 가지 의미(Bedeutung)를 갖는 텍스트의 코드전환이라고 할 수는 없다. 통번역은 텍스트이해를 전제로 하고, 따라서 하나의 상황에서의 '텍스트'라는 대상물의 해석을 전제로 한다. 이처럼 통번역은 텍스트 자체의 의미뿐만 아니라, 텍스트의 의의, 즉 한 상황 속에서의 텍스트 의의에 연계되어 있는 것이다."(라이스/페어메어 1985/2010: 52). 이것의 의미는, 하나의 출발텍스트와 이에 대한 다양한 도착텍스트가 존재할 가능성이 있는데, 이것이 번역자에 의해서 해석된 것이라는 것이다. 그리고 이러한 도착텍스트들에 상황이 가미되어 텍스트의 의의를 이루고 있다는 것이다. 이것을 다음과 같이 간략하게 나타낼 수 있다[20].

출발텍스트 ⇒ 도착텍스트①
　　　　　　　도착텍스트②
　　　　　　　도착텍스트③

안정효는 한국어 "멋"에 대한 영어의 대응표현에 대해 고민한다. "우리 여선생님 멋있어"라는 표현을 영어로 번역할 때, "Our teacher has 멋"이라고 해 놓고 "멋"이 영어로 무엇일까를 고민하지 말고 다음과 같이 다양

---

[20] 그래서 다음과 같은 극단의 번역 개념도 생겨난다: "번역은 애초부터 정확한 무엇을 그대로 옮기는 활동이 아니라, 무엇을 옮겨 놓은 다음 그 자리의 형세에 대해 독자에게 끊임없이 양해를 구하면서 공감을 형성하려는 영원한 표류(漂流)이다. 그렇다면 번역의 완성성(完成性), 표현-의미 관계의 확정성, 현실준거의 보편성은 설득력을 잃는다." (박여성 2000: 62).

한 표현으로 옮길 수 있다고 말한다. 이렇듯 출발텍스트가 하나의 버전으로 이루어진 반면, 도착텍스트는 상황에 따라서 다양하게 표현된다.

>My teacher's something.
>My teacher's got a class.
>My teacher's stylish.
>My teacher's elegant. (안정효 2006: 51).

이것은 마치 교향곡이 하나의 악보로 이루어져 있지만 이러한 교향곡 악보가 실연된다는 것은 다양한 상황을 상정하므로 여러 지휘자에 의해 다양한 방식으로 실연되는 것과 같은 이치이다. 번역학 관점에서 보면 이때 번역자는 지휘자의 역할을 한다.

번역에서 도착텍스트는 파롤과 닮았다. 그럴 경우에 출발텍스트는 랑그이다. 다시 말해서 하나의 출발텍스트가 있고, 그런 출발텍스트는 변치 않고 언제나 존재하고, 또한 그에 대한 다양한 도착텍스트가 생겨날 수 있다. 번역에 있어서 출발텍스트와 도착텍스트 모두를 랑그로 보는 것은 실현 불가능한 견해이다. 개별언어가 가지고 있는 랑그의 고유성으로 인하여 번역이 불가능하기 때문이다. 번역의 충실성을 위해서 도착텍스트를 랑그로 보는 견해는 성립하기 어렵다. 번역에서의 랑그와 파롤 개념은 마치 작곡가가 생산해 낸 하나의 교향곡 악보(출발텍스트)가 여러 지휘자나 연주자에 의해 다양하게 실연되는 것(도착텍스트)과 같은 이치이다. 파롤의 구체적인 단위가 바로 텍스트이다. 창세기를 다양한 방식으로 번역한다는 것은 무슨 의미인가? 모든 텍스트의 번역은 이런 식으로 다양할 수 있지 않는가? 번역에서의 문제는 여기서 발생한다. 카데는 이러한 사실을 이미 알고 있었다: "파롤의 차원에서 코드변환(즉 인코딩 교체)을 할 때는 주로 내용 층위에서 출발언어 요소와 목표언어 요소 사이에 1:1 대응관계가 이루어져야 하지만, 랑그의 차원(즉 출발언어 체계와 목표언어 체계 사이의 관계)에서는 상이한 언어들의 기호(출발언어 기호와 목표 언어 기호)가 의미-기능적 측면에서 서로 일치하지 않는 것이 일반적이다. 바로 이 점 때문에 번역의 문제가 발생한다."(카데 1968: 75). 그러나 번역에서 실천적인 개념이 중요하다고 해서 파롤중심 번역만이 중요하고 랑그중심 번역을 도외시해야 한다는 것은 아니다. 출발텍스트 내지는 도착텍스트의 텍스트유형에 따라서 번역방식이 달라져야 한다는 주장 때문에 출발텍스트가 중요한 경우들이 더러 있다. 예를 들어 현대에 들어와서 낱말 대 낱말 번역이라는 것이 뒤로 물러선 입장이지만 종교적 텍스트나 고전철학서의 번역에 있어서는 이러한 번역방식이 여전히 선호된다.

> '주술 텍스트로서의 창세기'라는 기능이 주어지면(부버/로젠쯔바이크 1954 및 3.1. 예1 참조), 창세기 번역에 있어 중요한 것은, 단어의 '음'을 최대한 충실하게 옮기는 것이고, 단어의 '의미'는 부차적 문제가 된다. '미학적 텍스트로서의 성경'이라는 기능이 주어진 경우에는 언어의 '음'을 유지하기보다는 도착문화권에서 기대하는 심미성을 충족시키는 것이 더 중요하다. '정보텍스트로서의 성경'이라는 기능이 주어진 경우에는 텍스트의 의미를 가능한 한 명료하게 전달하는 것이 중요하다. 신학자, 평신도 등의 독자 중에서 어떠한 독자층을 위한 정보인가에 따라서 하위 목표가 결정된다(카스쥘케 1983 참조). 이처럼 하나의 텍스트에 대해 유일한 번역(형식)이 존재하는 것이 아니다. 통번역물은 주어진 목표에 따라 변화한다. (라이스/페어메어 1985/2010: 91).

베이커는 - 우리들의 관점에서는 상황성중심 번역에 해당되는 - 다음과 같은 예를 들고 있다. 아랍의 정치 유머에 관한 영어책을 아랍어로 옮길 경우, 출발텍스트에는 신에 대한 저속한 농담이 담겨 있지만, 아랍어 도착텍스트에는 지역감정을 자극하지 않기 위해서 그 부분을 생략하는 것이다[21]. (베이커 2005: 235 참조). 때로는 정치적인 문제에 의해서 특정 부분을 삭제하여 도착텍스트의 상황성과 출발텍스트의 상황성을 비슷한 정도로 하려는 시도도 있다: "폴란스키 감독의 영화 『뱀파이어의 춤』의 독일어판에서 한 늙은 뱀파이어는 위험에 처한 젊은이가 자신을 향해 십자가를 꺼내 들자, 자신은 이미 노쇠한 몸이라 십자가는 아무런 효과가 없을 것이라며 비웃는다. 영어판 원작에서는 이 대목에서 관객들이 웃음을 터뜨린다. 영어판에서는 늙은 뱀파이어가 자기가 유태인이라서 십자가가 효과가 없을 것이라고 말하기 때문이다. 독일어로 더빙할 때에는 독일의 나치 과거를 고려해야 할 것이다." (그림 1977: 156). 상황성에 관여하는 자질로서 시공간적인 자질만을 언급했지만 화청자나 문화와 관련된 내용들도 상황성을 결정하기도 한다. 예를 들어, 텍스트유형 "광고"가 영국의 잡지에 실리고, 그에 대한 번역본이 독일 잡지『차이트마거진』에 실렸을 경우를 생각해 보자. 비록 텍스트수용자가 판이하게 다르지만 영어 출발텍스트와 독일어 도착텍스트의 기능은 "호소"라는 측면에서 동일하다고 할 수 있다. 그래서 이 두

---

21 이런 생략방식을 "바우들러라이징(Bowdlerizing)"이라고 표현하기도 한다: "이[바우들러라이징]는 출발텍스트상에 목표문화권에서 금기시하는 내용이나 표현, 또는 왜곡이나 음란하고 외설스러운 부분이 있어 목표문화권의 독자에게 바람직하지 않은 반응을 유발할 때 사용할 수 있는 방법이다. 18세기 영국의 바우들러라는 편집자는 셰익스피어의 작품을 출판하면서 독자에게 불쾌감을 줄 수 있는 외설스러운 표현을 삭제하고 출판하였다. 이에서 유래하였다는 이유로 삭제 또는 대체 번역의 방법을 'Bowdlerizing'이라고 한다. 이러한 번역방법은 '편견이 없는 언어(bias-free language)' 또는 '정치적으로 온당한 언어(politically correct language: PC language)'라는 명분으로 영국과 미국에서 최근까지도 빈번히 행해졌다. 이는 성, 인종, 신체적인 조건이나 사회 경제적인 배경, 능력의 여부, 종교적인 신념이나 정치적인 신념 등에 대한 부당한 차별을 나타내는 언어표현으로 받을 수 있는 상처를 미연에 방지하기 위한 번역방법으로 구문론적 수준과 의미론적 수준에서 이루어질 수 있다." (이근희 2005/2015: 56).

텍스트의 표현적 차이가 상황성중심 번역의 경우를 적절하게 보여주고 있다.

영어 텍스트

Jersey is that unexpected island you somehow already know. Creamy beaches lazy in the sun. Miles of sky, air clear as glass. Narrow lanes ribbon through rolling green countryside. Jersey is some things Britisch: sterling speech and pounds. First class service […] a point of pride. Jersey is enticingly French: bon appétit, bon climat, joie de vivre. Jersey is a world of all its own: VAT-free shopping, lively evenings. Riding, swimming, surfing, sailing, golf. Choose sport or seclusion, find hotels or homey guesthouses. And a Jersey holiday doesn't cost the earth or take you half-way round it. Another World - well within your reach. Jersey. [당신이 알고 계실지도 모르지만 저지는 놀라운 섬입니다. 크림색 해변과 태양 아래에서의 느긋함. 드넓은 하늘과 유리처럼 깨끗한 공기. 풀밭들 사이로 보이는 구불구불한 오솔길. 저지에서 영국을 경험할 수 있습니다: 영국식 영어와 파운드화를 사용합니다. 일등급 서비스는 저지의 자랑입니다. 저지에서 매혹적인 프랑스를 경험할 수 있습니다: 일류 요리, 좋은 기후, 삶의 기쁨. 저지는 그 자체로 하나의 세계입니다: 면세쇼핑, 즐거운 저녁. 승마, 수영, 서핑, 항해, 골프, 운동, 호젓함, 좋은 호텔이나 편안한 민박 등을 선택할 수 있습니다. 저지에서의 휴가는 비용이 많이 들지 않으면서도 또 지구 반 바퀴를 돌아서 가야하는 먼 곳도 아닙니다. 당신 가까이에 있는 또 다른 세계. 저지. The Sunday Times, December 30, 1979.]

독일어텍스트

Träumen Sie mal über; Kremweiche Strände liegen verschlafen in der Sonne. Weit ist der Himmel und die Luft klar wie Glas. Sie sind auf Jersey, dem grünen Jersey mit den saften Hügeln. Eine Erlebnis-Insel, die vieles für Sie sein kann: Englisch - vom Bier bis zur Geselligkeit. Oder französisch von der Küche bis zur Lebensfreude. Oder eine Einkaufsinsel - zollgünstig ohne Merwertsteuer. Das macht auch die Lokale, die Pubs, die Discos, alles doppelt so sympatisch. Wenn Sie dem Spaß begegnen, interessante Menschen treffen wollen, Abwechselung lieben, Sport, - und viel erleben möchten - kommen Sie mal rüber. Urlaub auf Jersey ist unvergesslich, nicht einmal teuer - und mit diesem Coupon Ihnen näher als Sie denken. Ihre Trauminsel liegt gar nicht so weit. Jersey. ZEITmagazin, 7, März 1980. [이쪽으로 건너 오는 꿈을 한 번 꿔보세요: 크림처럼 부드러운 해변이 태양아래 누워 잠들어 있습니다. 당신은 저지에 있습니다. 부드러운 능선이 있는 푸른 저지에 있습니다. 이 체험의 섬은 당신을 위해 많은 것이 될 수 있습니다. 맥주와 친목에서는 영국식, 요리와 삶의 기쁨에선 프랑스식, 쇼핑의 섬 - 부가가치세가 없고 관세가 저렴합니다. 덕분에 술집이나 펍, 디스코 이런 모든 것이 두 배로 더 맘에 듭니다. 재미를 얻거나, 흥미로운 사람을 만나고 싶으시면, 변화를 사랑하거나, 운동이나 많은 것을 체험하고 싶으시면 - 건너오세요. 저지에서 보낸 휴가를 잊지 못할 것입니다. 비싸지도 않습니다 - 이 쿠폰이면 당신이 생각하는 것보다 저지는 더 가깝습니다. 당신의 꿈의 섬은 그리 멀지 않습니다. 저지. (차이트매거진 1980년 3월 7일)]" (쿠스마울 2012: 124 이하).

영어 출발텍스트를 독일어 도착텍스트로 번역한 위의 광고에 대한 쿠스마울의 주장을 들어보자: 두 텍스트가 차이가 있지만 공통점도 있다. 사실 출발텍스트와 도착텍스트의 입장에서 보면, 당연히 공통점이 더 많아야 할 것이다. 일단 공통점은 텍스트의 도입부에 등장하는 태양과 해변 그리고 전원적인 바다풍경이다. 이 섬의 방문이 공간적으로 멀지 않고 따라서 비용이 저렴하다는 사실도 공통적이다. 그렇지만 그런 정보를 소개하는 방식에서 차이가 있다. 영국인의 관점에서 바라본 출발텍스트에는 영국 화폐의 사용과 영어사용의 편리함이 언급되고, 반면에 프랑스어 도착텍스트에는 훌륭한 음식과 좋은 날씨 그리고 삶에서의 기쁨과 같은 프랑스풍의 이미지가 드러난다. "sterling speech and pounds(영국식 영어와 파운드)"에서 출발텍스트 수용자는 "Sterling area(영국 화폐권)"이라는 구 대영제국의 황금시대를 떠올릴 수 있다. 그러나 독일어 도착텍스트에서는 그 부분을 생략했다. 굳이 영국식 영어를 배우기 위해 특별히 그 섬을 찾는 드문 경우를 제외하고, 그런 내용은 도착텍스트 수용자의 관심을 끌 수 없기 때문이다. 프랑스어로 표기된 "좋은 기후"라는 표현도 마찬가지이다. 쿠스마울에 의하면 독일인들이 좋은 기후를 원한다면 굳이 영국의 섬으로 가지 않고 지중해로 갈 것이기 때문이다. (쿠스마울 2012: 126 이하 참조). 어쨌든 쿠스마울은 "승마", "수영", "요트", "골프" 등의 개별적인 종목을 뭉뚱그려 "운동"으로 옮긴 부분과 독일인에게 전혀 관심을 끌지 못할 영국 맥주를 언급하는 것이 마음에 들지 않지만[22] 전체적으로 목적에 맞게 잘 된 번역으로 간주한다. (쿠스마울 2009/2012: 129 참조). 그런데 우리들은 이러한 부분이 "목

---

22 "독일에는 영국 맥주는 미적지근하고 밋밋하며, 영국인들은 지나치게 정중하고 거리감을 둔다는 등의 이미지가 퍼져 있다. 그렇다면 맥주보다는 쉐리주나 위스키를, 사교성보다는 민속적인 것이나 오래된 전통과 같은, 문화적으로 다른 측면을 강조하는 것이 좋지 않았을까?" (쿠스마울 2009/2012: 127).

적에 맞게"라고 표현하기보다도 상황성중심 번역의 좋은 예라고 간주한다. 만약 위의 영어 텍스트를 한국어 도착텍스트로 번역하면 독일어 도착텍스트와는 또 다른 어떤 현상들이 나타날 것이기 때문이다. 이때 독일어 도착텍스트와 한국어 도착텍스트가 목적이 서로 상이하다고 할 수 없기에 독일과 한국이라는 물리적 내지 지리적 상황의 차이에서 번역이 이루어진 것으로 간주할 수 있다. 라이스에 의하면 조작/호소텍스트에 속하는 광고의 경우 번역에서 "변조"와 "번안"이 중요하다. 여기서는 정보나 표현 가치의 보존이 중요한 것이 아니라, 텍스트 내재적이고 언어적으로 형성된 호소기능이 유지되는 표현이 중요하기 때문이다. (라이스 1976: 101 참조). 그렇지만 광고텍스트가 원초적으로 가지고 있는 "호소"나 "설득"의 기능을 제쳐두고 번역의뢰자가 영국의 저지섬 광고가 어떤 식으로 구성되어 있는지를 알고 싶은 경우, 번역자는 개별낱말들의 지시적 의미(Dennotative Bedeutung)가 분명히 드러나도록 번역해야 할 것이고, 이런 경우의 번역은 상황성중심 번역이라고 말할 수 없을 것이다. 예를 들어 "운동"으로 통칭되었던 부분도 하나씩 열거해야 하고, "좋은 기후"도 생략하지 말아야 할 것이다. 특별한 경우가 아닌 한, 사용설명서나 학술연구보고서 또는 강연문이나 전문분야 텍스트의 경우 번역의 기능은 출발텍스트와 도착텍스트가 동일하다.

  미국의 많은 지명들은 영국 도시의 이름을 따서 붙였다. 뉴욕, 뉴런던, 뉴햄프셔, 버밍햄, 더럼, 맨체스터, 옥스퍼드, 포츠머스 등이 그러한 예이다. 그런 지명을 옮길 때 미국식 발음대로 표기할 것인가 아니면 원래 지명의 발음대로 표기할 것인가의 문제가 생겨난다. 다음은 안젤루의 자서전 『새장에 갇힌 새가 왜 노래하는지 나는 아네』에서의 한 구절이다.

출발텍스트

Grandmother Baxter was a quadroon or an octoroon, or in any case she was nearly white. She had been raised by a German family in Cairo, Illinois, and had come to St. Louis at the turn of the century to study nursing. While she was working at Homer G. Phillips Hospital she met and married Grandfather Baxter.

도착텍스트

외할머니 백스터 부인은 흑인 피가 4분의 1 또는 8분의 1 섞인 여자로 어찌 됐건 거의 백인과 다름없었다. 외할머니는 일리노이주 케이로의 독일 가정에서 자라나 20세기 초엽에 간호 공부를 하러 세인트루이스에 왔다. 그리고 호머 G. 필립스 병원에서 일 할 때 외할아버지 백스터 씨를 만나 결혼했다. (김욱동 2007/2010: 61).

여기에 등장하는 "Cairo"는 일리노이주 남쪽에 있는 소도시인데, 이집트의 수도 "카이로"에서 유래했다. 그러나 미국 소설답게 미국에서 통용되는 발음인 "케이로"로 번역하는 것이 마땅하다. 이 도시가 위치한 주 이름 "일리노이"도 원래는 프랑스 지명이다. 17세기 중반 프랑스인들이 제일 처음 이 곳에 정착하여 주 이름이 프랑스식 지명이 됐다. 프랑스인들은 사람을 뜻하는 인디언 말 "일레니(Hileni, Ileni)"를 "일랭(Illin)"으로 고친 뒤 "우아(ois)"를 붙였다. 그래서 이 지명도 프랑스식으로 발음하면 "일리누아"가 되지만 미국식으로 발음하기 때문에 오늘날 "일리노이"가 됐다. 위에 등장하는 "St. Louis"도 마찬가지이다. 원래 프랑스 지명이지만 미국식으로 표현하고 있다. 프랑스식으로 "생 루이"라고 발음하지 않는다. (김욱동 2007/2010: 61 이하 참조).

한국의 1세대 영어 번역가로 칭송받는 안정효의 작품 중에 『험볼트의 선물(Humboldt's Gift)』이 있는데, 이 또한 독일명 "훔볼트"가 아니라 영어 발음인 "험볼트"로 번역됐다: "당시(1978)에 나에게는 '베스트셀러 번역가'라는 묘한 명칭이 붙어 다녔다. 1975년 『문학사상』에 『백년 동안의 고독』을 번역 연재해서 호평을 받는 바람에 전혀 생각지도 않았던 번역 생활을 본격적으로 시작했던 나는 1976년에 소울 벨로우(Saul Bellow)의 『험볼트의 선물』이 어윈 쇼(Irwin Shaw)의 『야망의 계절(Rich Man, Poor Man)』이라는 초대형 베스트셀러 번역 소설을 […]" (안정효 2006: 22). 그러나 경우에 따라서는 상호텍스트중심 번역을 빌미로 해서 "훔볼트"가 되어야 하는 것이 아닌가라고도 생각할 수 있다. 왜냐하면 도착텍스트 수용자는 영어권 화자가 아닌 한국어를 사용하는 사람들이고, 이들 중에서 독일의 유명한 언어철학자이자 교육학자 그리고 정치가였던 "빌헬름 폰 훔볼트"와 자연과학자이자 지리학자로 명성을 날린 "알렉산더 폰 훔볼트" 형제를 이미 알고 있는 사람들은 더러 있어도 "험볼트"를 아는 사람은 그리 많지 않기 때문이다.

초대를 받아서 식사를 하고 난 후에 "맛있어요"라는 칭찬을 영어로 표현하면 "It's delicious."이다. 그러나 낚시를 가서 잡은 고기를 보고 "이 고기 맛있어요"라는 말을 할 때는 "This fish is delicious."라고 하지 않는다. 식당의 음식이 맛있으면 "delicious"라는 어려운 낱말을 사용하지만 낚시를 해서 잡은 고기를 집에 가져와서 요리해 먹을 때는 "It's good eating"이라는 표현이면 충분하다. (안정효 2006: 55 참조). 한국어와 달리 영어에서는 상황에 따라서 표현법이 달라지는 것이다. 상황성중심 번역이 되지 않으면 오역이 될 수도 있다.

8.7 상호텍스트성중심 번역

보그랑데/드레슬러의 일곱 가지 텍스트성 중에서의 마지막 기준은 상호텍스트성(intertextuality)이다. 이들에 의하면 상호텍스트성은 "어떤 텍스트를 사용함에 있어서, 사전에 경험한 하나 또는 그 이상의 텍스트 지식에 의존하도록 만드는 요인에 관여한다"[23]. [···] 일반적으로 말해서 상호텍스트성은, 전형적인 특징의 패턴을 갖춘 텍스트부류인 텍스트유형을 발전시키는 데 깊이 관계하고 있다. 한 특정 유형 내에서는 상호텍스트성에 대한 의존도가 다소 현저하게 드러난다. 풍자, 비평, 반박, 혹은 보고와 같은 유형에

---

[23] 상호텍스트 개념은 1960년대 말 크리스테바가 러시아의 문예비평가 바흐친의 이론을 프랑스에 소개하면서 유명해졌다. "모든 텍스트는 인용의 모자이크로서 구축되며, 모든 텍스트는 다른 텍스트의 흡수이며 변형"(크리스테바 1967: 190)이라는 언명은 "이미 있던 것이 후에 다시 있겠고, 이미 한 일을 후에 다시 할지라. 해 아래에는 새 것이 없나니"(전도서 1장 9절, 개역개정판)라는 성경 구절처럼 우리들은 인용의 홍수 속에 살고 있다는 것이다. 이것은 바르트가 "저자 죽음의 시대(la mort de l'auteur)"(1968/1984)가 도래했음을 선포한 것과 같은 맥락으로 읽혀질 수 있다. 번역학 이전사에서 중요하게 다뤄지는 슐라이어마허의 번역 개념도 이전의 보드머의 개념이었고, 벤야민의 번역 개념도 헤르더, 괴테, 슐라이어마허, 쇼펜하우어 사상에서 유래됐음을 르페브르는 설명하고 있다: "전통으로서의 전통을 인식하는 것이 중요하다. 특정 이론가들이 취한 입장은 이전 이론가들의 주장과 비교(혹은 대조)해서 읽을 때 비로소 완전한 이해가 가능하다. 가령 번역가는 독자를 제자리에 두고 저자가 독자에게 접근하도록 하거나 저자를 제자리에 두고 독자가 저자에게 접근하도록 한다는 슐라이어마허의 유명한 번역관도 이전에 보드머가 처음 주장한 개념이며 후에 괴테의 주장에도 등장한다. 앵글로색슨계가 독일 문학 번역 전통의 영향에 무지한 채 추앙하는 벤야민의 에세이 「번역자의 과제(The Task of the Translator)」도 실은 새로운 사상을 주장한 것이 아니라 헤르더, 괴테, 슐라이어마허 그리고 쇼펜하우어의 특정 사상을 구체화한 것에 불과하다." (르페브르 1977: 2). 결국 이러한 대가들의 이론도 텍스트인유라는 상호텍스트적 성질이 내포되어 있다는 것이다. 그러나 보그랑데/드레슬러는 상세한 설명 없이 자신들의 상호텍스트개념이 크리스테바의 그것보다 좀 더 넓은 개념이라고 설명하고 있다. (보그랑데/드레슬러 1981/2008: 20 참조). 그것은 크리스테바가 인용 내지는 텍스트인유 정도로 상호텍스트성을 의미했다면, 자신들의 텍스트성은 거기에다가 텍스트유형의 발전시키는 데 관여한 여러 가지 개별 텍스트유형적 특수성을 가진 기재들뿐만 아니라 풍자, 비평, 반박, 혹은 보고와 같은 텍스트종류도 상호텍스트성적 성질을 가지고 있다고 생각했기 때문이다.

서 텍스트생산자는 통상 선행텍스트에 대한 지식이 어느 정도 필요하게 마련이다."(보그랑데/드레슬러 1981/2008: 19 이하). 보그랑데/드레슬러는 상호텍스트성과 관련된 중요한 두 가지 내용을 언급하는데, 그것이 바로 텍스트유형과 텍스트인유(textillusion)이다. 이들이 텍스트유형을 상호텍스트성과 관련 짓는 이유는 어떤 텍스트를 생산하고 수용할 때, 텍스트생산자나 수용자가 그 이전에 경험했던 텍스트를 참고해서 새로운 텍스트를 생산하고 수용하기 때문이다. 이와 달리 텍스트인유는 텍스트생산자가 새로운 텍스트의 생산을 위해 기존의 존재했던 텍스트를 이용하거나 활용할 수 있다는 사실과 관련 있다. 기존에 존재했던 어떤 텍스트를 변형시켜 새로이 생산해 낸 패러디나, 기존에 있던 어떤 텍스트의 일부를 차용해서 새로이 생산된 텍스트에 삽입되는 인용의 경우가 텍스트인유의 대표적인 방식이다. 이외에도 텍스트인유에 해당되는 사항으로는 역사적으로 잘 알려진 사건이나 옛 유명인사들의 명언 같은 것들을 이용하는 것이다. 또한 기존에 번역된 텍스트의 제목에서 자유롭지 못한 도착텍스트의 제목에 관한 문제, 인명 번역과 관련되는 문제 등이 상호텍스트성중심 번역의 범주에 속할 수 있다. 이러한 상호텍스트성중심 번역은 축자번역이나 형식번역, 더 나아가 의미번역을 뛰어넘는 또 다른 형태의 번역방식이다. 그래서 상호텍스트성은 삼차원의 공간에서 일어나는 특별한 번역유형으로 분류되기도 한다: "번역을 '재맥락화'의 관점에서 보자면, '문화적 맥락'이라고도 할 수 있는 문화적 차이 외에도 '텍스트적 맥락'에 관한 문제가 덧붙여진다. 즉 단순한 의미 번역이 일차원, 맥락을 포함한 번역이 이차원이라면 상호텍스트성은 삼차원 공간으로 비유할 수 있을 것이다. 상호텍스트성은 즉 공간을 차지하는 텍스트 간의 수직적·수평적 관계나 다름없다. 촘촘하게 짜인 이 '망'은 고정되어 있지 않고 유기적이다. 이러한 관점에서 볼 때 번역을 한다는 것은 연결된 수많은 선을 자르는 행위와 같다. 탈맥락화가 일어나면서 맥락뿐만 아니라 접붙여져 있던 다른 상호텍스트적 의미들이 떨어져 나간다. 탈맥락화를 거친 작품은 맥락이 잘려 나간 채로 덩그러니 출발텍스트의 문화권에 놓이게 된다. 이 상실된 의미 중 일부는 재맥락화 과정에서 저절로 다시 붙기도 하지만 때로는 번역가의 섬세한 손길이 필요하다. 문화가 상이할수록 탈맥락화는 더욱 심해지며 재맥락화 과정에서 번역가의 수고도 더 커지게 마련이다."(송인애 2017: 21). 그래서 상호텍스트성중심 번역은 출발텍스트 수용자와 도착텍스트의 수용자가 가진 세계에 대한 지식, 언어에 대한 지식, 문화에 대한 지식이 각기 차이가 있고, 그래서 상호텍스트중심 번역은 그러한 간격을 메우기 위한 번역자의 피나는 노력과 관계된다.

에코는 자신의 작품에서 상호텍스트성 놀이를 즐기는데, 그는 상호텍스트성의 두 층위를 상정한다. 즉, 텍스트생산자의 상호텍스트성 놀이방법을 눈치 채는 텍스트수용자들과 그렇지 못하는 수용자들이 있다는 것이다.

> 그것은 위층의 남은 음식들을 아래층에 나누어 주는 잔치와 같지만, 잔칫상에서 남은 음식들이 아니라 냄비의 남은 음식들이며, 그들도 배불리 잘 먹습니다. 순진한 독자는 그 잔치가 한 층에서만 벌어진다고 믿기 때문에, 남은 음식들을 있는 그대로 맛보지만(간단히 말해 그것들은 맛있고 풍부하지요), 누군가가 더 많은 것을 누렸을 것이라고 생각하지 않습니다. (에코 2005: 322 이하).

에코의 말처럼 상호텍스트성을 눈치채지 못하는 출발텍스트 수용자도 있을 터이니, 그럼에도 불구하고 독서를 해 나가는 데는 지장이 없을 터이니, 도착텍스트 수용자에게 친절하게 상호텍스트적인 정보를 주지 않아도 된다고 할 수 있다. 그러나 이미 출발텍스트에 장착된 명민한 수용자들을 위한 상호텍스트적 표지들은 당연히 도착텍스트 수용자들에게도 가능하면 읽혀지도록 하는 것이 번역자의 몫일 것이다. 하지만 작품 속에 깊숙이 숨겨져 있는 상호텍스트성을 찾아내는 것이 여간 어렵지가 않아서 텍스트생산자가 의도했음에도 불구하고 텍스트수용자가 다른 방식으로 느끼는 경우들도 더러 있다고 텍스트생산자로서의 에코는 푸념한다.

"내 소설의 제목은 『푸코의 진자』로 되어 있는데, 내가 말하는 진자는 레옹 푸코에 의해 발명되었기 때문입니다. 만약 프랭클린에 의해 발명되었다면 제목은 『프랭클린의 진자』가 되었을 것입니다. 이 경우 나는 누군가 미셸 푸코에 대한 암시를 뒤쫓으리라는 것을 처음부터 의식하였지요. 나의 등장인물들은 유사성에 사로잡혀 있고, 푸코는 유사성의 패러다임에 대해 글을 썼으니까요. 경험적 작가로서 나는 그런 가능한 연결이 그다지 마음에 들지 않았습니다. 상당히 피상적으로 보였기 때문입니다. 하지만 레옹이 발명한 진자는 내 소설의 영웅이었고, 나는 제목을 바꿀 수 없었습니다. 그래서 나의 모델 독자가 미셸과의 연결을 시도하지 않기 바랬습니다. 하지만 나는 잘못 생각했고, 모든 독자들이 그렇게 했습니다. 누구보다도 린다 허천이 그랬습니다. 그녀는 심지어 내 소설의 요소들과 미셸 푸코가 『말과 사물』의 세상의 산문에 관한 장에서 열거하는 유사성의 네 가지 형상들 사이에 정확한 상응 관계들을 확인하기도 했습니다. 나는 『말과 사물』을, 1966년에 출판되었을 때, 그러니까 소설을 쓰기 거의 20년 전에 읽었으며, 그동안 르네상스와 17세기의 신비주의 전통에서 유사성의 유령들을 접할 기회들이 있었고, 따라서 소설을 쓰면서 나는 직접적인 출전들, 또는 요즈음 유통되는 상업적 신비주의의 책들에서 그런 출전들을 정신 착란같이 사용하는 것을 염두에 두고 있었다고 말해 보아야 소용없습니다. 아마도 소설이 『프랭클린의 진자』였다면, 누구도 증상들의 이론에 대한 언급을 미셸 푸코와 연결시키려고 생각하지 않을 것입니다. 하지만 소설의 제목, 어쨌든 이름이 똑같은 진자 발명자의 이름으로 된 제목은 상호텍스트 흔적들의 사냥꾼에게는 너무나도 먹음직스러운 미끼가 되었으며, 린다 허천은 그런 것을 발견할 충분한 권리를 갖고 있었다는 사실을 인정합니다. 그리고 최소한 작가의 정신 분석 차원에서는 어떤 식으로든 그녀가 옳은지, 또한 신비주의의 일부 측면에 대한 나의 관심이 혹시 옛날의 미셸 푸코 읽기에서 자극 받은 것이 아닌지 누가 알겠습니까?"(에코 2005: 317 이하).

결국 출발텍스트 수용자들과 도착텍스트 수용자들을 망라해서 상호텍스트성을 대면하는 수용자는 세 가지가 있는 셈이다.

1) 텍스트생산자가 숨겨 놓은 상호텍스트성을 정확하게 이해하는 수용자
2) 텍스트생산자가 숨겨 놓은 상호텍스트성을 알아채지 못하는 수용자
3) 텍스트생산자가 숨겨 놓은 상호텍스트성을 오해하는 수용자

위에서 에코가 언급한 허천은 세 번째 그룹에 속한다고 할 수 있다. 결국 번역자가 상호텍스트적 장치임을 알리는 표지들을 추가했음에도 도착텍스트 수용자들이 그것을 알지 못하거나 다른 방식으로 느낄 경우도 있을 수 있다.

번역과 관련지어 텍스트인유에서 중요한 사실은 도착텍스트 수용자들이 출발텍스트에 적용된 인유를 알고 있는가라는 문제가 핵심이다. 출발텍스트 생산자가 인용이나 인유를 했음에도 불구하고 도착텍스트 수용자가 정보 부족으로 인하여 그런 인유를 전혀 알지 못했다면, 애초에 출발텍스트 생산자가 출발텍스트 수용자에게 의도했던 텍스트인유의 효과를 거두지 못할 것이다. 그래서 만약 번역자가 도착텍스트의 수용자가 출발텍스트의 인용이나 인유를 알기가 어렵다고 간주하면, 도착텍스트 수용자를 위해

출발텍스트 수용자가 이해하는 정도가 되도록 번역하는 것이 관건이다. 보통은 출발텍스트에 없는 정보를 추가하여 출발텍스트 수용자가 가지는 상호텍스트성의 강도와 도착텍스트 수용자가 가지는 상호텍스트성의 강도를 유사하게 만드는 작업을 하는 것이 번역자의 과제이다. 다음은 안젤루의 자서전에 등장하는 예문인데, 이곳에 등장하는 텍스트인유 번역에 대해 살펴보자.

출발텍스트

There were only a few calls for R. C. Colas, Dr. Peppers, and Hire's root beer. The real festivities would begin after the fight. Then even the old Christian ladies who taught their children and tried themselves to practice <u>turning the other cheek</u> would buy soft drinks, and if the Brown Bomber's victory was a particularly bloody one they would order peanut patties and Baby Ruths also.

도착텍스트

시합이 진행되는 동안 겨우 몇 사람만이 R. C. 콜라와 닥터 페퍼, 하이어스 루트 비어를 찾았다. 진짜 축제는 시합이 끝난 뒤부터 시작될 것이다. 그때는 심지어 독실한 기독교 신자로서 <u>한쪽 뺨을 치면 다른 쪽 뺨도 내놓으라고</u> 아이들에게 가르쳤고 스스로도 열심히 이 말을 실천하는 나이 많은 부인들까지도 음료수를 사서 마실 것이다. 만약 '갈색 폭격기' 조 루이스의 승리에 특히 유혈이 낭자할 경우, 그들은 땅콩과자와 '베이비 루스' 초콜릿도 주문할 것이다. (김욱동 2007/2010: 285 이하).

위의 출발텍스트에 등장한 "turning the other cheek"는 신약성서 마태

복음 5장 39절에서 따온 것이다: "But I say to you, do not resist an evil person; but whoever slaps you on your right cheek, turn the other to him also." 그래서 그 구절이 "한쪽 뺨을 치면 다른 쪽 뺨도 내 놓으라"고 번역됐다. 해당 구절을 출발텍스트의 내용 그대로 도착텍스트로 옮기게 되면 도착텍스트 수용자는 그것이 성경에서 인유됐다는 사실을 인지하지 못할 가능성이 농후하므로 번역자가 도착텍스트 수용자인 한국인들에게 잘 알려진 이 구절을 전달하기 위해 정보를 추가했다. (김욱동 2007/2010: 285 이하 참조). 또한 "한쪽 뺨을 치면 다른 쪽 뺨도 내 놓으라"는 성경 구절의 번역은 공인된 한국어 성경에 등장하는 표현을 그대로 가져와야 한다. 성경번역에서 사역은 허용되지 않기 때문이다. 그러므로 위의 구절은 "나는 너희에게 이르노니 악한 자를 대적하지 말라. 누구든지 네 오른편 뺨을 치거든 왼편도 돌려 대라"로 번역되어야 한다. 성경 구절이 출발텍스트에 등장했다면, 도착텍스트에서는 그 구절을 번역할 때 기존에 번역(공역)된 것과 동일한 표현으로 성경구절을 옮기는 것이 중요하다. 예를 들어, 기 번역된 기독교 개역개정판이나 가톨릭 새번역판을 따르는 것이 상호텍스트성 중심 번역을 바르게 실현하는 방식이다. 성경이라는 텍스트는 특별한 경우를 제외하고는 사적인 번역의 공간에 존재하는 것이 아니기 때문이다. 예를 들어, 그린의 소설 "The Power and the Glory"는 한국어 번역본에서 그 제목이 『권력과 영광』으로 번역됐지만 텍스트성중심 번역에 입각하면 『권세와 영광』으로 했어야 했다. 왜냐하면 출발텍스트 제목의 출처가 주기도문이기 때문이다.[24]

---

[24] 기독교 개역개정(새번역)판에 있는 주기도문은 다음과 같다: "하늘에 계신 우리 아버지여, 이름이 거룩히 여김을 받으시오며, 나라이 임하옵시며, 뜻이 하늘에서 이룬 것 같이 땅에서도 이루어지이다. 오늘날 우리에게 일용한 양식을 주옵시고, 우리가 우리에게 죄 지은자를 사하여 준 것 같이 우리 죄를 사하여 주옵시고, 우리를 시험에 들게 하지 마옵시고, 다만 악에서 구하옵소서. 대개 나라와 권세와 영광이 아버지께 영원히 있사옵 나이다. 아멘."

다음과 같은 예시는 상호텍스트성중심 번역과 정보성중심 번역의 중간 쯤에 위치하는 경우라고 할 수 있다. 왜냐하면 고대 그리스 역사에 관한 지식을 도착텍스트 수용자가 출발텍스트 수용자만큼 알고 있는가를 따져서 정보를 추가해 주는 것은 상호텍스트상중심의 번역으로만 간주하기에 무리가 있기 때문이다.

출발텍스트

Bradley, your conduct has given rise to rumours [⋯] and I hope for your sake they are no more than that [⋯] do unspeakably distasteful that [⋯] I mean, Caesar's wife [⋯] that is, the Department must be above suspicion [⋯] certainly above such suspicion as you have seemingly aroused. You are lowering the entire of the industry. We are prepared to accept your immediate resignation.

도착텍스트

브래들리, 자네의 행동 때문에 소문이 나돌고 있어. 자네를 위해서라도 나는 제발 그 이상이 아니기를 바라네. 차마 입으로 말할 수 없을 정도로 너무 역겨워. [⋯] 내 말은 카이사르의 아내처럼 남의 의혹을 살 행위를 해서는 안 된다는 말일세. [⋯] 흠 [⋯] 그러니까 우리 부서는 의심을 받아서는 안 된단 말이지. [⋯] 자네가 야기한 듯한 그런 의심을 받아서는 절대로 안 된다고. 자넨 우리 산업 전체를 깎아내리고 있어. 우린 자네의 사표를 즉각 수리할 준비가 되어 있네. (김욱동 2007/2010: 289 이하).

위의 예시는 "미국의 소설가 윌리엄 버러우스의 소설『네이키드 런치』의 첫머리에서 따온 한 대목인데, 작가가 인유법으로 사용하고 있는 'Caesar's wife'라는 구절을 직역하여 '카이사르의 아내'라고 옮겨서는 뜻이 제대로 통하지 않는다. 이 구절의 뜻을 파악하기 위해서는 카이사르의 전기를 알아야 한다. 카이사르는 폼페이아라는 아내를 두었고, 그녀는 딴 남자와 혼외정사를 하였다는 의혹을 샀다. 카이사르는 이 의혹을 증명할 만한 증거는 없었지만 "카이사르의 아내라면 마땅히 의심받을 행동을 하여서는 안 된다고 말하면서 그녀와 이혼을 한다. 이러한 역사적 사실에서 'Caesar's wife'라고 하면 남의 의혹을 살 만한 행위를 하여서는 안 될 사람을 뜻하게 되었다." (김욱동 2007/2010: 289 이하).

이어서 영어 출발텍스트『키다리 아저씨』에 등장하는 한 구절이 독일어 도착텍스트와 스위스독일어 도착텍스트에서 어떻게 전환되었는지를 살펴보고 상호텍스트성중심 번역에 대해서 알아보자.

영어 출발텍스트

It's the early bird that catches the tub.
[일찍 일어나는 새가 욕조를 차지한다.] (웹스터 1967: 68).

독일어 도착텍스트

Nur der frühe Vogel erwischt die Badewanne.
[일찍 일어나는 새만이 욕조를 차지한다.] (보베리 1979: 80).

스위스독일어 도착텍스트

Wer zuerst kommt, badet zuerst.
[먼저 오는 자가 먼저 목욕한다.] (뵈쉬-프루티거 1970: 99).

라이스/페어메어에 의하면, 영어 출발텍스트와 독일어 도착텍스트에서는 의미적 등가를 갖춘 표현으로 번역됐다 할 수 있다. 그러나 스위스독일어 도착텍스트는 영어 출발텍스트가 함유하고 있는 "일찍 일어나는 새가 벌레를 잡는다. [It's the early bird that catches the worm.]"는 속담이 변형된 것이라는 것을 알 수 없도록 번역되어 있다고 평가된다. 사실, 독일어에는 영어와 비슷한 위와 같은 의미의 속담들이 있다.

    1) Morgenstund' hat Gold im Mund.
       [아침 시간은 황금을 입에 물고 있다.]
    2) Wer zuerst kommt, mahlt zuerst.
       [먼저 온 자가 방아를 먼저 찧는다.]
    3) Den letzten beißen die Hunde.
       [마지막에 온 자는 개에게 물린다.]
                           (라이스/페어메어 1985/2010: 154 참조).

이러한 유사한 속담을 이용하여 라이스/페어메어는 다음과 같은 논조로 독일어 번역보다 스위스독일어 번역이 좀 더 텍스트중심 번역에 근접한 것으로 간주한다: "위 예문 번역에서 적절한 표현의 선택은 발화 상황과 독일어 속담의 구조적 변형 가능성에 따라 이루어진다. '아침 시간은 황금을 입에 물고 있다'는 표현은 원문에 묘사된 상황과 맞지도 않을 뿐더러, 자연스럽게 영어 속담 식으로 변형되지도 않는다. 기다리지 않고 샤워하기 위해 '일찍 일어나는 것'이 핵심내용인 위 예문에는, 다른 종류의 비유이기는 하나, '먼저 온 자가 방아를 먼저 찧는다'라는 속담이 중요한 기능적 요소를 내포하며 상황에 맞게 변형될 수 있다는 점에서 가장 적절하다고 할 수 있다. 따라서 이 속담을 상황에 맞게 변형시킨 '먼저 온 자가 먼저 목욕한다'라는 번역이 등가 달성을 위해 더 나은 번역이라 할 수 있다. 문장의 구조와 의미는 바뀌었으나, 텍스트 전체의 의의, 텍스트유형에 적합한 문체(소담 사용)와 텍스트기능(발화자의 성격 드러내기)은 그대로 보존되었다. 『키다리아저씨』에 등장하는 표현에 대한 스위스독일어 번역은 출발텍스트에서 가장 상위에 있고, 따라서 전체에서 가장 중요한 텍스트요소를 주의 깊게 번역함으로써 독일어번역보다 더 높은 등가성을 보여주고 있다."(라이스/페어메어 1985/2010: 154). 이러한 라이스/페어메어의 논의는 애초에 출발텍스트의 속담이 의미하는 바를 충실하게 실현하여 상호텍스트중심 번역이 적절하다는 뜻이다. 그러나 출발텍스트인『키다리 아저씨』가 어떤 유형의 소설인지가 중요하다. 만약 순수 문학작품이라면 표현기능이 잘 드러나도록 낯선 번역이 잘 어울리고, 그렇지 않고 다큐멘터리풍의 소설이거나 역사소설과 같은 경우에는 의미번역이 잘 어울린다고 해야 한다. 텍스트중심 번역에서는 텍스트유형과 텍스트종류가 번역유형을 결정하는 데 중요한 요소로 작동하기 때문이다.

"Too many cooks spoil the broth. [요리사가 너무 많으면 스프를 망친다.]"에 해당되는 영어 속담은 "Deux patrons font chavirer la barque. [사공이 둘이면 배가 뒤집어진다.]"라는 불어 속담으로 대체될 때 동일한 상황을 전달했으므로 상황성중심 번역이 된다고 할 수 있다. 또한 성서의 "Que ta main gauche ne sache pas ce que fait ta droite. [네 왼손이 오른손이 한 일을 모르게 하라.]"는 특정 문화권에서 왼손이 함의하고 있는 코노테이션이 다르기 때문에 "fais-le de telle façon que même ton plus proche ami n'en sache rien. [네 가장 가까운 친구도 전혀 모르게 그 일을 해라.]"로 번역하는 것이 상황성중심 번역에 합당하다고 할 수 있다. 그 외에도 "aller chercher de laine et revenir tondu. [양털 가지러 갔다가 되레 깎여 온다.]"라는 프랑스어 속담이 한국어 수용자에게는 "혹 떼러 갔다가 혹 붙이고 돌아온다."라는 속담으로 번역하는 것이 상황성중심 번역에 근접할 수 있다. 이와 달리 이 프랑스어 속담을 문자 그대로 번역하면 상황성중심 번역이 충실하게 되지 않은 것이다. (정혜용 2012: 64 이하 참조). 출발텍스트에서 평이하게 느껴지는 속담은 도착텍스트에서도 그렇게 느껴져야 한다. 만약 위의 속담을 글자대로 번역하게 되면 도착텍스트 수용자는 특이하게 느낄 것이다. 그러나 특정 텍스트유형의 경우라면 위와 같은 논의가 타당할 수 있다. 하지만 속담이 문학텍스트에 등장한다면 그 양상은 달라진다. 왜냐하면 문학텍스트에서는 내용보다도 그 형식이 중요시되기 때문에 경우에 따라서는 비록 출발텍스트에 등장하는 속담과 비슷한 유형의 속담이 도착문화권에 없을지라도 출발텍스트의 속담을 글자대로 번역해야 하는 경우가 종종 발생한다. 그래서 정혜용은 페르고의 프랑스 소설 『단추전쟁 (La guerre des bountons)』에 등장하는 프랑스어 속담을 의미가 유사한 한국어 속담으로 대체 번역하는 것에 대해 우려를 표명한다. (정혜용 2012: 66 이하 참조).

1) 프랑스 속담: '그 한심한 벨랑 놈들에게서 단추, 호크 단추, 멜빵 등을 떼어 내서 갖고 있는 거야. 구두끈을 잘라 버리는 대신 한옆에 모아 두자고.' '곰은 잡지도 않고 가죽 먼저 팔수는 없지.' 아직 어리지만 제법 문자를 쓰는 라 크리크가 말을 끊었다.

2) 프랑스 속담: 군자금 주머니로 말하자면, 르브라크는 감실에 안치된 신성한 성합이라도 되는 것처럼 맨 안쪽에 내려놓고, 도움이 필요한 그 순간까지 돌 궤짝 안에 고이 모셔 두기로 했다.

소위 나이다의 등가 번역에 기대어 프랑스어 속담 "곰은 잡지도 않고 가죽 먼저 팔 수는 없다"와 "감실에 안치된 신성한 성합"을 한국어 속담 "떡

줄 놈은 생각도 않는데 김칫국부터 마신다"와 "신주 단주 모시듯"으로 번역할 수 있다. 이것은 마치 나이다가 제안한 "하나님의 양(무죄의 상징)"이라는 성경 구절이 양을 모르는 이누이트인을 위해 "하나님의 물개"로 번역되어야 한다는 주장과 비슷하다. 이와 유사하게 프룬치의 주기도문의 번역을 들 수 있는데, "Give us this day our daily bread [우리에게 일용할 양식(빵)] [한국어에서는 빵과 밥의 상위어인 양식으로 번역]을 주옵시고"에서 빵이 주식이 아닌 문화권에서는 "빵"을 해당 문화권의 주식이 "생선"이나 "쌀"로 번역할 수 있다. (스넬-혼비 2006/2010: 52 참조). 그러나 철저하게 도착텍스트중심 번역을 향해 있는 이러한 번역방식은 도착언어권에서 아주 특이하게 느껴질 수 있다. 그래서 이러한 번역방식에 대해서 정혜용은 위와 같은 "두 속담은 텍스트 내에서 각각 그저 〈신중해야 한다〉와 〈애지중지하다〉는 의미만을 실어 나르고 있는가?"(정혜용 2012: 68)라는 문제를 제기한다. 그에 의하면, "곰은 잡지도 않고 가죽 먼저 팔수는 없다"라는 속담은 라 크리크가 적절한 순간에 적절한 속담을 인용할 줄 아는 똑똑한 어린이라는 정보를 텍스트수용자에게 제공함으로써 라 크리크라는 인물성격의 일관성에 큰 몫을 하고 있고, 두 번째 속담은 출발텍스트 생산자인 페르고가 종교적인 속담을 활용하여 마을 주민들의 일상에 깊숙이 뿌리내린 가톨릭이라는 절대 권력의 위력을 실감 나게 보여주고 있다는 것이다. 그런데 만약 위의 속담들이 한국어 속담으로 대체되면 도착텍스트 수용자에게는 20세기 초의 프랑스 산골이라는 상황이 사라지고 소설의 전반적인 상황이 너무 익숙하게 되어 버리는 문제가 생긴다. (정혜용 2012: 70 이하 참조). 그래서 등장하는 것이 "특수한 디스쿠르 행위"로서의 속담의 특수성이다: "하나의 속담은 하나의 상황 내에 놓인다. 그리고 그 속담은 표현이 고착되며 자신 안에 그 상황을 품게 된다. 자신들의 상황 내에 놓일 뿐인 여타 디스쿠르에 비해 속담이 특수성을 띠는 것은 바로 이 점 때문이다." (메쇼닉, 정혜용 2012: 75에서 재인용). 이러한 메쇼닉의 주장을 텍스트중심 번역의 입장에서 고찰하면, 일상 텍스트에서의 속담은 원래 발화됐던 상황에만 놓여 있으므로 유사한 의미의 속담과 대체할 수 있지만, 문학작품에 출현하는 속담은 발화나 서술됐던 상황이 전제되기 때문에 낯익은 번역보다는 낯선 번역이 더 어울리는 법이다. 그래서 다음과 같은 메쇼닉의 언명은 텍스트중심 번역에서 텍스트유형에 따라 번역이 차이가 날 수 있음을 암시하고 있다: "번역에서 등가는 아무 데나 다 걸 수 있는 개념이다. 그건 '충실성'만큼이나 모호하다. 다양한 층위에 위치할 수 있으니까. 등가는 디스쿠르가 거부하는 '유의성'을 암묵적으로 상정한다. 하지만 그건 유연하다. 언어에서 디스쿠르로, 불연속에서 연속으로 그 층위를 옮길 수 있다. 등가는 언어 층위에서, 비교문체론의 비법들로 바뀐다. 하지만 디스쿠르 층위에서는 리듬, 프로조디에도 역시 그만큼 훌륭하게 적용될 수 있다."(메쇼닉, 정혜용 2012: 76에서 재인용). 그래서 문학텍스트에서 – 표면적으로 보아 – 상황성중심 번역처럼 보이는 낯익은 번역은 위험하고 "짝이 안 맞는 짝짓기"라고 안정효는 혹평한다: "때때로 번역가는 개성을 살려 문장에서 멋을 부리려는 욕심 때문에 어울리지 않는 짝짓기를 이루어 놓기도 한다. 번역해 놓은 외국 문학작품에서 '안성맞춤' 같은 표현이 나올 때면 우리는 그런 어색함에 뜻하지 않은 웃음이 나오고는 한다. '스티븐 다달러스는 그렇게 하는 것이 안성맞춤이라고 생각했다.' '제우스 신에게는 그것이 안성맞춤이었다.' '니콜라이 백작의 후처감으로는 에카테리나가 안성맞춤이었다.' 이런 예문을 만나면 우리는 조선시대의 '경기도 안성에 가서 유기를 맞추면 마음을 놓아도 된다.'라는 말에서 나온 '안성맞춤'이라는 표현이 제우스 신이나 에카테리나라는 이름의 러시아 여자에게 적용시키기에는 안성맞춤이 아니라는 사실을 깨닫는다."(안정효 2006: 59 이하). 낯익은 번역은 철저하게 문학텍스트를 제외한 텍스트유형에서만 유효한 번역방식이다.

도착언어권에서 이미 번역된 작품의 제목을 그대로 가지고 오는 상호텍스트성중심 번역에 있어서 오역인 경우도 있는데, 그럴 경우 어떻게 하는가의 문제도 생겨나게 된다. 그러나 오역된 기존의 제목이 있더라도 그대로 번역하는 것이 출발텍스트 수용자와 도착텍스트 수용자의 상호텍스트성 정도를 균등하게 하는 것이다. 예를 들어, 프랑수아 트뤼포의 영화 제목 『400번의 구타(Les Quatre Cents Coups)』도 대표적인 오역 중의 하나이다. "faire les quatre cents coups"라는 표현은 어린 시절의 짓궂은 장난이나 말썽을 의미한다. 더 잘 알려진 예시로는 『죽은 시인의 사회(Dead Poets Society)』가 있다. 이 예시는 영화 제목의 오역을 이야기할 때 대표적으로 사용된다. 즉 원래 의미는 "죽은 시인들의 모임" 정도가 더 알맞다는 것이다. 그러나 우리는 계속해서 "400번의 구타"라던가 "죽은 시인의 사회"라는 제목으로 이 영화들을 지칭한다. (송인애 2017: 73 참조). 경우에 따라서는 덜 적합한 기존의 제목번역이 혼용되어 사용되기도 한다. 카프카 작품 중에 이미 번역된 『심판』과 이 작품을 새로이 번역하면서 제시한 『소송』이 그러한 경우이다. 번역자는 이 두 제목을 경우에 따라서 선택하여 사용할 수 있다. 상호텍스트성중심 번역에서 이미 번역된 문학작품의 경우, 작품제목을 따라가는 것이 보통이다. 시걸의 소설 『남자, 여자 그리고 아이(Man, Woman and Child)』에 등장하는 표현 "The Incredible Hulk"라는 구절을 "미지의 선체(선체)"로 번역한 경우가 있는데, 이 표현은 TV시리즈 『도망자(The Fugitive)』의 아류로서 이미 방영되어 유명해진 『두 얼굴의 사나이』를 가리킨다. (안정효 2006: 28 이하 참조). 이것은 상호텍스트중심 번역이 이루어지지 않아서 오역이 된 경우이다. 번역자는 그 구절의 모든 낱말이 대문자로 시작된다는 점을 고려해서 상호텍스트성에 주의를 기울여야만 했었다. 그러나 경우에 따라서 이미 번역된 작품제목이 출발텍스트의 제목과 큰 괴리가 있을 때에 새로운 제목으로 수정하여 제시할 수도 있다. 다음은 이미 번역된 브론테의 『폭풍의 언덕』의 제목의 문제점과 관련된 내용이다: "사실 '폭풍의 언덕'은 폐기하기 아까울 정도로 멋진 제목입니다. 영화든 소설이든 멋있게 번역한 제목을 꼽자면 다섯 손가락 안에 들만큼 그야말로 분위기도 있지요. 수많은 영화와 소설의 제목이 그러하듯 일본어 제목('嵐 丘')을 그대로 따온 것이기는 하지만, 통용된 지 몇 십 년이 지난 마당에 그 점을 문제 삼을 것은 […] 고전 번역에서는 무엇보다도 작품에 대한 포괄적인 이해가 자리를 잡아야 한다고 봅니다. […] 바로 그 멋진 제목이 60종이 넘는 번역의 공통된 제목으로 복제되면서, 'Wuthering Heights'가 죽음을 넘어선 사랑 이야기에 초점을 맞춰 번역되어 온 것입니다." (유명숙 2000: 74). 즉, "Wuthering Heights"를 직역하면 '바람이 휘몰아치는 언덕 꼭대기' 정도가 될 터인데, 이것을 "폭풍의 언덕"으로 번역하게 되면 작품에 등장하는 잉글랜드 북부 언쇼 가문의 저택이라는 고유명사풍의 느낌이 전혀 나타나지 않고, "폭풍의 언덕"이라는 의미가 마치 히스클리프와 캐서린의 휘몰아치는 사랑을 연상시켜 이 소설을 리얼리즘 소설이 아닌 로맨스 소설로 간주해 버리기 쉽다는 것이다. 그래서 작품의 전체적인 이미지가 오도되지 않기 위해서 유명숙은 과감하게 지금까지 60여 종의 번역본에서 대부분 고수했던 "폭풍의 언덕"이라는 매혹적인 제목을 버리고 "워더링 하이츠"라고 음차하여 번역했다. (유명숙 2000: 74 이하 참조). 이러한 유명숙의 주장은 하나의 문학작품을 하나의 통일된 텍스트로 보고, 그 작품의 성격을 파악한 후 그것을 제목에까지 연관지어 번역했다는 것은 텍스트언어학적으로 볼 때 아주 중요한 견해이다. 그러나 이 소설의 제목이 출발텍스트 수용자에게도 폭풍처럼 몰아치는 사랑을 주제로 삼는 로맨스 소설이 아닌 리얼리즘 소설로서 수용됐는지를 따져 묻는 것도 중요하다.

『생쥐와 인간과 돈(mice and men and money)』은 "The Times Higher Education"에 실린 기사제목인데, 그 기사는 과학자들이 생쥐를 가지고 하는 미국의 한 생물의학연구소에 관한 내용을 담고 있다. 과학자들이 그 연구소의 운영자금 절반을 한 해에 생쥐를 2백만 마리씩 팔아서 조달한다는 것이다. 자세히 보면 여기에서는 코헤지온 장치인 소리 [m]의 반복이 눈에 띈다. 계열적 의미관계가 두드러지게 나타나는 것이다. 그러나 그뿐만 아니라 스타인벡의 소설 "Of Mice and Men [생쥐와 인간]"에 대한 인유도 포함되어 있다. 스타인벡 또한 번즈의 유명한 시「생쥐에게(To a Mouse)」에게서 힌트를 얻어서 자연의 압도적인 힘과 그 힘이 인간과 동물의 삶에 미치는 영향에 대한 상징으로 사용했기 때문이다. 그러나 그런 인유는 출발텍스트 수용자들도 모를 가능성이 농후하고 – 독일어 도착텍스트 수용자들에 추가적인 정보를 제공하지 않는 한 – 번역자가 관여하기가 여간 까다로운 것이 아니다. 그래서 번역자는 이 기사에서 중요하게 여겨지는 "생체의학연구소", "성공", "재정문제" 정도를 중심으로 "Forschungserfolge [연구의 성과와 재정문제]"와 "Forschung hilft Menschen, Forschung braucht Mittel [연구는 인간을 돕고, 연구는 자금을 필요로 한다]" 정도로 코헤지온을 살린 번역을 제시하는 것이 바람직하다. (노이베르트/쉬리브 2000/2013: 184 이하 참조).

송인애는 상호텍스트성중심 번역에서 인용과 인유 그리고 지시를 구분하는데, 이때 지시는 보그랑데/드레슬러의 상호텍스트성 범주에 포함되지 않는 범주로서 고유명사, 제목, 작품의 등장인물 등을 통해 텍스트의 존재를 환기해 주는 장치로 간주된다. 또한 지시는 제목과 브랜드 그리고 장소와 기타로 구분된다. 일단 고유명사가 번역된다는 것이 조금은 낯설기도 하지만, 모든 고유명사가 음차번역으로만 전환되는 것은 아니다. 송인애는 상호텍스트성중심 소설인 프랑스작가 우엘베크의 『소립자(Les particules élémentaires)』와 『지도와 영토(La carte et le territoire)』에 등장하는 고유명사의 번역양상들을 다양하게 구분하고 실제적으로 도착텍스트에 어떻게 번역됐는지에 관해서 하나씩 구체적으로 나열하고 있는데, 도합 101곳과 104곳에 등장하는 인명들의 번역양상을 고찰한 그의 연구는 가히 상호텍스트중심 번역에서 모범이 될 만하다. 일단 고유명사의 인용번역이라 함은 한국어 도착텍스트 수용자에게도 잘 알려진 인물이어서 기존에 누군가가 번역한 것은 인용하는 방식이 사용됐다는 것이다. 물론 인용 중에서 고유명사의 음차번역이 잘못됐을 경우에도 그것이 이미 굳어진 경우라면 그대로 인용했다는 것이다. 위의 예에서는 '아인슈타인', '랭보', '데모크리토스' 등이 있다. 이와는 달리 한국어 도착텍스트 수용자에게 생소할 것이라고 여겨지는 인물이 출발텍스트에 등장했을 때, 상호텍스트성중심 번역을 해야 하는 번역자는 예시 혹은 나열의 일부로 등장하는 경우와 문맥을 통해서 정보를 추출할 수 있는 경우에는 아무런 조치를 취하지 않고 음차를 했으나, 수용자들에게 사전정보가 주어지지 않은 경우에는 이름이나 직업 등의 정보를 추가하거나 역주를 달아서 출발텍스트 수용자와 도착텍스트 수용자의 상호텍스트성의 강도가 균등하게 되도록 조절해 주었다. 특히 이름이나 직업 등의 추가는 다음과 같이 세분화되기도 한다. (송인애 2017: 49 이하 참조).

전략	출발텍스트	도착텍스트
이름 추가	Turner ou Constable	[윌리엄] 터너와 [존] 컨스터블
	Popper	[카를] 포퍼
직업추가	Edouard Balladur	[프랑스의 전 총리] 에두아르 발라뒤르
	Bruno Masure	[뉴스캐스터] 브뤼노 마쥐르
	Paul Valéry	폴 발레리의 [시]
이름 및 직업 추가	Ginsberg	[시인] [앨런] 긴즈버그
기타 정보 추가	Snoop Doggy Dog	[갱스터 랩을 하는] 스눕 도기독
	Avec unc pile de San-Antonio	산 안토니오의 [추리소설]을 한 무더기 쌓아놓고
	Charles Manson	[희대의 살인마] 찰스 맨슨

〈표 21〉 고유명사의 번역 (송인애 2017: 49)

이러한 송인애의 작업은 정보성중심 번역과도 연관되어 있다. 출발텍스트와 도착텍스트의 수용자가 가진 고유명사에 대한 정보성을 유사하게 조절하려는 번역자의 전략과도 관련 있기 때문이다.

"한나 아렌트"를 "해나 아렌트"로 번역한 것에 대한 번역평가가 매섭다: "이 책은 번역본인데 편집 상태가 깔끔하지는 않다. 프랑스어의 악센트나 철자 표기가 틀린 곳이 종종 보이고, 한나 아렌트를 〈해나 아렌트〉라고 표기한 부분은 실소를 안겨준다. 역자들과 편집자들은 정말 한나 아렌트의 이름을 한 번도 들어보지 못한 것일까?" (오주훈 2008). 이에 대해서 번역자 정혜용은 자신이 하이데거와 아렌트를 주인공으로 한 소설 『마르틴과 안나』의 번역자임을 언급하면서, "한나"를 "해나"라고 번역한 것은 출판사가 자신의 허락을 구하지 않고 "한나"를 "해나"로 수정할 때 아렌트가 1950년에 미국국적을 취득했다는 점이 고려되어 국립국어원에서 "해나"라는 표기법을 제안했을 것이라고 추측한다. (정혜용 2012: 260 이하 참조). 만약 자신에게 상의했더라면 주석에라도 그런 사실을 밝혔을 터인데 말이다. 한나 아렌트라는 인명을 한국어 도착텍스트로 옮길 때에는 "해나"보다 "한나"로 하는 것이 상호텍스트중심 번역의 입장에서 보면 더욱 바람직하다. 왜냐하면 한국에서 "해나 아렌트"는 너무나도 낯선 이름이기 때문이다. 즉, 출발텍스트의 상호텍스트성과 도착텍스트의 상호텍스트성이 균형을 이루지 못한 것이다. 그럼에도 불구하고 "한나"를 "해나"라고 한 것이 오역에 가까운 실수는 아니다. 만약 "한나 아렌트"가 영어권을 거쳐 한국인 수용자들에게 이미 소개됐다면 "해나"로 번역됐을 것이기 때문이다. 그러나 한나 아렌트는 한국에서 이미 독일 태생의 유명 철학자로 굳어져 있기에 한국어 도착텍스트에는 "해나"보다 "한나"로 표기하는 것이 상호텍스트성중심 번역에 걸맞은 번역이다.

대부분의 텍스트유형은 이전에 있어 왔던 성격이 유사한 개별 텍스트구조의 일반화이다. 번역에서 텍스트유형이 중요한 이유는, 언어권마다 텍스트유형을 형성하는 구조에 있어서 차이가 있기 때문이다. 여기가 바로 텍스트성중심 번역이 생겨나는 장소이다. 우리들은 모든 번역에 있어서 항구적이고 보편적으로 작용하고 있는 힘을 찾아보고, 번역의 모든 현상들을 포괄적으로 설명할 수 있는 일반원칙을 추출해 내는 것이 텍스트중심 번역학의 과제라고 가정한다. 그래서 이러한 텍스트중심 번역학이 거쳐야 할 중요한 심급 중의 하나가 바로 텍스트유형중심 번역이다. 번역자는 번역을 타인으로부터 발주를 받든지 번역의 필요성을 스스로 인지하든지 간에, 번역을 위해서 우선적으로는 출발텍스트에 대한 정확한 이해가 선결되어야 한다. 이때 이를 위한 첫 번째 단계가 바로 텍스트유형에 대한 인지이다. 번역자는 텍스트를 번역하기 전에 이미 출발텍스트의 텍스트유형에 대한 지식을 가지고 있어야 한다. 텍스트유형은 텍스트의 구체적인 실현체이므로, 실현된 모든 텍스트는 제각기 특정한 텍스트유형에 속해 있다고 말할 수 있다. 이러한 텍스트유형의 하위범주를 텍스트종류라고 하는데, 이들과 유사한 독일어 용어가 많지만, 우선적으로 번역학 분야에서 이 용어들이 어떻게 사용되는지 전체적으로 살펴보자. 라이스/페어메어는 텍스트를 분류하려는 시도가 "가시 돋친 문제"(라이스/페어메어 1985/2010: 160)임을 언급하면서 다음과 같이 텍스트 분류와 관련된 다양한 용어 설명을 시도하고 있다.

    1) 텍스트그룹(Textgruppe)은 '텍스트성'이라는 자질 외에는 어떠한 공통된 언어적 자질도 갖지 않지만, 그래도 어떤 목적으로 위해, 또는 어떤 관점 하에서 함께 묶이는 텍스트들의 집합을 이룰 때 사용된다.
    2) 텍스트군(Textklasse)은 발현된 텍스트들을 분류의 목적을 위해 한데 묶은, 의미 있는 집단을 이룰 때 사용된다.

3) 텍스트장르(Textgattung)는 문예론에서 주로 사용된다. 따라서 문학 텍스트를 분류할 때 애용되는 개념이다.
4) 텍스트부류(Textart)는 기호학적 개념으로서, 상이한 기호체계로 실현된 텍스트를 서로 구분하는데 사용된다. 예컨대 그림텍스트와 언어텍스트, 문어텍스트와 구어텍스트, 모스부호텍스트와 악보텍스트를 구분할 때 사용된다.
5) 텍스트분야(Textbereich)는 예컨대 픽션텍스트, 산문텍스트, 시텍스트처럼 최소한 한 가지 특징적 자질을 공유하는 언어텍스트의 집합을 의미한다. 텍스트 분야는 텍스트 분류의 기반이 될 수 있는 '문체 분야'와 혼동해서는 안 된다. 문체 분야를 분류의 기반으로 하면, 보고적, 기술적, 묘사적, 논지적 텍스트 등으로 분류할 수 있다.
6) 텍스트유형(Texttyp)은 인간 커뮤니케이션에서 사용되는 텍스트의 보편적 기본 형태를 분류하기 위한 의미로만 사용된다. 보편적 기본 형태는 내용전달, 예술적으로 구성된 내용전달, 설득적 전달, 그리고 텍스트부류가 혼합될 경우 – 이 세 가지 기본 유형의 다매체 사용전달로 분류되며, 이는 텍스트가 코드화 층위의 수와 방식에 따른 분류이다.
7) 텍스트종류(Textsorte)와 텍스트종류 변이형(Textsortenvariante)은 코헤렌즈를 갖춘 언어 텍스트들 중에서 (모국어 사용자의) 언어능력(직관)에 의해 인정된, 의미 있는 텍스트군으로서, 그 구성, 변화 범위, 맥락이나 행위 유형에 투입됨에 있어 규칙의 제약을 받는다. (라이스/페어메어 1985/2010: 160 이하 참조).

이와 같은 라이스/페어메어의 용어들은 번역학 분야뿐만 아니라 텍스트언어학에서 이미 많이 논의됐던 것들이다. 이 중에서도 중요한 것은 텍스트유형과 텍스트종류이다. 텍스트유형이란 뷜러의 세 가지 언어기능인 서술기능과 표현기능 그리고 호소기능이 원형이 되는 텍스트로서 각기 정보텍스트, 표현텍스트, 호소텍스트로 구분된다. 이러한 텍스트유형의 하위개념이 텍스트종류이다. 브링커는 텍스트기능과 의사소통 형태 그리고 텍스트주제 등과 같은 자질을 토대로 텍스트유형 분류를 위해 다음과 같은 다섯 가지 단계를 상정하고, 이 단계들을 텍스트유형 "날씨보고(Wetterbericht)"를 예로 들어 구체화시킨다. (브링커 1985/2008: 195 이하 참조).

> 단계 1: 텍스트기능의 서술
> 단계 2: 의사소통 형태와 – 흔히 이와 밀접한 관계에 있는 – 행위 영역의 서술
> 단계 3: 주제 제약에 관한 서술(특히 시간적, 처소적인 방향 설정과 관련하여)
> 단계 4: 기본적인 주제 모형(주제전개의 기본 형태)과 모형의 실현 방식(실현 형태)의 서술
> 단계 5: 텍스트 유형에 구성적인 언어적(어휘적, 통사적) 수단들, 경우에 따라 비언어적 수단들의 서술

번역에서 텍스트유형이나 텍스트종류에 관한 지식이 중요한 이유는 이것이 텍스트생산뿐만 아니라 텍스트이해와도 밀접한 관련이 있기 때문이다. 예컨대 텍스트를 산출하기 위해서 출발텍스트 생산자는 산출하려는 텍스트에 대한 총괄적인 지식 내지는 텍스트유형 또는 텍스트종류에 관한 지식을 가지고 있어야 한다. 아마도 그는 그런 지식을 자신의 모국어를 습득하면서 자연스럽게 체득했을 것이다. 또한 "화자[저자]는 자신이 수용한 텍스트가 그 사회에 존재하기 때문에, 이를 구속력을 띤 어떤 유형으로 분류하고 이 유형을 한 인간 공동체 내에 마련되어 있는 어휘 기호로 명시할 능력이 있다."(하이네만/페베거 1991/2001: 170). 또한 번역자가 출발텍스트를 우선적으로 이해하기 위해서 텍스트유형을 아는 것이 중요한데, 왜냐

하면 텍스트종류가 번역자에게 하나의 인식신호(Erkennungssignal), 기대 태도의 유발(Auslöser von Erwartungshaltungen), 텍스트이해를 위한 조정 신호(Steuerungssignale für das Textverstehen)의 역할을 하기 때문이다. (라이스/페어메어 1985/2010: 191 참조).

텍스트가 의사소통의 도구로 사용되면 그 텍스트는 특정한 텍스트유형에 속해야 하며, 그렇다면 그 텍스트가 특정한 텍스트종류의 관습적 기준에 걸맞게 제시되어야 한다는 사실이 중요하다. 출발텍스트 생산자에게 요구되는 이러한 텍스트유형이나 텍스트종류에 관한 능력 외에도 출발텍스트 수용자에게도 텍스트유형이나 텍스트종류에 대한 능력도 중요하다. 사람들은 자신 앞에 놓인 임의의 텍스트를 대할 때 특정한 어휘요소나 구문이 보내는 아무런 신호가 없음에도 불구하고 그것이 "요리법"인지 또는 "법조문"인지 금방 알아차린다. 번역자에게 텍스트종류에 관한 능력이 중요한 것은 바로 여기에 있다. 왜냐하면 번역자는 한편으로는 출발텍스트 수용자로서의 역할을 하고, 또 다른 한편으로는 도착텍스트 수용자로서의 역할을 해야 하기 때문이다. 그래서 우리들은 좋은 번역이란 텍스트유형과 텍스트종류에 적합한 번역방식을 택해서 번역하는 것이라고 주장할 수 있다. 출발텍스트의 텍스트유형과 텍스트종류에 대한 인지도가 중요하지만, 번역자는 도착텍스트의 텍스트유형과 텍스트종류에 대한 특징도 알고 있어야 한다. 텍스트유형에 대한 지식은 텍스트수용자가 텍스트기능을 알아내기 위한 전제 중의 하나이고, 텍스트수용자는 텍스트기능을 알아야만 번역되어야 하는 텍스트, 즉 출발텍스트를 어느 정도 이해할 수 있는 것이다. 결국 정확한 텍스트이해의 전제는 텍스트유형에 대한 이해와 밀접한 관련이 있다[25]. 또한 출발텍스트의 텍스트종류를 알게 되면 도착텍스트가 어떻

---

[25] 텍스트언어학에서 텍스트유형에 관한 지식이 중요한 이유에 대해서 이재원(2016)은 "텍스트

게 만들어져야 할 것인지에 대해서 번역자는 다음과 같은 생각을 할 것이다: "철학논문에서는 무엇보다 사고의 흐름을 그대로 유지하는 것이 등가성과 관련하여 중요할 것이다. 요리법의 경우에는 정확한 재료 제시와 조리에 대한 명확한 정보가 중요하며, 비즈니스 서신의 경우에는 내용과 텍스트 관습, 규범(예컨대, 호칭 및 결구 형식)이, 시에서는 텍스트의 예술적 구성, 광고 슬로건에서는 설득적 요소 등이 중요하다. 그 외의 모든 요소들과 관련한 등가성의 중요성은 개별요소들의 기능적 등가가 어떤 방식으로 텍스트 전체의 등가성에 기여할 수 있으며, 기여해야 하는가에 따라 정해진다."(라이스/페어메어 1985/2010: 146). 그렇다면 출발텍스트의 텍스트종류가 여러 가지로 해석될 여지가 있는 다의성을 가질 때, 도착텍스트는 어떻게 생산 될 수 있을까? 라이스/페어메어는 번역자가 그리멜스하우젠의 소설 『짐플리시스무스(Simplicissimus)』를 성장소설, 모험소설, 악한소설, 다큐멘터리소설, 사실적 소설, 역사소설, 시대비판소설 중 어떤 것으로 보느냐에 따라서 번역의 방식이 달라질 것이라고 예상한다. (라이스/페어메어 1985/2010: 51 참조). 또한 기존의 번역이론에서 텍스트중심 번역이론과 가장 근접한 것은 노이베르트가 제안한 출발텍스트의 유형에 따른 번역방식이다. 그는 다음과 같이 네 가지 텍스트유형과 그에 따른 번역방식을 나열하고

가 곧 텍스트유형임"이라는 다소 과격한 주장을 펼치기도 하는데, 이것이 바로 어떤 임의의 발화가 하나의 텍스트가 되기 위해서는 하나의 텍스트유형에 이미 속해야 한다는 것과 비슷한 말이다: "어떤 임의의 발화가 하나의 텍스트(token)로서 탄생하게 되면, 그 텍스트는 숙명적으로 하나의 타입(type)과 관련된 어떤 추상적 속성의 도움으로 만들어졌음을 알 수 있고, 그렇기 때문에 그 텍스트는 하나의 타입에 속해야만 하고, 따라서 텍스트언어학에서 직접적인 연구 대상은 토큰으로서의 텍스트이지만 결국 연구 분석의 모든 기제들은 타입으로서의 텍스트 분석과 관련된 것이기 때문이다. 만약 하나의 텍스트가 특정한 텍스트종류에 속하지 않는 개별텍스트로 서지 우주(Textkosmos)가 구성되어 있다면 우리들의 텍스트 분석은 그 끝을 헤아리기 힘들 것이다. 그러므로 텍스트언어학에서의 분석대상인 '텍스트'는 '텍스트종류'와 별반 차이가 없다고도 말할 수 있다." (이재원 2016: 44).

있다.

가) 출발어 비지향적 텍스트(Nicht spezifisch AS-gerichtete Texte)에서는 출발텍스트의 화용적 측면이 아무 문제없이 도착어 텍스트에 적용될 수 있다. (예: 기계 사용설명서).

나) 출발어 지향적 텍스트(Spezifisch AS-gerichtete Texte)는 명칭 그대로 이해한다면 번역불가능한 성질의 텍스트이다. 이 텍스트는 원래 출발어 사용자를 겨냥한 것이며, 출발어 사용자들의 기대, 요구, 그리고 관습(예: 법률텍스트, 지역뉴스 등)에 맞춘 것이다. 이러한 텍스트는 애초에 도착어 청자/독자가 이해하게 되는 것과는 전혀 다른 커뮤니케이션 상황을 나타내는 것으로, 이를 번역하면 완전히 새로운 화용적 특징을 갖게 된다. 이러한 텍스트는 도착어 청자/독자와 직접적 관계가 없는 것에 대한 정보이다.

다) 출발어 지향적, 비지향적 성격이 모두 있는 텍스트(Sowohl spezifisch AS-gerichtete als auch nicht spezifisch AS-gerichtete Texte)는 출발어 사용자의 특수한 상황이나 특별한 필요에 맞추어 작성된 것이다. 하지만 이러한 텍스트는 동시에 이 같은 한계를 초월하여 인류 보편적 성격을 갖는다(예: 순수문학). 그러므로 이러한 텍스트는 이중의 화용적 성격을 갖는다. 이러한 텍스트를 번역할 때에는 텍스트가 출발어 사용자만을 겨냥한 것이 아니라는 점이 중요하다.

라) 도착어 지향적 텍스트(Spezifisch ZS-gerichtete Texte)는 출발어로 생산되기는 했으나, 처음부터 통번역을 목적으로 생산된 텍스트이다. 그래서 처음부터 도착어 사용자를 염두에 둔다(예: 외국에 보내는 안내문). 출발어 텍스트는 단지 번역초안으로만 사용될 뿐이며, 화용적 상황은 처음부터 도착 상황에 맞추어져 있다. 순수한 통번역의 화용론을

보여준다. (노이베르트 1970, 슈피츠바르트 1972: 17에서 재인용).

노이베르트는 위와 같은 출발텍스트 구분이 번역방식을 결정할 수 있다고 하는데, 그때 출발텍스트 수용자와 도착텍스트 수용자가 상이함으로 인해서 생겨나는 문제점들을 보완하는 것은 번역자의 몫이라는 것이다. 예를 들어, 특정 언어권의 법률텍스트는 언어적 환경이 달라짐으로 인해서 번역 시 상이한 수신자를 염두에 두고 번역해야 한다는 것이다[26]. 그러나 이것은 라이스/페어메어가 주장하듯이 일반적인 통번역이론이 되기에는 범위가 너무 좁다. (라이스/페어메어 2006: 43 참조).

도착텍스트의 텍스트유형이 얼마나 중요한지에 대한 예를 살펴보자. 다음 예문은 프랑스 왕의 유명한 발언이다. (라이스/페어메어 1985/2010: 195 이하 참조).

    a) Souvent femme varie, bien fol est qui s'fie.
    [여자는 자주 변한다. 여자를 믿는 자는 제정신이 아니다.]

만약 이 구절이 역사적 사실에 대한 보고(정보텍스트)에 포함된 것이라면 다음과 같이 번역되어야 한다.

---

[26] 텍스트언어학의 장에서는 동일한 표현이 상이한 텍스트유형에 있을 경우, 상이한 기능을 가진다고 하는데, 결국 상이한 기능을 가짐에도 불구하고 동일한 표현으로 제시된다는 데에 텍스트유형중심 번역이론의 중요성이 있어 보인다: "가치평가적 진술이 그의 제보적 기능 외에도 또한(또는 일차적으로) 호소적인 기능을 갖는지는 관련 텍스트가 속해 있는 맥락이나 텍스트유형에 의해 밝혀진다. 'Es beglückend, dass[...] ([...]이라는 점이 기쁘다)'와 같은 문장은 인터뷰나 사적인 알림 편지에서는 특히 의견 통고임을 명시해 준다(=정보적 기능). 그러나 똑같은 어법이 선전광고에서는 특히 호소의 특성을 갖는다." (브링커 1985/2007: 150).

b) Frauen sind wankelmütig. Ein Narr ist, wer ihnen traut.
[여자는 변덕이 심하다. 여자를 믿는 자는 바보다.]

동일한 구절이 위고의 희곡 메리 튜더에서 인용되었는데, 뷔히너는 이것을 다음과 같이 번역했다.

c) Ein Weib ändert sich jeden Tag. Ein Narr ist, wer ihr trauen mag.
[여자는 매일 변한다. 여자를 믿는 잘 믿는 자는 바보다.]

희곡은 예술적 구성(이 경우에는 운 맞추기)을 요하는 표현텍스트이므로, 출발텍스트에 변화(souvent(자주) ≠ jeden Tag(매일)/s'y fie(믿다) ≠ trauen mag(잘 믿다))를 주었다. 출발텍스트를 도착텍스트 유형에 걸맞게 번역한 경우이다. 이 문구는 광고텍스트에도 사용된 적이 있다.

d) Souvent femme varie. Les vins du Postillon ne varient jamais.
[여자는 자주 변한다. 포스티용 포도주는 결코 변하지 않는다.]

교육받은 프랑스인들은 포도주 광고에 사용된 이 표현이 어떤 표현인지를 이미 알고 있다. 이들은 아마도 상호텍스트성을 이용한 품격 있는 광고로 간주할 것이다. 그러나 아무런 배경지식이 없는 독일인들에게 이 표현의 내용만을 번역해서 프랑스 수용자들이 갖게 되는 정도의 텍스트기능을 가질 수 없다. 그렇게 해서는 호소나 설득의 효과를 크게 기대할 수 없기 때문이다. 그래서 독일인들에게 잘 알려진 오페라 『리골렛토』에 대한 암시로 대체됐다. 이인칭 "당신"을 사용해서 광고의 수용자가 실제적인 의사소통 상황에 들어왔다는 면대면 상황을 일깨우고, "trügerisch(기만적)"

와 "betrügen(속이다)"라는 낱말놀이를 사용해서 출발텍스트의 문학적 느낌을 가미했다. 만일 이러한 독일어 번역이 마음에 든다면, 도착텍스트가 정보성 유형이면 정보를 전달하는 것이 우선이지만, 그 속에 표현유형의 텍스트는 그에 걸맞은 번역 기제를 사용해야 한다고 생각해 볼 수 있다. 그런데 번역의 결정 요인이 텍스트유형인지 또는 텍스트기능인지를 따지는 것은 순환론적 오류와 관련 있어 보인다. 왜냐하면 텍스트유형과 텍스트기능은 거의 불가분의 관계에 놓여 있어서 어느 하나를 언급하면 또 다른 하나가 필연적으로 관련되기 때문이다.

사용설명서에서는 텍스트생산자는 정보를 제공하려는 의도가 중요하고, 수용자가 제품의 올바른 사용정보가 필요한 경우에 생산된다. 그러므로 경우에 따라서 이러한 정보텍스트가 – 독일어의 경우 – 명령문과 같은 것이 자주 등장함에도 불구하고 정보중심 텍스트로 간주된다. 독일어 사용설명서를 프랑스어 사용설명서로 번역할 경우 상호텍스트성중심 번역이 필수적이다. 두 언어의 사용설명서에 들어있는 전형적인 언어구조에 차이가 있기 때문이다. 두 언어에는 수동형과 비인칭 구문, 부정대명사 "one"과 "man", 그리고 부정구문이 있음에도 불구하고 상호텍스트성중심 번역을 해야 하는 이유는 사용설명서에 사용되는 위와 같은 문법의 빈도가 두 언어에서 상이하게 나타나기 때문이다. 만약 독일어 출발텍스트를 프랑스어 도착텍스트로 글자대로 번역하게 되면, 프랑스어 수용자들은 경직되고 어색한 느낌을 가지게 된다. 즉, 상호텍스트에서 텍스트유형중심 번역이 되지 않은 것이다. (라이스/페어메어 1985/2010: 151 참조). 출발텍스트인 영어의 사용설명서에 사용되는 명령형은 도착텍스트인 독일어에서 부정사 구문으로 대체되는 경우가 자주 있다. 비슷한 상황이 관공서에서 사용되는 계율이나 금지를 나타내는 경우에 발생한다. 예를 들면 영어의 "Do not lean out of the window(창가에 기대지 마세요)"는 "Nicht hinauslehnen(기대기 금지)"으로 번역된다. 우리들은 이러한 번역방식을 상호텍스트중심 번역에서 텍스트유형중심 번역으로 칭한다. 기존 번역학에서는 이러한 경우를 "전환"으로 명명했다. 번역에서 이러한 전환은 도처에 널려 있다. 언어마다 특정 텍스트유형에 사용되는 표현법이 상이하기 때문이다. 사실, 이러한 유형들은 개별언어마다 텍스트종류가 가진 고유한 표현방식과도 연관성이 깊다. 제품 사용설명서의 기생텍스트/곁다리텍스트(Paratext) 역할을 하는 경고문의 경우, 애초에 제품제작자가 그 제품이 갖는 잠재적인 위험성을 알리는 다양한 정보들을 체계적으로 가독성 있게 제시해야 한다는 규칙이 있다. 특정 텍스트종류에 대한 번역방식의 제안이다. 예컨대 독일의 경우, 제품으로 인하여 소비자 신체적인 위험에 처할 경우를 방지할 목적으로 "제품안전법(Produktsicherheitgesetz)"(1997)이 제정되어 있는데, 이에 따르면 "안전과 건강 보호를 보장하기 위해서 제품의 사용, 보충, 정리에서 어떤 규정들이 준수되어야 한다면, 제품이 시장에 출시될 대 이를 위한 사용설명서가 독일어로 제공되어야 한다."(3조 4항)라는 규정이 있다. 그래서 국제표준 EN 82079-1에서는 다음과 같이 경고 메시지 디자인에 관해서 설명하고 있다.

> 경고 메시지의 디자인은 일관되어야 하고, 경고 메시지는 눈에 뛰게 그리고 두드러지게 작성되어야 한다.
> a) 신호문자로 시작해라.
> b) 텍스트와 설명을 본질적인 것에 제한해야 한다.
> c) 경고표시의 위치, 내용, 스타일을 눈에 띄게 하라.
> d) 사용하는 동안 적당한 시간에 적당한 위치에서 경고표시를 소비자 그리고 위험에 노출된 다른 사람들의 눈에 띄게 하라. (이해윤 2021: 49에서 재인용).

다시 말해서, 제품 사용설명서의 기생텍스트인 경고문은 출발텍스트에서부터 그 텍스트유형이 가지는 고유한 성질을 함유하고 있고, 경고문이라는 것이 언어 일반의 현상이라면, 그런 경고문이 번역되어 도착텍스트 수용자에게 출발텍스트의 텍스트성과 같은 정도로 제공되는 경우, 두 개의 공용어를 사용하는 지역에서의 텍스트수용자들을 위해서 번역하는 경우일 것이다. 이를 테면, 두 개 이상의 공용어 사용이 허가된 스위스의 칸톤 중에서 독일어와 프랑스어를 공용어로 사용하는 베른주, 프리부르주, 발레주와 독일어와 이탈리아어 그리고 레토로만어의 세 개 언어를 공용어로 사용하는 그라우뷘덴주가 이에 해당될 수 있다. 이와 달리 이해윤은 독일어 경고문과 한국어 경고문의 차이점에 대해서 다음과 같이 말하고 있다.

독일어 경고문

a. Sicherheitshinweise: Nur zur äußerlichen Anwendung. Nicht einnehmen. Auf hygienische Entnahme achten. Tube nach Gebrauch verschließen. Nicht nach Ablauf des Verfallsdatums verwenden. Nur einwandfreie und unbeschädigte Gebinde benutzen. Vor Kindern sicher aufbewahren. Temperaturbegrenzung beachten. [Sonnenschutz] b. Flüssigkeit und Dampf entzündbar. Verursacht schwere Augenreizung. Darf nicht in die Hände von Kindern gelangen. Ist ärztlicher Rat erforderlich, Verpackung oder Kennzeichnungsetikett bereithalten. […] [Insektenschutz]

한국어 경고문

a. 가열된 제품은 매우 뜨거워 화상의 우려가 있으므로 주의하십시오. [즉석조리 곰탕] → 가열된 제품은 매우 뜨겁다. 화상의 우려가 있다.

b. 열전도가 높아 제품 사용 시 손잡이와 몸체가 뜨거우니 가열 시에나 열이 식기 전에 화상에 각별히 주의하십시오. [냄비] → 제품 사용 시 손잡이와 몸체가 뜨겁다. 화상의 가능성이 있다. (이해윤 2021: 49).

이해윤에 의하면, 독일어 경고문의 경우 개별정보들이 서로 연결 없이 독립적으로 제시되기 때문에 각각의 정보들이 단문 형식으로 되어 있고, 따라서 연결사들이 나타나지 않는 경향이 보인다. 그러나 한국어 경고문에서는 위험정보가 위험의 원인, 결과, 상황 등과 결합되어 한 문장에서 표현되고 있다. 그래서 만약 출발텍스트인 독일어 경고문을 도착텍스트인 한국어 경고문으로 번역할 경우에는 출발텍스트의 형식을 고려하여 단문으로 번역하는 것이 바람직하다. 이는 한국에서의 경고문 일반의 규정이기 때문이다.

이외에도 번역행위 모델을 분류하는 홀쯔-멘태리의 실례도 텍스트유형 번역과 근접해 있음을 알 수 있다: "핀란드 고객(가전제품 회사의 마케팅 부사장)이 영어(또는 독일어나 아랍어)로 번역된 세탁기 사용법을 필요로 한다. 그의 목적은 당연히 해외시장에서 세탁기를 마케팅하는 것이다. 그는 해당 외국어를 잘 구사하지 못해 번역사에게 핀란드어로 된 세탁기 사용법을 제공하고 번역을 의뢰한다. 번역사의 과제는 그 세탁기를 구매하는 영어/독일어/아랍어 구매자들이 세탁기 사용법을 이해하고, 실제로 세탁기를 사용할 수 있도록 하는 텍스트를 생산하는 것이다. 이때 번역사는 해당 제품과 관련해 추가 부품이나 제품 보증 관련 법 규제가 있는 등 보다 세부적인 사항을 마케팅 부서장에게 확인하고, 특히 아랍어의 경우 사용자에 대한 자세한 정보(문화적인 부분 포함)를 조사해야 한다. 즉 번역을 하는 동안 번역사는 혼자 작업을 하는 것이 아니라 고객사(및 다른 전문가)와 협조한다. 그리고 번역사는 번역을 할 때 핀란드어 텍스트의 문장 또는 문법 구조를 그대로 재생산할 필요가 없다. 이는 영어/독일어/아랍어 사용자들이 실제로 세탁기를 사용하는 데 도움이 되지 않을 수 있으며, 언어로 된 텍스트 중 일부는 오히려 도표나 그림으로 표현하는 것이 보다 효과적일 수 있다. 텍스트를 이용해 사용자가 세탁기를 실제로 사용할 수 있다면 번역의 즉각적인 목표는 달성된 것이다. 그리고 텍스트가 고객사 매출 증대에 기여한다면 고객사의 궁극적인 목표도 달성된 것이다. 그러므로 번역의 목적은 원천텍스트의 언어적 내용 외부에 있는 것이다. […] 번역행위는 언어 코드의 변환이 아니라 고객 또는 발주자, 번역사 등 전문가들의 팀워크가 필요한 복잡한 행위들로 구성된다. 이때 번역사는 텍스트 설계 전문가로 자신의 결과물에 책임을 진다. 스코포스 이론과 마찬가지로 번역행위 이론에서 번역은 문화간 장벽을 넘나드는 커뮤니케이션 행위로 간주되고, 최종 수용자를 고려한 구체적인 텍스트기능[텍스트언어학의 텍스트기능과는 상이함]이 중요한 번역기준이 된다."(홀쯔-맨태리 1984, 스넬-혼비 2006/2010: 102 이하에서 재인용).

텍스트유형에 부합하는 번역은 도착언어권에서 통용되는 텍스트유형 특유의 형식에 따를 것을 요구한다. 텍스트유형 "결의문"의 경우 독일어에서 행동의 근거를 제시하기 위해 대체로 동사적 속성의 명사와 결합된 전치사구가 특징적으로 나타난다(In der Erwägung, dass; Unter Hinweis auf; In Anbetracht). 반면에 프랑스어나 영어에서는 분사 형태가 등장한다 (Rappelant, tenant note; recalling, taking note). (슈톨체 2001/2016: 144 참조). 이러한 경우는 특정 텍스트유형을 구성하는 언어형식이 도착언어와 출발언어에서 동일하지 않는 관계로 번역자는 텍스트유형중심을 기준으로 번역을 해야 하는데, 이때 슈톨체는 치환번역(Transpositionsübersetzung)을 선택한다. 품사교체라고도 칭해지는 이러한 치환은 출발텍스트의 내용이 도착텍스트에서는 출발텍스트와는 다른 품사로 옮겨지는 현상을 일컫는다. 다음과 같은 예시들이 여기에 속한다. (말블랑 1968: 101 참조).

출발텍스트

There is absolutely no truth in his clain.
[그의 주장에는 진실이 전혀 없다.] (영어)
His face war red with shame.
[그의 얼굴은 부끄러움으로 붉어졌다.] (영어)

도착텍스트

Seine Behauptung ist absolut unzureffend.
[그의 주장은 적절치 않다.] (독일어)
Ihm stand die Schamröte im Gesicht.
[부끄러움이 그의 얼굴을 붉게했다.] (독일어)

지시, 경고 혹은 금지와 관련하여 특정한 화행으로 구성된 텍스트들이 있다. 게시판, 경고문 혹은 표지판이 그런 "수행적 텍스트들"이다. 스넬-혼비(1984)는 영어 텍스트와 독일어 표지판 텍스트를 병행텍스트의 분석방식으로 연구했으며, 이를 통해 해당 텍스트 번역자에게 중요한 두 언어 사이의 본질적인 차이점을 확인했다. 두 문화에서, 부탁, 요구, 경고, 금지와 관련해서 살펴보면, 텍스트생산자와 텍스트수용자 사이의 사회적 관계는 동일하나, 역할에 맞추어 수용자를 확인하고 대명사에 의해 인칭화하는 방식은 다르다는 것이다. 이렇듯 같은 의사소통기능이 다른 언어형식으로 실현되는 것이다. 다음 예에서 보듯이, 경고와 금지의 분야에서 영어는 명령형과 수용자에 대한 호칭을 선호하나, 독일어에서는 비인칭적인 명사가 널리 통용된다.

(1) Passengers entering or leaving the bus while it is in motion do so at their own risk.
[버스가 운행 중일 때 버스에 탑승하거나 하차하는 승객은 자신의 책임 하에 승하차해야 합니다.]

(2) Privatgrundstück. Benutzung auf eigene Gefahr.
[개인 부지. 사고 시 이용자 책임임.]

영어의 경우 명사적 행위자의 사용을 통해서도 수신자 확인이 나타나지만 독일어의 경우 동사적 속성의 명사가 우세하다.

(3) Hawkers, canvassers, collectors not allowed.
[호객꾼, 조사자, 수집가는 허용되지 않습니다.]

(4) Hausieren verboten. [호객행위 금지]

두 언어 사이의 또 다른 차이점은 영어와 달리 독일에서는 화법 동사가 사용되지 않는다는 점이다.

(5) No person shall catty or consume intoxicating liquor in this park.
[이 공원에서는 누구든지 취한 상태에서 담배를 피우거나 주류를 섭취할 수 없습니다.]

(6) Die Mitnahme von Tieren in die Mensa ist nicht gestattet.
[학생 식당에 개를 동반하는 것은 허용되지 않습니다.]

(7) Children must not ride on the elevator unless they are accompanied by an adult.
[어린이는 성인 보호자가 동반하지 않는 한 엘리베이터에 탑승해서는

안 됩니다.]

(8) Das Spielen der Kinder auf Hof, Flur und Treppe ist im Interesse aller Mieter untersagt.
[모든 세입자를 위해 마당, 복도, 계단에서 아이들이 노는 것은 허용되지 않습니다.]

하지만 최근에는 이렇게도 사용된다.

(8a) Wir (Hunde) müssen draußen bleiben.
[우리는(개는) 밖에 머물러야 한다.]

그러나 가장 본질적인 차이는 독일어의 명령형 사용에서 나타나는 상이한 형식들이다. 영어에는 이인칭 명령형의 형식만 있으며, 이는 동시에 동사의 무표적 기본형태이다. 따라서 아이에 대한 명령으로서의 "Keep still"과 도로표지판으로서의 "Keep left" 사이에는 형태적 차이가 없다. 여기서 말하는 두 가지 경우 모두 수용자에게 같은 형식으로 표현한다는 것이다. 이와 같은 영어에서의 무표적 형식은 독일어에서 기능적으로 네 가지 형식에 상응한다. 이 네 가지 형식 가운데 세 가지가 상이한 호칭 형태(du, ihr, Sie)를 통해 유표적으로 나타난다.

(9) Einfahrt freihalten! [진입로를 확보할 것!]
(10) Ruf doch mal an! [전화 좀 하렴!]
(11) Schützt dieses Telefon! Es kann Leben retten.
[이 전화를 보호하시오. 생명을 구하는데 쓰일 수 있습니다.]
(12) Bitte halten Sie den Raum zwischen Fahrer und Tür unbedingt frei.

[제발 운전자와 문 사이의 공간을 반드시 확보해주세요!]

그 외에 확인되는 점은 두 언어에서 금지가 거의 부정 명령형(Nicht füttern! [먹이를 주지 말 것!], Do not feed [먹이를 주지 말 것])의 형식으로 표현되지 않고 대신에 예문 (3)-(8)처럼 평서문으로 실현된다는 것이다. 이것은 출발텍스트인 명령문을 반드시 도착텍스트에서 명령문으로 번역해야 하는 것은 아니다. "[…]은 하지 말아 주세요."라고 평서문으로 번역할 수도 있다. (슈톨체 2001/2016: 144 이하 참조).

출발텍스트의 통사구조를 도착텍스트에서 그대로 유지하는 것이 번역의 목표가 될 수 없다. 이미 이와 관련하여 비네/다르벨네(1958: 20쪽)가 캐나다 프랑스어 도로표지판의 열악함을 비난했다. 캐나다 프랑스어 도로표지판은 미국에서 통용되는 번역이나 프랑스에서의 그것과는 상이하다. 예를 들어, 어떤 번역자는 1976년 인스부르크 동계올림픽의 폐막식에서 거대한 조명 글씨로 된 "GOOD BYE IN LAKE PLACID!"를 읽고, "Auf Wiedersehen in Lake Placid! [레이크 시드에서 안녕!]"라고 낱말대로 번역했다. 만일 그가 그 문장이 발화되는 상황에 대해 물었더라면 "We'll meet again in Lake Placid!"와 같은 의미가 추출될 수 있었을 것이다. (슈톨체 2001/2016: 145 참조). 이것은 통사적 번역만이 유일한 번역방식임을 천명하는 나이다의 성서번역과 차별성을 보인다. 결국 이 두 가지 사례가 의미하는 것은 텍스트유형에 따라 선호되는 번역유형이 있다는 것이다. 번역학이 과학화를 꿈꾸던 번역학 초창기 시절, 비교문체론 학파로 가름되는 비네/다르벨네(1958)의 도로표지판에 대한 비교가 텍스트유형중심 번역과 관련된 논의에 속한다. 이들은 1958년에 공동 저술한 『불어와 영어의 비교 문체론』의 서문에 그 저서의 저술동기를 실었는데, 우리들은 이것을 텍스트유형중심 번역 중에서 텍스트유형 "도로표지판" 번역에 대한 고민과 관련

지을 수 있다: "뉴욕에서 몬트리올까지 고속도로를 주행하며 영문 도로 표지 'No passing [추월하지 말 것]', 'Slow-men at work [천천히 - 인부 작업 중]', 'Slippery when wet [우천시 미끄러움]'을 보게 되었는데, '공무적인 느낌'이 나는 프랑스 공공 표지와 달리 '그다지 권위적이지 않으면서도 자상한' 영문 문구가 그들에게는 인상적이었다. (비네/다르벨네 1958: 18 참조). 그러나 국경을 넘자 캐나다의 영어 도로표지판에 병기된 캐나다 프랑스어 번역 ('Slow/Lentemen [천천히]', 'Slippery when wet/Glissant si humude [우천시 미끄러움]'이 무척 거슬렸다. 이는 프랑스에서 사용되는 프랑스어 원어 도로표지와는 기본적으로 달랐다. 프랑스 표지에는 'Défense de douber [추월금지]', 'Ralentir travaux [서행-작업 중]'(영국에서는 이를 'Slow-Road works ahead [서행-전방 작업 중]'으로 표기한다) 혹은 'Chaussée glissante sur 3 kilomètres [전방 3km 구간 미끄럼 주의]'로 표기한다. 비네와 다르벨네는 두 언어 간 '사고의 차이(genies différents)'에 집중한다."(스넬-혼비 2010: 49 이하). 그럼에도 불구하고 이들이 차용(borrowing), 모사(claque), 치환(transposition), 명시화(explicitation), 변조(modulation) 등의 번역방식에 치중한 것을 보면 이들이 진정으로 텍스트유형중심 번역학에 대해서 관심 있었던 것은 아닌 것 같다. 왜냐하면 이들은 텍스트유형과 번역유형의 관련성에 대한 문제보다도 고립된 어휘와 문법 항목에 관심을 더욱 기울였기 때문이다. 그래서 이들의 저서 제목도 『불어와 영어의 비교문체론』이었을 것이다.

쿠스마울이 예시로 든 텍스트종류 "독촉장(Mahnungschreiben)"의 경우도 텍스트유형중심 번역이 되어야 한다. 이를 테면, 영어의 독촉장에는 보통은 다음과 같은 문구가 있다: "We must ask you to end us your cheque without further delay. [우리는 청구된 금액을 지체 없이 송금할 것을 요청해야 합니다.]" (쿠스마울 1990: 20). 이러한 간접적이고 조심스러운 표현으로 이루어진 "약화된 수행문(hedged performatis)"은 상대방이 자신을 직접 공격하여 체면을 잃게 되는 위험을 피하기 위해서 사용하는 전략이다. (슈뢰더 1987: 47). 이에 비해서 이에 해당되는 독일어 표현은 좀 더 훨씬 더 직접적이다: "Wir bitten Sie, den Betrag sofort zu überweisen. [우리는 해당 금액을 당장 송금해 줄 것을 요청합니다]." (쿠스마울 2009/2012: 144).

독일 선로표지판에는 보통 'Überschreiten der Gleise verboten [선로횡단 금지]'이라고 쓰여 있다. 이것을 의미상 정확하게 영어로 번역하면, 'It is forbidden to cross the lines [선로를 횡단하는 것은 금지되어 있다]'가 된다. 이 번역은 '동일한 정보'를 전달하지만, 영국인들에게는 생소한 표현이기 때문에, 출발텍스트와 동일한 '성과'를 낸다고 할 수 없다고 한다. 같은 효과를 내려면, 해당 상황에서 통용되는 표현, 즉 'Don't cross the lines [선로를 횡단하지 마시오]'를 선택해야 한다는 것이다. (라이스/페어메어 1985/2010: 108).

쿠스마울은 「독일어 및 영어로 작성된 인문학 논문을 통해서 본 텍스트 종류에 따른 의사소통 관습: 독일어와 영어 번역기술을 위하여」에서 번역에서 어휘와 문장 그리고 숙어 등의 상응을 찾는 것 외에도 특정 텍스트유형에서 특정 화행과 관련된 어떤 규범이 가장 일반적인가에 대해서 문제를 제기한다. 그에 의하면 인문학 텍스트의 경우 "I shall in this chapter deal with […] [나는 이 장에서 […]를 다루겠다]"라는 통보화행의 경우 "Das vorliegende Kapitel behandelt […] [이 장에서는 […]를 다룬다]"로, 또는 "Notice that it is sufficient to assume […] [[…]가 충분히 추측할 만하다는 것을 인지하라]" 등으로 번역될 수 있다. (쿠스마울 2009/2012: 53 참조). 쿠스마울이 이러한 견해에 도달한 이유는, 영어 인문학텍스트의 경우에 추측을 제외한 모든 화행에서 텍스트생산자가 텍스트수용자에게 말을 거는 식의 표현이 주로 사용되는 반면에, 독일어 인문학텍스트는 텍스트참여자가 모두 뒷배경으로 사라지고 사무적인 어조가 강조되는 방식이 선호된다는 연구결과에 의한 것이다. 이로써 번역의 문제는 어휘와 문장을 넘어 화행의 영역에서도 여전히 유효하다. (쿠스마울 2009/2012: 56 참조). 쿠스마울은 이러한 연구결과는 언어마다 개별적인 텍스트유형에 적용되는 의사소통관습이 존재한다는 사실을 방증한다. 영어와 독일어로 된 학술텍스트(논문)에서도 표현방식의 차이가 두드러진다. 이를 테면, 영어 학술논문의 경우 "I shall here deal with […] [나는 여기서 […]를 다루겠다]"가 즐겨 사용되는 반면, 독일어 학술논문의 경우 대부분 "Das vorliegende Buch/Kapitel will zeigen […] [이 책/장에서는 […]를 보이고자 한다]"라는 표현이 주로 사용된다.

거의 완벽에 가까운 번역의 가능성을 주장하는 이들, 이를 테면 번역은 단순히 "문장보다 작은 단위 간에 존재하는 등가관계를 이해하고 유지하며 이루어지는 텍스트의 단순한 코드전환"(보트약 1969: 258), 또는 "출발어로 된 텍스트를 도착어로 된 등가 텍스트로 전환하는 것"(노이베르트 1967, 슈피츠바르트 1972: 15에서 재인용)이라는 주장은 일견 아주 깔끔해 보이고 명료해 보인다. 그러나 언어마다 세계를 분절하는 방식이 상이하기 때문에 위와 같은 주장들은 관심을 끌기에 부족함이 있다. 왜냐하면 텍스트성을 바라보는 방식이 언어마다 상이하기 때문이다. 특히 텍스트중심 번역학의 이론적 토대에 관심이 있었던 라르손의 다음과 같은 주장이 언어끼리의 일대일 대응이 어려운 이유 중의 하나로 간주될 수 있다.

> 실제 세계에 같은 사물, 사건, 성질이 존재하더라도 이 모든 것을 지칭하는 체계는 언어마다 달라서 일대일 대응이 이루어지지 않는다. 언어들은 각기 나름대로 의미를 구분하는 것이다. […] 언어는 문화와 지리적 위치,

그리고 사람들의 세계관 차이로 인해서 각각 달라지며 특정한 분야와 관련된 언어의 수도 다르다. […] 한 언어에 있는 단어들이 다른 언어의 단어들에 잘 대응되고 있는 것처럼 보이고 그 의미의 중심 요소나 비교 요소들조차 같은 것 같아도 사실은 완전한 의미에서 등가성을 지닌 것이 아니다. […] 예를 들어 영어의 'house', 그리스어의 'oikos', 그리고 파푸아뉴기니의 'numuno'는 모두 '건물'이라는 일반적인 의미를 가지고 있다. 그러나 이 단어들이 지시하는 문화적인 객체는 모두 다르기 때문에 각 단어를 말할 때 마음에 그려지는 이미지는 완전히 다르게 나타난다. (라르손 1984: 97).

텍스트유형중심 번역의 중요성은 "six thirty"라는 단순한 시간표현의 번역에서도 찾아 볼 수 있다: "영어로 'six thirty'라고 시간을 표기했을 때와 아라비아 숫자를 써서 '6:30' 또는 '0630 hours'라고 했을 때, 세 가지 표현은 시각적인 인상부터가 서로 다르고, 그에 따라 독자가 보고 느끼는 감각도 다르다. 소설에서 사랑하는 연인이 다시 만나려고 시간 약속을 하는 장면에서라면 틀림없이 'six thirty'라는 표현을 썼겠고, 사업가가 누구와 만날 약속을 하는 장면이라면 아마도 '6:30'이라고 했을 것이며, 전쟁 소설에서 미 해병대가 필리핀의 어느 섬에 상륙하려고 작전회의를 하는 장면이라면 당연히 '0630 hours'라고 했으리라. 그렇다면 우리도 번역할 때는 앞에 보기로 든 세 경우에 당연히 '여섯 시 반'과 '6시 30분', '06시 30분'이라고 저마다 구별해서 표현해야 옳다." (안정효 2006: 45).

텍스트유형중심 번역의 어려운 점은 하나의 언어권에서 실현된 많은 텍스트유형들이 어떤 이상적이고 정확한 특성을 명시적으로 드러내지 않는다는 점이다. 텍스트유형과 관련된 요구 조건이나 기대는 텍스트가 나타나는 맥락 요건에 따라 수정되거나 무시될 수도 있다. 그럼에도 불구하고 전통적으로 사용되는 텍스트유형 개념을 버리는 것은 불가능하다. 개념과 마찬가지로 텍스트유형도 퍼지적이다. (보그랑데/드레슬러 1981/2008: 276 참조). 번역에서도 텍스트유형에 따라서 번역방식이 달라져야 한다. 예를 들어 그라이스의 대화함축 이론의 격률 개념을 끌어다가 매끄러운(fluent) 번역, 즉 자국화 번역전략을 추구하는 것은 기술텍스트나 법률문서 등 그 경계가 명확한 부분에서만 적용할 수 있다. (먼데이 2000/2006: 140 참조). 번역의 방식을 결정하는 데 텍스트유형이 결정적이라는 이야기이다.

텍스트(유형)중심의 번역의 토대 하에서만 충실성중심(출발텍스트중심) 번역과 가독성중심(도착텍스트중심) 번역이 의미를 갖게 된다는 정혜용의 주장에 귀를 기울일 필요가 있다[27]: "충실성과 가독성이라는 두 잣대가 함량 미달의 번역을 걸러 낸다는 점에 있어서는 우리의 번역 현실에서 일정 역할을 하고 있다는 것을 인정하면서도 궁극적으로는 폐기되어야 할 비평 기준으로 간주한다면, 그것은 충실성과 가독성이라는 두 잣대를 내세운 번역비평이 텍스트 층위에서 이루어지는 문학번역가의 번역 실천을 아우르지 못하기 때문이다." (정혜용 2012: 110).

---

[27] 충실성과 가독성은 번역비평의 중요한 토대가 되어 왔다. 2005년도 영미문학연구회에서 펴낸 영미 고전작품 번역본에 대한 비평서 『영미 명작, 좋은 번역을 찾아서』에 번역된 작품에 대한 가장 기본적인 평가기준이 충실성과 가독성이다: "충실성(faithfulness)은 번역문이 원문을 정확하게 이해하고 적절하게 번역했는가를 판단하는 영역으로, 단어·구절·문장 등에서 부정확하거나 부적절한 번역의 빈도나 정도를 판단한다. 가독성(readability)은 번역문의 우리말 구사 수준을 판단하는 영역으로, 대개 문장 차원에서 어색하거나 생경하거나 비문인 정도가 어떠한지를 판별한다. 다만 번역자가 의도적으로 낯선 역어나 구문을 선택했다고 보는 경우에는 역자의 선택을 존중한다." (영미문학연구회 2005: 21 이하).

8장 나가기

    21세기가 중반으로 치닫는 지금, 맥루한에 의해서 지칭된 "지구촌의 시대"가 실현됐다. 세상이 좁아지고 교통과 통신이 점점 활발해지며 상이한 언어와 문화 간에 교류가 많아지는 지금의 세계에서 번역은 아주 중요하다[1]. 그래서 "우리는 번역의 시대를 살고 있다(nous sommes à l'âge de la traduction)"(케일레 1955: 83)는 케일레의 주장도 그리 틀린 것이 아니다. 그러므로 우리들은 번역에 있어서 텍스트중심 번역을 고려하지 않을 수 없다. 왜냐하면 이러한 교류의 저변에는 의사소통 개념이 중요하고, 의사소통은 텍스트차원에서만 성립되기 때문이다. 따라서 번역물도 항상 낱말이나 문장이 아니라 텍스트로서 존재한다. 텍스트언어학에서 영향력 있는 이론가였던 코제리우는 번역학이 텍스트언어학의 일부라고 주장했으며, 번역에서 텍

---

[1] 콜라도 현대사회에서 번역의 범람 현상을 다음과 같이 요약하고 있다: "매우 상이한 인간 삶의 영역에서, 국내 또는 국제적 관계에서 또 과학이나 공업에서, 국제적인 상업이나 무역교류에서 그리고 미학에서 자신의 언어와는 다른 언어의 텍스트를 알고자 하거나 배우고자 하며 또 이러한 텍스트를 수용하고 생산해 내려는 욕구를 가지거나 이에 의존해야 하기 때문이다." (콜러 1992: 1).

스트기능이 중요한 역할을 할 수 있음을 일찍감치 알고 있었다. (코제리우 1988: 26 참조). 지금까지의 우리들의 연구는 "텍스트중심 번역학"을 지향하며, 텔아비브 번역학파의 거두인 에반-조하르가「오늘날의 번역이론」이란 제목의 논문에서 언급한 번역자들의 고통스러움을 이해한다.

> 우리는 노련가이거나 초심자이거나 간에 풋내기들의 상투적인 말에 얼마나 많이 고통을 당해 왔는가. 그 말들이란 번역이 원작하고 결코 동등할 수 없다거나, 언어들이 서로 다르다거나, 문화가 번역 과정에 '역시' 포함된다거나, 번역이 '정확'할 때 그것은 '축어적'이어서 원작의 '정신'을 잃는다거나, 텍스트의 '의미'는 '내용'과 '문체' 등등을 가리킨다거나 하는 것들이다. 기준들이 명백히 혹은 은밀히 나타나는 방법들, 즉 번역이 어떠해야 한다거나 어떤 평가 기준으로 번역을 보아야 한다고 말하는 방법들 또한 말할 나위 없이 고통스럽다. (에반-조하르 1981: 1).

그럼에도 불구하고 우리들의 연구는 베르만이 "번역활동을 전체적으로 다루는 유일한 이론이 가능하다고 상정하는 것은 번역의 공간이 결정적으로 복수적, 이질적, 통합 불가능적이라는 점을 간과하는 것"(베르만 1986: 676)이라고 정의 내리는 것에 반하는 지점을 향해 있다. 또한 본서는 다음과 같은 노이베르트/쉬리브의 주장을 극복하려는 성격도 띄었다.

> 오늘날 번역학은 서로 중첩되는 여러 관점의 집합체라 할 수 있다. 번역연구에 접근하는 통합된 방법이 존재하지 않는다. 실무자와 학자가 특정 영역에 터를 잡고 자신만의 고립된 방식으로 번역 현실을 이해한다. 이러한 관점 다수는 경험적인 것들이 아니다. 이러한 관점들은 별개의 원천에서 나온 것들이다. 그 중 일부는 다른 학문 분야의 모델에서 비롯되었다. 그

리고 다른 어떤 것들은 은유와 성찰의 결과물이다. 각각의 관점은 서로 다른 번역의 한 측면을 강조한다. 번역은 다양한 이론적, 방법론적 반응을 이끌어내고 권장한다. (노이베르트/쉬리브 2000/2013: 18).

이러한 주장과 달리 차라리 우리들의 연구는 뉴마크의 다음과 같은 신념에 부합하는 성격을 가졌다: "번역은 원천언어텍스트, 그것의 전통, 그것의 규범, 그것의 문화를 위해서 행해져서는 안 되며, 목표언어텍스트, 그것의 매끄러운 관습, 그것의 독자, 그것의 의뢰자를 위해서 행해져서도 안 되고, 비판적으로, 섬세하게, 직관력 있게, 궁극적으로 보편적 진리와 권리를 위해 행해져야 한다." (뉴마크 1991: 106). 이것은 마치 훔볼트가 출발텍스트와 도착텍스트 사이의 중도 찾기가 불가능할 것이라는 가정을 불식시키는 작은 출발점의 의미도 가지고 있다.

> 모든 번역은 내게는 그저 불가능한 과제를 해결하려는 시도인 것 같아 보이네. 번역자라면 누구나 늘 다음 두 가지 난관 가운데 하나에 봉착할 수밖에 없기 때문이지. 자국민의 취향과 언어를 희생시키면서 너무 엄밀하게 원문에 충실하거나, 원문을 희생시키면서 자국민의 고유한 특성을 너무 과도하게 존중하는 것이지. 이 두 가지 사이에서 중도를 찾기는 어려운 일임을 떠나서 솔직히 불가능한 일이라네. (슈톨체 2001/2016: 16에서 재인용).

좀 더 구체적으로 말하면 텍스트중심 번역모델은 번역에 있어서 번역자는 우선적으로 출발텍스트중심 번역을 하게 되고 (달리 표현하면 충실성 번역 정도가 될 수 있다), 이후에는 도착텍스트중심 번역으로 옮아가게 되고 (달리 표현하면 가독성중심 번역과 관련 있다), 그리고 최종적으로 이 둘을 참고로 해서 텍스트(성)중심 번역을 행한다는 것이다. 비록 무모한 시도처럼 보이지만 스넬-혼비가 루터를 인용하면서 자신이 저술한 『통번역학: 통합적 접근』(1988/1995)이 번역학이 가야 할 길 위에 놓은 "자갈과 돌덩어리"를 제거하고 비옥한 토양을 일구게 될 것을 염원하듯이 본서가 그러한 역할을 할 것이라고 조심스레 기대해 본다. 이를 테면 텍스트중심 번역이란 번역비평가를 위한 가독성과 충실성 규범을 대체할 수 있는 새로운 규범 같은 것이다.

부록 1

Benjamin의 번역개념:
「번역자의 과제 Die Aufgabe des Übersetzers」를 중심으로[*]

이재원

20세기 전반기를 살았던 문예비평가로 통칭되는 벤야민은 번역학에 있어서도 업적을 남겼다. 「번역자의 과제」가 바로 그것이다. 그는 이 논문에서 후대 번역학자들에 의해 상대주의적 번역관으로 간주되는 자신만의 독특한 번역개념을 제시했다. 예를 들어, 조각난 사기그릇의 파편들이 원문이자 그 원문의 번역문(들)이라는 것이다. 또한 이러한 파편들은 서로 닮아 있고, 이러한 파편들을 퍼즐 맞추듯이 끼워 맞추어서 온전한 사기그릇을 복원하는 것이 번역자의 과제라는 것이다. 깨어지기 전의 온전한 사기그릇은 순수언어이자 아담의 언어이기도 하다. 본고는 이러한 벤야민의 번역관을 현대 언어학적 내지는 번역학적 개념으로 분석하는 것을 목표로 한다. 그렇게 하는 것이 소위 '마법적'이고 '난해한' 벤야민의 번역관이 조금이라도 이해가능하기 때문이다.

---

* 이 논문은 「독어학」 48집(2023)에 실린 것을 발췌한 것이다.

1. 머리말

번역학계에 널리 알려진 Stolze의 『번역이론 입문. 번역학 꿰뚫기 Übersetzungstheorien. Eine Einführung』(2016)은 Benjamin의 번역 이론을 언어 체계 측면에서 상대주의 성향의 이론으로 분류한다. 특히 그 중에서도 Humboldt와 Schleiermacher 그리고 Weisgerber와 Derrida의 번역 이론과 구분되어 "형식이 강조되는 번역"으로 유형 분류되고 있다. 달리 표현하면 Benjamin의 번역 이론에서는 텍스트의 내용 전달이 중요한 것이 아니라 "형식 Form"이 중요하다는 것이다(Stolze 2016, 22 이하 참조).

20세기 전반기에 독일이 배출한 걸출 난 천재 중의 한 사람이었던 Benjamin은 미학, 문예학, 역사학, 정신분석학, 정치학, 사회학뿐만 아니라, 우리들의 관심분야인 번역학에서도 업적을 남겼다. 특히 후자와 관련되는 에세이로는 「언어 일반과 인간의 언어에 대하여 Über Sprache überhaupt und über die Sprache des Menschen」(1916), 「번역자의 과제 Die Aufgabe des Übersetzers」(1923), 「유사성론 Lehre vom Änlichen」(1933), 「미메시스 능력에 대하여 Über das mimetische Vermögen」(1933), 「언어사회학의 문제들 Probleme der Sprachsoziologie」(1935) 등이 있는데, 이 중에서도 본고의 자료가 되는 그의 글은 「번역자의 과제」이다. 이 글은 – 그가 자신의 연구 여정의 말미에 연구비 신청을 위해 덴마크의 어느 장학재단에 제출한 글에 언급되어 있듯이 – 그의 언어이론에 대한 사유를 규명하는 데 아주 중요한 역할을 하는 작품으로서, 번역학적 견지에서도 분석될 만한 가치가 충분하다: "독일로 돌아온 후 처음 출간된 저서는 보들레르의 『파리풍경 Tableaux Parisiens』의 번역이었다. 이 책의 서문에 「번역자의 과제」라는 논문이 실려 있는데, 이 논문은 나의 언어이론적 성찰의 첫 번째 결과였다. 처음부터 나는 예술이론적 문제와 더불어 언어 철학에 깊은 관심을 가졌었다"(Benjamin 1983, 12).

본고에서는 Benjamin의 번역개념이 구체적으로 무엇인지를 언어학적 또는 번역학적인 관점에서 따지고, 그가 자신의 언어연구와 번역연구의 모토로 삼은 개념들, 이를 테면 순수언어 reine Sprache와 아담언어 Adamitische Sprache가 무엇인지, 그리고 그 언어가 번역에서 어떤 역할을 하는지를 살피는 것이 목적이다. 이로써 문예학에서와는 달리 Benjamin의 번역 이론이 왜 언어학/텍스트언어학 또는 번역학의 공간에서 활발하게 논의되지 않았는가에 대한 궁금증이 해소될 터이다. 비록 Benjamin의 글이 몽타주 또는 알레고리 기법으로 저술되어 전체 글의 의도가 잘 드러나지 않은 어려움이 있고(Witte 2001, 244 참조), 초기의 신학적인 방법론과 후기의 유물론적인 방법론이 더해지면서 이 두 유형을 상호보완적으로 간주한 그의 사유방식이 글의 어려움에 한 몫을 했다지만, 본고에서는 한 구절 한 구절을 두텁게 읽어내면서 분석했다.

2. 문예텍스트 번역

Benjamin의 「번역자의 과제」[1] 첫 문단은 다음과 같은 격한 주장으로 시작되는데, 시는 독자를 위해, 그림은 관람객을 위해, 교향악은 청중을 위해 존재하지 않는다는 것이다. 다시 말해서 시와 그림 그리고 교향악 각각을

---

1   Benjamin의 「Die Aufgabe des Übersetzers」에서 "Übersetzer"는 한국어로 "번역가"(반성완 1983)와 "번역자"(최성만 2021)로 번역되었다. 이외에도 "번역사"라는 명칭도 생각할 수 있는데, 본고에서는 "번역자"를 선택했다. 왜냐하면 Benjamin의 위의 글이 번역을 직업적인 생계수단으로 삼는 "번역사"를 위한 것이 아니고, 또한 번역에 대한 전문인이나 그것에 능한 사람을 일컫는 "번역가"만을 위한 것이 아니라고 간주되기 때문이다.

하나의 텍스트유형으로 간주할 때² 이러한 텍스트의 생산자는 텍스트수용자를 위해서 텍스트를 생산하지 않는다는 것이다.

> 어떤 예술작품이나 예술형식을 인식하는 데 있어 수용자를 고려하는 일은 결코 생산적이 되지 못한다. 비단 어떤 특정한 수용자 층이나 아니면 그들의 대표자를 고려하는 일만이 잘못된 것이 아니라 〈이상적〉 수용자라는 개념까지도 모든 예술이론적 논의에서 방해요소가 되는데, 왜냐하면 이러한 논의들은 단지 인간의 현존재와 본질만을 그 전제로 하고 있기 때문이다. 예술 역시 이와 같은 식으로 인간의 신체적 정신적 존재를 전제하고 있다. 그러나 정작 실제의 예술작품에서는 인간의 반응은 별로 문제시되고 있지 않은데, 그 이유는 그 어떤 시도 독자들을, 그 어떤 그림도 관람자를, 또 어떤 심포니도 청중을 겨냥하고 있는 것은 아니기 때문이다(Benjamin 1983, 319).

Benjamin이 여러 가지 다양한 텍스트유형 중에서 굳이 "예술작품" – 이를 테면 시나 그림 또는 교향악 등 – 에 대해 운을 떼게 된 이유는 그의 이 글이 Baudelaire의 시집 『악의 꽃 Les Fleurs』의 독일어 번역판을 위한 것이었기 때문이다. 그가 궁금해하는 질문과 대답 "만약 그렇다면 하나의 문학작품은 과연 무엇을 말하고 있으며 또 무엇을 전달할 수가 있을 것인가? 문학을 이해하고 있는 사람에게는 아무것도 전달해 주지 않는다고 보아야 할 것이다. 문학에서 본질적인 것은 설명도 전달도 아니다"는 전적으로 텍

---

2 Benjamin은 「번역자의 과제」를 쓰기 이전에 「언어 일반과 인간의 언어에 대하여」를 쓰게 되는데, 그곳에서의 첫 문단이 바로 언어 범용성에 관련되는 내용이다. 따라서 그에게 시와 그림 그리고 교향악이 하나의 텍스트라는 것은 그리 낯설지 않다(Benjamin 2021, 71 이하 참조).

스트 일반에 해당되는 것이 아니라 시 텍스트, 이것을 좀 더 확장시키면 그림이나 교향악 등을 포함하는 문예텍스트에 한정되는 질문과 대답이다. 그래서 그의 논문 제목은 「번역자의 과제」가 아니고 「문예작품 번역자의 과제」로, "번역이란 원작을 이해하지 못하는 독자들을 위해 있는 것일까?"는 "문예작품 번역이란 원작을 이해하지 못하는 독자들을 위해 있는 것일까?"로 수정되어야 할 것이다. 필자는 지금까지 Benjamin의 번역이론에 관한 많은 논문에서 이런 식으로 해석한 것을 본 적이 없다. 여하튼 Benjamin은 문학에서의 본질적인 것이 "일반적으로 파악할 수 없는 것, 비밀스러운 것, 시적인 것"(Benjamin 1983, 316)이라고 하는데, 그렇다면 당연히 이러한 원작을 옮긴 번역본도 파악할 수 없어야 하고, 비밀스러워야 하고, 시적이어야 하기 때문에 번역은 정보전달과는 무관하다고 결론짓는다. 그래서 Benjamin이 시, 그림 그리고 교향악과 같은 예술작품의 수용자를 무시해도 된다는 주장을 번역 일반과 관련 짓기 이전에, 전적으로 특정 텍스트유형과 관련지어야 한다. 그래서 이러한 Benjamin의 주장을 텍스트언어학적 또는 번역학적 차원에서 살피면, "시, 그림 그리고 교향곡과 같은 문예텍스트를 관통하는 전형적 기능 또는 핵심적 기능은 표현 기능이다"로 해석할 수 있다.

이런 식으로, 이를 테면 시, 그림 그리고 교향곡 텍스트를 하나의 기능적 관점에서 바라보는 시각은 Bühler의 『언어이론. 언어의 서술기능 Sprachtheorie. Die Darstellungsfunktion der Sprache』(1934)에서, 좀 더 정확히 말하면 플라톤의 『크라튈로스 Kratylos』(1973)에서 맹아를 보였던 언어의 오르가논 모델 Organonmodell에서 유래한다. 이 모델에서는 텍스트를 특징 짓는 세 가지 의사소통 유형이 중요하다. 이러한 세 가지 유형은 "표현 Ausdruck", "호소 Appell" 그리고 "서술 Darstellung"이고, 이에 따르면 모든 텍스트는 이러한 의사소통적 유형 또는 텍스트 기능을 가지고 있다는 것이다. 그러나 어떤 특정한 텍스트가 하나의 기능만을 가져야 하는 것은 아니고, "이 세 가지 기능들이 모든 언어 발화에서 질적으로 동일한 차원에 위치할 필요는 없다. 하나의 텍스트(또는 텍스트 조각)에서 서술 기능이 압도적일 수 있고, 어떤 다른 텍스트는 표현 기능, 또 다른 텍스트는 본질적으로 청자나 독자에 대한 호소 기능에 의해 유지된다. 전체 텍스트가 오로지 배타적으로 언제나 단 하나의 기능만을 반영하고 있지 않다는 사실은 자명하다. 실제로 무수한 수의 혼합 형태와 겹침이 존재한다. 그러나 주어진 텍스트에서 언어의 한 기능이나 다른 어떤 기능이 대세일 경우, 이 세 가지 기본 유형의 구분은 정당성을 가질 수 있다"(Reiß 1971, 32)고 유추 해석되기도 한다. 이러한 뷜러의 기능 분류는 – 그가 자신의 저서에서 여러 차례 밝혔듯이 – Platon의 "오르가논/도구 모델"에 기댄 것이다. 플라톤에 의하면 구멍 뚫는 송곳이나 옷감을 짜는 베틀 북의 역할을 언어가 수행한다는 것이다. 이때 언어는 도구가 되며, 이것이 바로 이 모델이 언어의 도구 모델로 불리는 이유가 된다. 이러한 Bühler의 도구 모델이 Benjamin이 말한 "시가 독자를 위해 있는 것이 아니다"와 관련 지을 수 있는 것은, 예술작품은 전적으로 "표현"과 관계하기 때문이다. 또한 이러한 "표현"이 중시된 텍스트의 언어 차원이 "미학적"이고 텍스트부류로서는 "형식 중심"이라는 다음과 같은 Reiß의 구분도 Benjamin의 주장인 "문학에서 본질적인 것은 설명도 전달도 아니다"(Benjamin 1983, 319)와 유사성을 가진다.

텍스트유형	텍스트기능	특징	등가척도	번역방식
정보전달적	정보전달	사건중심	내용중심 차원에서 불변항	사실에 충실한 (=소박하고 산문적)
정표적	예술적 진술	송신자 중심	유사한 예술적 형태	저자에 충실한 (=동일시)
조작적	행위자극	행동 중심	텍스트 내재적 호소와 일치	호소에 적합한 (=패러디적, 이후에는 번안적)
시청각-미디어	(1-3)	(1-3)	(1-3)	미디어 융합적 (=보충적)

⟨표 1⟩ Reiß의 기능번역 모델 (1971, 20)

사실 시 텍스트나 문예텍스트에는 표현 기능만이 있는 것이 아니라 다른 기능과도 겹칠 가능성이 있다. 그렇지만 시 텍스트의 전형적인 기능이 "표현적/정표적"이라는 사실이 중요하다. 따라서 Benjamin이 자신의 논문 초입에서 텍스트수용자를 고려할 필요가 없다고 강한 목소리로 – 번역 일반이 아닌 – 문예번역을 정의하는 방식은 현대 번역학적 또는 텍스트언어학적 관점에서 볼 때 전혀 낯설거나 마법적인 것이 아니다. 특히 번역학에서 텍스트유형을 먼저 파악하고, 그것에 따라서 전형적인 텍스트 기능이 무엇인지를 우선적으로 숙지하고 난 후에 번역자가 번역을 시작해야 된다는 차원에서 보면, Benjamin의 위 구절은 텍스트언어학적 번역론의 출발점 역할을 하고 있다고도 말할 수 있다. 그가 주장하는 것을 번역 일반이 아니라 문예텍스트에 한정한다면 그러하다는 것이다. Benjamin이 문예텍스트 번역에 해당되는 경우를 번역 일반으로 통칭하려 했던 것은 충분히 이해가능하다. 애초에 그에게 번역 연구는 문예텍스트 번역이 출발점이었고 그것이 번역의 존재 이유였기 때문이다.

Benjamin은 문학작품 번역의 특수성, 따라서 번역은 텍스트종류에 의거해서 번역해야 된다는 사실과, 문학은 "정보의 전달"이 아니라, "표현"이 관건이라는 사실을 "동일한 것"의 번역을 언급하면서 좀 더 구체화시킨다.

> 번역은 원문을 이해하지 못하는 독자들을 위한 것인가? 만약 그렇다면 예술의 영역에서 원문과 번역이 서야 할 서열의 차이는 충분히 설명된 것처럼 보인다. 심지어는 〈동일한 것〉을 반복하는 것이 번역의 유일한 이유인 것처럼 보이기도 한다. 만약 그렇다면 하나의 문학적 작품은 과연 무엇을 말하고 있으며 또 무엇을 전달할 수가 있을 것인가? 문학을 이해하고 있는 사람에게는 아무것도 전달해 주지 않는다고 보아야 할 것이다. 문학에서 본질적인 것은 설명도 전달도 아니다. 그럼에도 불구하고 무엇인가를 전달하려고 하는 번역은 정보, 다시 말해 비본질적인 것을 전달할 수밖에 없을 것이다. 정보의 전달 – 이것은 나쁜 번역의 한 특징이기도 하다. 그러나 정보의 전달 이외에 하나의 문학적 작품에 존재하고 있는 것은 – 나쁜 번역가도 인정하듯 – 일반적으로 문학에서 본질적인 것으로 간주되고 있는 측량할 수 없는 것, 신비적인 것, 번역가가 동시에 시인이어야 재현할 수 있는 〈시적인 것〉이 아닐까?(Benjamin 1983, 319 이하).

그가 말하듯이 문학작품 번역을 정보의 전달과 연관시키는 것이 나쁜 번역의 한 특징이라는 사실은 텍스트언어학적 견지에서는 충분히 공감되는 주장이다. 왜냐하면 텍스트언어학에서의 언어 연구는 "텍스트는 원래의 기호", "텍스트는 일차적 기호", "텍스트는 최상의 기호"(이재원 2018 참조)라는 정의에 걸맞게 텍스트유형에 대한 구분이 필수적으로 우선되어야 하고, 그럼으로써 텍스트유형 "문학작품"의 지배적인 텍스트 기능이 "표현"이며, 이는 확언적 텍스트유형이 가진 "정보전달"과는 거리가 있는 텍스트종류라는 사실을 말해 주고 있기 때문이다. 그러므로 Benjamin의 이러한 주장은 번역일반과 관련된 것이 아니라, 순전히 문예텍스트와 관련 있는 주장이다. 또한 Benjamin의 이 주장은 문학작품의 원문이 독자를 위해 존재하는 것이 일차적이지 않는 한, 문학작품의 번역 또한 독자를 위해 존재하는 것을 최상의 목표로 설정될 필요가 없다는 것과 유사하다. 결국, 위의 예문에서 Benjamin이 번역일반이 아니라, 시 텍스트나 문학텍스트에서의 번역방식으로 구체화시킨 것은 현대 번역학적 견지에서도 충분히 이해되는 내용이다. 여하튼 그의 이러한 주장은 번역일반에 해당되는 것은 결코 아니다. 왜냐하면 우리들은 번역에서 정보전달이 필요한 많은 텍스트유형들을 알기 때문이다[3].

그런 차원에서 살피면, Benjamin이 "[예술작품의] '이상적' 수용자"(Benjamin 1983, 319)를 그리 탐탁하게 생각하지 않는 것도 동일한 맥락에서 이해할 수 있다. 왜냐하면 "전달" 개념은 수용자를 전제하는 개념이고, Benjamin에게 있어서 시 텍스트 번역에서는 전달이 중요하지 않으므로 수용자가 큰 역할을 할 수 없고, 따라서 번역에서 간혹 상정할 수 있는 이상적 독자나 수용자 또한 그의 관심 밖이었을 것이다. 텍스트유형의 언어학에서 독자 내지는 이상적 독자가 관심거리인 경우는 정치텍스트나 광고텍스트와 같은 호소텍스트의 경우에 유효하다. 또한 문학텍스트의 경우에도 – 소위 순수문학이 아닌 – 특정한 목적으로 가지고 독자의 마음에 다가가려하는 경향 문학이나 참여 문학의 경우가 여기에 해당될 수도 있다[4]. 또한 Benjamin의「번역자의 과제」를 "텍스트[문학작품]의 작품성 번역"(신상범 2014, 95)과 관련 짓는 경우를 보더라도, Benjamin의 번역개념은 철저

---

[3] 예를 들어 방교영(2017)처럼, "언어의 본래적 기능은 뜻의 소통이지 시적 표현이 아니라는 전제"를 가지게 되면 Benjamin의 번역론은 "탈진실의 현실과 포스트모더니즘의 언어행위"와 관련을 가질 수밖에 없다.

[4] 그래서 Benjamin의 이상적 수용자에 대한 정혜욱이 주장하는 다음과 같은 견해는 좀 더 논의가 필요해 보인다: "번역가가 이상적 독자를 염두에 둔다는 것은 번역가가 이상적이라고 생각하는 독자의 취향에 무의식적으로 굴복할 수도 있다."(정혜욱 2010: 38).

히 문예작품 번역과 관련됨을 알 수 있다. 따라서 번역에 대한 위와 같은 Benjamin의 견해를 "진리, 이념, 객관성"을 추구하는 Benjamin의 인식 비판적 입장 때문이라고 단편적으로 언급한 최성만의 다음과 같은 주장은 좀 더 면밀한 분석이 필요하다: "그런데 Benjamin의 예술작품과 비평에 대한 성찰에서 이처럼 독자를 철저하게 배제하는 것은 진리, 이념, 객관성을 추구하는 그의 인식비판적 입장 때문이다. 그 때문에 그는 예술철학적 논의에서 모든 종류의 주관적 심리주의를 배격한다. 이러한 반심리주의는 그의 비평관과 마찬가지로 그의 번역관에도 똑같이 적용된다"(최성만 2015, 59 이하). 사실, Benjamin의 번역관은 진리나 객관성과 크게 관련이 없다. 그는 철저하게 문예텍스트의 번역 방식만을 추구했기 때문이다. 또한 위와 같은 Benjamin의 구절을 길게 인용하면서 "난삽하게"(윤성우 2007, 117) 보인다고 평하는 경우도 있는데, 위와 같은 텍스트유형의 문제와 관련 지으면 이해하기 어렵지 않다.

도대체 이러한 Benjamin의 사유는 어디에서 유래하는 것일까? Benjamin은 「기술복제 시대의 예술작품」에서 아우라 Aura 개념을 상정하는데, 이것과 그의 문예작품 번역관과 관련 지을 수도 있겠다. 왜냐하면 문예텍스트를 예술이나 예술성이라는 측면에서 보면 예술작품의 아우라를 위해 번역되지 않음이 당연할 수 있기 때문이다. 아우라는 일회성과 관련이 깊기 때문에 원본과 동일해 지려고 하는 번역본이라는 것을 염두에 두면 결국 문학작품의 번역은 아우라와 잘 들어맞지 않음을 알 수 있다. 홍승우도 예술작품 번역의 불가능성에 대해서 다음과 같이 논하는데, 이것은 문예텍스트도 예술작품의 한 유형이므로 그것에 대한 번역 또한 요청되지 않고 기껏해야 번안 정도로만 해결되는 문학작품은 모조행위에 속한다는 것이다.

건축, 조각, 회화나 음악 같은 다른 예술작품을 이해하는 데 번역은 요청되지 않으며, 또한 고고학적 또는 미학적 주석도 그것들을 이해하는 데 별로 도움이 되지 않는다. 비너스상을 새로운 대리석에 조각하면, 이것은 동일한 재료가 사용되었음에도 불구하고, 모조품이 되며, 그 예술 가치는 도저히 원작에 비교되지 못한다. 그런데 상이한 재료에 의거 '번안[번역]'된 작품에 어떻게 원작의 예술성이 유지될 수 있겠는가? 다른 예술작품에서와는 달리 유독 문예작품에서만 번안[번역]이 필요했던 것은 무엇보다도 그 소재, 즉 언어내용이 상이하고, 이 상이성으로 그 소재 자체부터 전혀 이해할 수 없기 때문이다. 더욱이 문학에서 형성된 언어는 색채나 돌처럼 중립적인 재료가 아니다. 따라서 번안[번역]은 다른 예술작품에서와는 달리 권할 만하지만, 상이한 재료에 의한 허용되는 모조행위인 것이다(홍승우 1985, 176).

3. 번역은 형식

이제 Benjamin에게 있어서 문예텍스트의 원본이 원본의 독자를 위한 것이 아니듯, 번역본 또한 번역본의 독자를 위한 것이 아니다. 그런 고로 Benjamin의 문예텍스트 번역은 (의미의) '설명'이나 '전달'이 핵심이 아니고, 문예텍스트의 번역자가 관심을 기울여야 하는 것은 어떤 '시적인 것'이다.(Benjamin 1983, 319 이하 참조). 이러한 Benjamin의 주장은 우리들이 일반적으로 번역에서 가정하고 있는 '어쨌든 번역자는 원본의 의미를 파악하여 이해하고, 번역본에서 이와 유사한 의미를 가진 낱말이나 문장 등을 찾아내어 옮겨놓는 것이다'라는 보통의 정의와는 사뭇 다르다. 사실 이러한 의미 전달 개념에는 커뮤니케이션 개념이 자리하고 있다고 보는 것이 마땅하다. 왜냐하면 의미 전달이 성립하기 위해서는 전달자에 해당되는 화자/저자와 피전달자에 해당되는 청자/독자가 있어야 하고 전달되는 대상이 있어야 하기 때문이다. 그래서 '언어는 커뮤니케이션의 수단이다'라는 일상적 언어 정의에서 발신자/화자와 수신자/청자 그리고 전달의 대상이 되는 '메시지/내용'이 상정되는 것이다. 만약 Benjamin이 텍스트가 어떤 것을 전달해야 한다는 사실에 대해서 엄청난 거부감을 가지고 있었다면, 그의 언어개념이나 번역개념은 위와 같은 커뮤니케이션의 차원에 존재하는 것이 아니라, 어떤 다른 차원에 머문다고 가정할 수 있다. 이러한 추정이 어느 정도 가능한 것이 Benjamin이 "시에서 본질적인 것은 전달이나 진술이 아니다"라는 주장에 이어 "[문예텍스트의] 번역은 하나의 형식 Form이다"(Benjamin 1983, 320)라는 주장 때문이다.

> 번역은 하나의 형식이다. 번역을 하나의 형식으로서 파악하기 위해서는 우리는 원문에까지 소급하지 않으면 안 되는데, 왜냐하면 원문은 번역을 지배하는 법칙, 즉 원문의 번역 가능성을 내포하고 있기 때문이다. [...] 번역이라는 말의 엄격한 개념을 두고 보면 언어적 형상은 실제적으로는 어느 일정한 한도 밖에 번역될 수 없는 것이 아닐까? 어떤 언어적 형상의 번역이 꼭 이루어져야 하는지의 여부는 이러한 의미에서 제기되어야 할 터인데, 왜냐하면 만약 번역이 위에서 말한 것처럼 하나의 형식이라면 번역될 수 있다는 것은 어떤 문학작품의 본질적 특성이 되지 않으면 안 되기 때문이다(Benjamin 1983, 320 이하).

Benjamin의 「번역자의 과제」에 등장하는 핵심 술어 중의 하나는 "형식"이다. 왜냐하면 이 논문에서 총 12번 등장하는 이 낱말이 바로 그의 독특한 번역의 정의와 깊게 맞물려 있기 때문이다. 그런데 이 또한 "번역은 하나의 형식이다"가 아니라, "문예작품 번역은 하나의 형식이다"로 수정되어야 한다. 왜냐하면 Benjamin의 이 논문에서는 번역일반에 관한 문제가 아니라 오로지 문학번역에 관한 것이기 때문이다. 도대체 Benjamin에게 있어서 형식은 무엇인가? 위에서 언급된 "시인이 재현할 수 있는 시적인 것"이라는 표현 그리고 "언어적 형상은 실제적으로는 어느 일정한 한도밖에 번역될 수 없는 것"이라는 표현에서 유추해 보면, 시 또는 문예작품에서 구분하는 의미와 형식에서의 형식일 것이라고 조심스레 추측할 수 있다. Benjamin은 이러한 형식개념을 번역가능성과 곧바로 결부시키는데, 그에 따르면 번역이란 형식이며, 형식을 알기 위해서는 원문을 알아야 하고, 결국에는 원문에 담겨 있는 어떤 요소가 번역을 요청한다는 것이다. 그런데 문제는 언어적 형상은 일부만이 번역될 수 있다는 것이다. 만약 Benjamin의 (마법적) 형식개념이 이해하기 어렵다면, 도대체 시에서 번역이라는 것이 어떻게 이해되는지에 대해 알아보는 것도 유용하다. 예를 들어 홍승우에 의하면 시가 형식과 내용으로 이루어졌음을 언급하고 이러한 것이 모두 다 번역될 수 없음에 대해서 다음과 같이 논한다.

> 문예작품의 한 유형인 시는 내용과 형식의 통일체로 형성된다. 일반적으로 시에 있어서 형식이라는 것으로 운율을 들 수 있다. 이러한 시가 가진 이러한 운율적 특성은 언어마다 상이하므로 사실상 시의 완벽한 번역은 불가능한 셈이다. 당나라 시의 다양한 운율들을 한국어로 어떻게 번역 가능하겠는가? 구전으로 전해내려 온 호머의 『오딧세이』를 어떻게 한국어로 재현할 수 있겠는가? 그러한 원문의 시가 가진 형식을 번역하지 못하고 내용만을 전달할 때 원문의 예술성은 온전히 전달되지 못한다(홍승우 1985, 161).

따라서 문예작품의 번역은 다음과 같은 한계점을 가진다.

예술형식의 상이성은 문예작품을 번역할 때 부딪치는 첫 난관이 된다. 예술의 본질과 비밀은 그 형식이 일회적이고, 반복적일 수 없다는 데 있다. 특별한 것은 결국 특별한 것으로 재현될 수 없다. 언어의 감각성은 서로 상이하며, 그 표상력, 이것을 엮는 방법, 그 분포와 움직임, 음악성도 상이하다. 시의 언어는 육체와 영혼으로 된 통일체이며, 심적-물리적 전체이다. 시어의 물질적 기호체계를 건드리자마자 번역이란 바로 이것을 위조하는 행위이다(Blanquis, 471 참조). 더욱이 예술이란 주관적 기도이므로 시를 객관적으로 번역하려는 것은 이상에 불과하다. 그 이유는 첫째로 원저자의 영감은 자연체험이며, 번역자의 영감은 예술체험이다; 둘째로 예술은 장르를 전제하나, 번역에는 이 자유가 없으며, 그러나 동시에 예술성이 요구된다; 셋째로 원저자는 가능의 세계에서, 번역자는 필연의 세계에서 움직인다. 비유하여 말하자면 원저자의 예술행위는 3차원의 풍경을 그리는 화가와, 번역자의 행위는 그려진 2차원의 풍경을 모조하는 습작가와 유사한 관계에 있다(홍승우 1985, 161 이하).

애초부터 Benjamin의 번역개념은 의사소통과 상관있는 것이 아니라, 순수언어의 차원에서의 번역이다. 다시 말해서 아담의 언어에서의 번역이지, 바벨의 언어에서의 번역이 아닌 것이다. 이러한 아담의 언어를 알기 위해서 우리들은 Benjamin의 순수언어에 대해서 알아야만 한다. 또한 Benjamin의 형식개념을 Humboldt의 그것과도 비교할 수 있다: "분절된 소리를 사고의 표현으로 격상시키는 이 정신작용 속에 담긴 지속적이며 불변적인 것이 – 가능한 한 완벽하게 그 연관 속에서 파악되고 체계적으로 기술되면 – 언어의 형식을 구성한다"(Humboldt 1972 VII, 47); "낱말이란 개념을 지칭하는 소리이다. 다시 말해서 그런 낱말 속에는 항상 소리단위와 – 낱말들이 결합할 때 이 단위는 강세를 통해서 형성된다 – 개념

단위가 들어 있다"(Humboldt 1972 V. 410). Benjamin이 이러한 Humboldt의 소리와 관련된 형식 개념에서 "번역이 형식"이라는 힌트를 얻었다는 추정은 그가 몇 군데에서 자신의 언어 내지는 번역이론을 전개하는 데 있어 Humboldt에 빚지고 있다는 사실을 언급한 곳에서 찾을 수 있다: "나에게 오랫동안 깊은 인상을 남긴 것은 뮌헨대학의 철학교수 모리츠 가이거의 강의와 베를린대학의 핀란드어와 헝가리어 교수인 에른스트 레비의 강의였다. 특히 레비 교수가 행한 훔볼트의 〈여러 민족의 언어구조〉에 대한 강의와 그 자신의 〈후기 괴테의 언어〉에서 전개된 생각은 나의 철학적 관심을 일깨워 주었다."(Benjamin 1983. 11). 그러므로 Benjamin의 형식개념을 시 텍스트의 내용이 아닌 소리(운율 등)와 깊은 관련을 맺고 있음을 알 수 있다.

4. 순수언어

Benjamin의 「번역자의 과제」에서 순수언어 개념은 – 비록 언어 상호 간에 (문예) 번역의 불가능성이 존재하지만 – 언어 상호 간의 근친성 내지는 친화성 때문에 번역이 가능하다는 개념을 논하는 장소에서 언급된다. 이때 친화성 Verwandtschaft이란 하나의 전체로서 각각의 언어 속에 놓여 있는 의도들 Intentionen, 다시 말해서 각각의 개별언어 그 자체로서는 실현될 수 없고, 언어 상호 간의 상호작용을 통한 총체성에 의해서만 획득 될수 있는 언어 그 자체에 내재해 있는 의도들 속에서만 찾아질 수 있는데, Benjamin에 의하면 그러한 의도들의 총체성이 바로 순수언어이다 (Benjamin 1983. 324 참조).

오히려 역사를 초월하는 모든 언어 상호간의 이러한 친화성은 하나의 전체로서 각각의 언어 속에 놓여 있는 의도, 다시 말해 각각의 개별적 언어 그 자체로는 실현될 수 없고, 각 언어 상호 간의 상호작용을 통한 총체성에 의해서만 획득될 수 있는 언어 그 자체에 내재하는 의도 – 우리는 이를 순수 언어라고 부를 수 있을 것이다 – 속에서만 찾아질 수 있다(Benjamin 1983, 324).

Benjamin의 의도 개념은 그와 동시대를 살았던 Wittgenstein의 『철학적 탐구 Philosophische Untersuchungen』에 등장했던 언어사용과 관련된 의도 개념과 언어학의 화용론적 전환점에서 큰 역할을 했던 Austin의 발화수반력 illokutionäre Akt과 관련된 의도 개념과는 큰 차이가 있다. 왜냐하면 이들의 의도 개념은 의사소통 과정에 참가하는 로고스 logos(말씀)를 창조한 또는 로고스와 동급인 신이 아닌 인간, 즉 화자 또는 텍스트생산자와 전적으로 관련되는 개념이기 때문이다. 그래서 우리들은 Benjamin이 말하는 순수언어를 곧바로 떠올리기가 쉽지는 않지만, 원문과 번역문이 사기그릇의 파편들이라는 Benjamin의 은유에 기대면, 순수언어는 깨어지기 전의 온전한 사기그릇이다[5]. 이것은 이 세상 모든 언어들의 선조 격이기도 하고, 여러 파편 조각의 원형이 되는 사기그릇이다. 「번역자의 과제」에서 도합 십여 번 등장하는 순수언어 개념은 Benjamin의 언어개념이나 번역개념을 이

---

[5] Eco는 이러한 Benjamin의 순수언어를 완전언어로 이해하고 있다. 이러한 에코의 견해는 Benjamin이 깨어지기 전의 온전한 사기그릇을 순수언어라고 한 것과 비슷하다: "7세기 이후 서구의 다양한 신학자, 철학자, 과학자는 완전언어를 재발견한다거나 규정 또는 생각해 내려고 시도해 왔다. 완전언어에 대한 탐구는 다양한 역사적 시기에 다양한 종교적, 과학적, 철학적 노력으로 자극을 받아 왔으며, 당연하게도 번역 논의에도 얼마간 영향을 끼쳐 왔다. 일반적으로 완전언어의 존재를 규정하는 데서 학자들이 힌트를 얻은 것은, 사람들이 언어 A를 언어 B로 번역하기 위해서는 A와 B 양쪽으로 표현되는 개념이 아무런 모호함도 없이 전달될 수 있는 완전언어에 호소하지 않을 수 없다는 것이다."(Eco 2005: 15).

해하는 데 핵심적인 역할을 한다. 그래서 Benjamin에게 있어서 (문예) 번역에서 의도들을 찾는 것이 중요하다는 것은 (문예) 번역에서 순수언어를 찾는다는 것과 다름 아니다. 왜냐하면 의도들의 총체성이 바로 순수언어이기 때문이다. Benjamin에 의하면 이러한 순수언어의 흔적은 원문에도 그리고 번역문에도 존재할 수 있다. 왜냐하면 깨어진 사기그릇의 파편들(원문과 번역문들)이 깨어지기 전에 존재했던 온전한 사기그릇(순수언어)을 추측할 수 있기 때문이다. 또한 Benjamin에게 원문과 번역문은 – 깨어진 사기그릇의 파편이라는 점에 있어서 – 그 위상이 거의 동급으로 간주되기 때문이다. 플라톤식으로 말하면, 목수가 의자의 이데아를 머릿속에 가지고 있기 때문에 그것을 바탕으로 부서진 의자를 수리하여 온전한 의자로 만들 수 있고, 아무런 형상도 없는 돌덩이에서 석공이 정과 망치로 멋진 다비드상을 빚어낼 수 있는 것은 그러한 다비드의 모습이 석공의 머릿속에 이미 존재하기 때문이라는 것이다. 이때 이데아는 깨어지기 전의 온전한 사기그릇 같은 것이다. 결국 번역자는 깨어진 사기그릇의 파편을 끼워 맞추는 고고학자처럼 번역 작업에 있어서 언제나 온전한 순수언어를 염두에 둔다.

다시 한 번 Benjamin의 위의 구절들을 음미하면, 일단 순수언어는 의도들의 총체성과 관련 있다. 우리들은 총체성과 관련된 Benjamin의 순수언어를 좀 더 쉽게 이해하기 위해 언어철학의 장에 기대보자. 언어학의 낭만파의 거장이었던 Humboldt는 동일한 대상에 대한 언어마다 각기 다른 내용을 가진 표현이 등장하는 것에 유념한다. 이로써 그는 언어공동체에서 하나의 낱말을 만들 때 그 낱말이 지칭하는 대상에 대한 다양한 표현 방식 중에서 하나를 선택할 수밖에 없음을 알아차린다. 예를 들어 산스크리트어에서 코끼리는 '두 번 마시는 자', '치아 둘을 가진 자', '손 하나를 가진 자'로 불린다는 것이다. 그런데 이 낱말들은 동일한 대상을 가리키고 있지만 그것이 가진 의미는 다양하다. 이에 대해서 Humboldt는 다음과 같이 설명한다.

> 언어는 결코 대상을 나타내는 것이 아니라, 항상 언어 생성 시에 정신을 통해서 독자적으로 만들어진 개념을 나타낸다. 그리고 이러한 형성은 분절 의미에 가까운 감각보다 더 내적인 것으로 간주되어야 하는 한 여기서 언급된다. 그러나 이러한 구별은 언어 생성에만 적용되면 자연에 존재하는 것으로 간주될 수 없다(Humboldt 1972 III, 468).

Humboldt는 가리키는 대상과 언어내용 사이가 명백하게 구분되는 것이 언어의 분절에 의한 것이지 자연에 미리 내재된 것이 아님을 주장한다. 이로써 Humboldt에게 있어서 언어학의 진정한 관심은 언어 외적인 대상이 어떤 방식으로 표현되었는가의 문제에 있다. 이를 테면, 왜 코끼리를 지칭하는 표현이 여러 개인데, 그 중에서 특별히 특정 표현이 선택되었는가의 문제이다.

Benjamin의 순수언어에서 가장 중요한 사실은 코끼리를 지시하는 다양한 지칭방식 내지 표현방식의 총체성에 의해서만 이것이 실현된다는 것이다. 이것을 사기그릇의 비유를 들어 풀어 보자면, 깨지기 전의 사기그릇은 순수언어이고, 이것들이 깨어져 (바벨탑 사건 이후) 파편으로 존재하게 되는데, 파편 A(원문)와 파편 B(번역문)는 총체성에 의해서 순수언어(깨어지기 전의 사기그릇)가 된다는 것이다. 당연히 이러한 파편들은 근친적이고 친화성이 있다. 즉, 어떤 파편의 깨어진 부분들은 이웃하는 파편들의 깨진 부분들과 관련이 있다는 것이다. 결국 번역은 원문이 담고 있는 순수언어(사기그릇의 파편 A가 담고 있는 깨어지기 전의 사기그릇의 모습)를 번역자의 언어로 드러내는 과제를 안고 있다. Benjamin에게 있어서 원문도 번역문도 모두 다 온전한 사기그릇이 아닌 의미가 죽어버린 (온전성이나 총체성이 없는) 각각의 파편들이다. 우리들은 하나의 파편만으로는 깨지기 전의 사기그릇을 복원할 수 없다. 다시 말해서 하나의 파편만으로 깨지기 전의 사기그릇의 고유한 본성을 드러낼 수 없다. 이때 번역의 필요성이 탄생한다. 원문은 최선의 방식으로 순수언어에 도달하고 싶기 때문이다.

이제 Benjamin의 순수언어에는 Saussure의 시니피앙과 시니피에의 구분과 시니피앙과 시니피에 사이에 존재하는 자의성 개념이 결여되어 있다. 그러므로 번역가는 원문의 의미만을 전달하는 것이 아니라 소통될 수 없는 그 무엇을 끄집어내는 노력을 해야 한다는 것이다.

이것은 바로 고고학자가 사기그릇의 파편을 가지고 이웃하는 파편과 접합 시킬 때 언제나 가장 상위에 있는 온전한 사기그릇을 염두에 두고 끼워 맞추어 나간다는 뜻이다. 그래서 순수언어를 깨지기 전의 사기그릇으로 본다면 원문과 번역문은 사기그릇의 파편이므로, 원문과 번역문은 순수언어의 한 부분으로만 존재한다. 예를 들어 우리들이 깨진 사기그릇의 파편 A를 가지고 있고 이것으로 파편 B와 서로 연관 짓는 것은 깨지기 전의 사기그릇을 다시 재현하기 위함 아닌가? 이때 파편 B를 번역문이라고 하면, 원문은 A가 될 수 있다.

이것은 현대 번역학에서 절대적 번역가능성을 주장했던 Mounin의 주장 "모든 언어를 모든 언어로 번역하는 일은 보편소의 영역에서는 적어도 가능하다고 또한 결론을 내려야만 한다"(Mounin 1967, 223)와 언어의 도구적 성격을 토대로 해서 Mounin의 입장을 좀 더 정교하게 만들었던 Koschmieder의 번역 정의와 약간은 관련 있어 보인다.

번역은 L_x에 있는 Z_x에서 출발하여 B_x를 지나서 G를 찾는다. 이후 L_y에 존재하는 동일한 G에서 출발하여 B_y를 지나 이와 동등한 Z_y를 찾는 것이다(Stolze 2016, 38에서 재인용).

이것을 달리 표현하면, 번역이란 출발언어 기호에서부터 출발언어의 피기호체를 지나 의도된 것을 찾고 난 후에 목표언어에 있는 동일한 의도된 것에서 출발하여 목표언어의 피기호체를 지나 동등한 목표언어의 기호를 찾는 것이다(Stolze 2016, 38 이하 참조). 그러나 보편적 자질에 속하는 G를 순수언어와 비교하는 것은 문제가 있어 보인다. 일단 G라는 것은 말 그대로 의미 자질 목록인 반면, 순수언어는 언어 외적 대상과 거의 등가 관계에 있는 어떤 것이기 때문이다. 또한 이러한 방식은 다음과 같이 무한성의 문제점과 마주할 수 도 있다: "즉 언어 A에서 언어 B로 이행하기 위해 언어 X의 매개를 필요로 한다는 것이 사실이라면, A에서 X로 이행하기 위해서는 언어 Y의 매개를 필요로 할 것이고, 그 다음에도 무한하게 이러한 것이 필요하게 될 것이다"(Eco 2005, 16).

5. 의도하는 것과 의도하는 방식

Benjamin은 「번역자의 과제」에서 '의도하는 것'과 '의도하는 방식'을 구분하는데, 이를 위해서 다음과 같은 빵의 비유를 제시한다.

> 빵이라는 뜻의 독일어 'Brot'와 불어 'pain'이라는 말은 동일한 대상을 의도[지시, 지칭]하지만, 그 의도하는 방식은 동일하지 않다. 의도하는 방식이라는 면에서 보면, 이 두 단어는 독일인과 프랑스인들에게는 무언가 좀 다른 것을 뜻하고, 이 양 단어는 서로 대체 될수 없으며 또 궁극적으로는 서로 배재하려는 성향을 지니고 있다고 할 수 있다. 그러나 이 두 말이 의도하는 대상은 동일하다. 이처럼 이들 말이 의도하는 방식은 상호 갈등 관계에 있지만, 의도와 의도의 대상은 이들 말 속에서 상보작용을 하고 있는 것이다. 다시 말해 의도의 방식은, 이들 말 속에서 의도의 대상과 상호보완

관계를 맺고 있다고 할 수 있다(Benjamin 1983, 324 이하).

현대 언어학에서는 "어떤 낱말이 동일한 대상을 의도한다"라는 표현은 하지 않는다. "의도"는 화·청자가 포함되는 경우에 성립되는 개념이고, 화·청자가 생략되고 오로지 (언어외적) 대상과 언어기호가 결부되는 경우에는 "의도한다"라는 표현보다는 "지시" 내지는 "지칭"이라는 개념을 사용하기 때문이다. 그래서 "'Brot'과 'pain'이라는 말은 동일한 대상을 의도"한다는 라는 구절을 현대 언어학적인 방식으로 풀어보면 "'Brot'과 'pain'이라는 말은 동일한 대상을 지칭/지시"한다로 대체할 수 있다. 이와 달리 낱말의 "의도하는 방식"은 낱말의 "의미"를 가리키는 것 같은데, 왜냐하면 – 현대 언어학에서 다양한 "의미"의 정의가 존재하지만 – 의미론의 전형이라고 할 수 있는 구조주의적 방식으로 풀이하면 "Brot"와 "pain"은 동의어로 간주할 수는 있지만 그 낱말들이 해당언어의 음운구조에서 차지하는 위치 가지가 다르고, 각각은 약간 상이한 연상도 불러일으킬 여지가 있기 때문이다. 즉, "Brot"와 "pain"은 의미 면에서 일대일의 대응관계가 없다. 그러므로 빵의 독일어 "Brot"와 프랑스어 "pain"의 경우, 현대 언어학적으로 살피면 "지시 대상은 동일하지만 의미는 상이하다"가 될 것이다. 이것을 코끼리의 비유를 통해 설명하자면, 언어외적 대상인 코끼리를 지시하는 다양한 표현들이 있는데, 그 표현들의 지시대상은 동일하지만 의미가 다르다고 이해할 수 있다. 사실, 위와 같은 Benjamin의 빵의 비유는 두 언어의 의미 차이를 이해시키기에 썩 명확하지 않은 면이 있다. 차라리 한국어의 '자매결연'이라는 어휘와 이에 대한 대응어인 독일어의 'Schwesterschaft'가 아닌 'Partnerschaft'의 예가 훨씬 더 명확해 보인다. 한국어에서 어떤 두 단체의 친밀도가 가족 구성원인 자매관계의 친밀도에 비견되었다면, 독일어에서는 사회당사자 자체의 공속관계로 언어화되었다(홍승우 1985, 174 이하 참조). 이런 경우, 두 낱말이 지시는 동일하지만 의미가 다르다. 그래서 현대 언어학에서 언어의 의미 번역은 거의 불가능한 것으로 간주된다. 그래서 현대 언어학에서의 일반적인 번역개념은 Benjamin의 '의도하는 방식'이 아니라 '의도하는 대상'과 관련 있다. 그래서 의도하는 방식을 "글의 형식, 즉 문체"와 관련 있다는 신상범의 주장(2014, 27)은 너무나 Benjamin을 협소하게 해석한 것으로 간주될 수 있다.

6. 미메시스와 번역

미메시스 개념은 Platon과 Aristoteles를 필두로 고대 그리스 시대부터 현대에 이르기까지 뭇 철학자들의 관심을 끌어왔다. "모방" 또는 "흉내" 더 나아가 "재현"이라는 다양한 의미를 가진 이 개념에 대해 Benjamin도 관심을 보였는데, 그는 「유사성론」에서 미메시스 능력을 주변의 환경을 닮아가면서 자신을 보호하는 동식물처럼 인간이 살아남기 위해서 환경에 적응하는 힘으로 간주했다. 마치 카멜레온이 살아남기 위해서 주변의 색들을 모방해서 보호색을 띠는 것과 같은 이치로 간주한다.

> 우선 어린 아이들의 놀이들은 어디서나 미메시스적 형태로 특징 지어짐을 알 수 있으며, 그들의 놀이 영역은 어떤 한 사람이 다른 사람을 모방하는 것에만 한정되지 않는다. 어린아이는 상인이나 선생을 흉내 내어 놀기도 하고 물레방아나 기차도 흉내 내며 논다(Benjamin 1978, 333).

선천적으로 타고난(어린이가 하는 놀이이므로) 미메시스 능력은 감각적 유사성의 능력뿐만 아니라 인간의 직관, 오성, 상상력 등을 동원하여 비감각적 유사성을 인식할 수도 있다. 즉 점성술의 영역과도 같은 분야에서도 인간의 미메시스 능력이 작동했다는 것이다. 이것은 바로 선사시대에 횡행했던 인간의 능력 같은 것이다. 이를 테면 "그것은 모든 언어 이전의 읽기, 동물의 내장, 별들 또는 춤에서 읽기이다. 나중에 룬 문자나 상형문자와 같은 새로운 읽기의 매개체들이 쓰이기 시작했다"(Benjamin 1978, 336).

그러나 Benjamin에 의하면, 인간이 선악에 대한 구분을 하면서부터 이러한 비감각적 유사성을 작동시키는 인간의 미메시스 능력은 점차적으로 쇠퇴했다. 좀 더 정확히 말하면, 인간의 미메시스 능력이 사라졌다기보다도 언어능력으로 전이되기 시작했다는 것이다.

> 예전에 투시력의 바탕이었던 미메시스 재능은 수천 년의 발달 과정을 거쳐 차츰 언어와 문자로 옮겨졌고, 이 언어와 문자 내에서 비감각적 유사성의 가장 완벽한 서고를 만들었을 것이다. 이처럼 언어는 미메시스 능력의 최고의 응용 단계이며, 즉 언어는 그 속으로 이전에 유사성을 인지하는 지각 능력들이 남김없이 들어간 매체가 되었다(Benjamin 1979, 68).

즉, 문자와 언어가 미메시스 능력을 담지하는 핵심적인 매체가 된 것이다. 이러한 미메시스 능력이 언어와 문자로 전이되었음을 아쉬워하는 Benjamin과 마찬가지로 오래 전에 플라톤도 『파이드로스』에서 인간의 문자 발명에 대해서 혹독하게 비판한다(Platon 2012, 274b 이하 참조). Benjamin은 언어에 내재되어 있는 비감각적 유사성에 대해서도 다음과 같이 말하고 있다: "여러 언어에서 동일한 것을 의미하는 낱말들을 그 의도된 것을 중심에 두고 배열해 보면, 그 낱말들이 흔히 서로 간에 조금도 유사성을 소유하고 있지 않을 지라도, 모두 그 낱말들의 중심에 놓인 그 의미된 것에 얼마나 유사한가 하는 문제를 연구해 볼 수 있다"(Benjamin 1979,

68). 이러한 주장은 원문인 사기그릇의 파편 A와 번역문인 사기그릇의 파편 B는 깨어지기 전에 사기그릇의 한 부분이므로 그 온전체 중의 일부가 담겨 있다는 것과 유사하다. 아마도 Benjamin은 자신이 예로 들었던 독일어의 "Brot 빵", 프랑스어 "pain 빵"은 각기 다른 언어기호로 표현되지만 이것들은 유사성을 지니고 있다는 것이다. 또한 한국어의 "빵"과 같이 또 다른 언어에서 빵을 지칭하는 낱말들을 여럿 모아 놓으면 빵의 진실에 더 가까이 갈 수 있다는 믿음을 Benjamin은 가지고 있었다. 이것은 마치 Benjamin이 번역개념에 대해서 논할 때 깨어지기 전의 사기그릇이 순수언어이고, 개별 언어들이 깨어진 파편들인데, 이러한 파편들이 비감각적 유사성을 가지고 있다는 것으로 이해할 수도 있다. 아무리 사기그릇의 파편들이 제각각이라고 할지라도 깨어지기 전의 사기그릇의 한 부분이라는 측면에서 살피면 조금의 비감각적 유사성도 존재하기 때문이다. Benjamin에 의하면 세상의 모든 언어들은 깨어지기 전의 온전한 사기그릇이 깨어진 조각들이다. 그러므로 출발텍스트의 어떤 낱말과 도착텍스트의 그 낱말의 번역어가 함께 모이면 차츰차츰 원사기 그릇의 모습에 도달할 수 있다는 것이다. 그래서 언어 A를 언어 B로 번역한다는 것은 원사기그릇에 대한 파편 A(언어 A)와 파편 B(언어 B)를 붙여서 원사기그릇(순수언어)에 도달하려고 하는 것이 번역이라는 것이다. 여기에는 원문(언어 A)과 번역문(언어 B)의 차이는 존재하지 않는다. 그래서 Benjamin에게 있어서 번역이란 깨어진 원사기그릇을 복원하기 위해서 깨어진 파편들을 이어 붙이는 작업인 것이다.

파편(원문)은 그 하나만으로 결코 깨어지기 전의 사기그릇을 재현할 수 없다. 또 다른 하나의 파편(번역문)도 마찬가지이고, 이 둘이 만들어 내는 것도 마찬가지이다. 모든 불완전한 파편들은 이어 붙여 깨어지기 전의 사기그릇(순수언어, 아담언어)로 만드는 것이 바로 번역이다. 즉, 불완전한 언어(파편들)를 보다 완전한 언어인 아담의 언어 내지는 순수언어로 옮기는 것이 바로 번역인 것이다. 그래서 Benjamin의 번역관은 바벨언어의 시대를 사는 우리들에게 끊임없이 아담언어를 소환하고 있다. 이미 마법이 되어버린 태고의 언어에 대한 끊임없는 향수가 Benjamin의 「번역자의 과제」를 휘감고 있다.

7. 맺음말

 파편은 결핍과 부재의 은유로서 기능한다. 고고학자들이 파편을 끼워 맞추어 깨어지기 전의 온전했던 사기그릇을 재구하려고 노력하듯, Baudelaire의 번역자로서 Benjamin은 원본과 번역본을 대조해 가며 좀 더 나은 번역본들을 만들어 내려고 노력했을 것이다. 그런데 이러한 파편들은 깨어지기 전의 사기그릇에서 유래한 것이므로 서로 친화적일 수밖에 없다. 왜냐하면 모든 파편들은 사기그릇 원형의 부산물이기 때문이다. 이러한 은유는 서로 다른 언어들이 근친관계에 있다는 것을 의미하기도 하는데, Benjamin식으로 풀어보면 세상의 모든 언어들은 그것의 조어를 가정하고 있기 때문이다: "언어는 서로 낯선 관계가 아니라 선험적이다. 또 언어는 역사적 상관관계를 맺고 있다는 점 이외에 이들 언어가 표현하고자 하는 내용에 있어서 서로 유사점을 지닌다"(Benjamin 1983, 323). 그러한 조어가 바로 아담의 언어이다. Benjamin에 의하면 우리들은 아무리 발버둥 쳐봐야 깨어진 사기그릇의 시대를 살고 있다. 사기그릇의 파편들은 깨지기 전의 순수언어의 흔적이고, 순수언어는 소쉬르의 시니피앙과 시니피에가 구분되지 않은 아담의 언어인 이름 언어, 즉 로고스의 흔적이다. 시니피앙과 시니피에가 구분되지 않는 언어는 로고스의 언어이거나 바벨 언어가 생겨나기 전의 아담의 언어이다. 그 시대의 언어는 엄청난 힘을 발휘한다. 왜냐하면 언어가 곧 외부세계의 대상이나 사태 또는 사건을 지시하거나 지칭하는 것이 아니라 바로 그것 자체이기 때문이다. 그래서 번역이란 원본이라는 파편이 아닌 또 하나의 파편을 주워들고 깨어지기 전의 순수했던 사기그릇을 복원하려는 고고학자의 행위와도 같은 것이다. 이런 방식으로 Benjamin은 깨어지기 전의 사기그릇의 시대, 신이 로고스라는 말씀으로 세계를 창조하고 세계를 호령하던 때에 대한 그리움을 표현했을 것이다. Benjamin의 번역은 우리 시대의 바벨의 언어가 아니라 아담언어와 철저하게 연관되어 있다. 우리들이 그의 번역관을 마법이라 칭하고, Stolze가 상대주의 극에 위치시키는 이유이다.

참고문헌

Benjamin, W. (1972): Die Aufgabe des Übersetzers. In: Walter Benjamin. Gesammelte Schriften Band IV, 9-22.
Blanquis, G. (1936): Kann man Dichtung übersetzen? In: Dichtung und Volkstum 37, 470-482.
Bühler, K. (1934): Sprachtheorie. Die Darstellungsfunktion der Sprache. Stuttgart/New York.
Humboldt, W. v. (1972): Werke in fünf Bänden. Darmstadt.
Mounin, G. (1967): Die Übersetzung. Geschichte, Theorie, Anwendung. München.
Platon (1973): Kratylos. In: Platon, Phaidon. Das Gastmahl. Kratylos. Bearbeitet von Dietrich Kruz. Griechischer Text von L. Robin und L Méridier. Deutsche Übersetzung von F. Schleiermacher. Darmstadt.
Reiß, K. (1971): Möglichkeiten und Grenzen der Übersetzungskritik. München.
비테 (2001): 발터 벤야민. 한길사. (윤미애 옮김).
방교영 (2017): 탈진실 현상과 벤야민의 번역론. 기호학 연구 50, 163-201.
벤야민 (1983): 발터 벤야민의 번역이론. 민음사. (반성완 편역).
벤야민 (1983a): 나의 이력서. In: 발터 벤야민의 번역이론. (반성완 편역). 민음사, 11-13.

벤야민 (2021): 언어 일반과 인간의 언어에 대하여. 번역자의 과제 외. 도서출판 길. (최성만 옮김).

소쉬르 (2012): 일반언어학강의. 지식을만드는지식. (김현권 옮김).

슈톨체 (2016): 번역이론 입문. 번역학 꿰뚫기. HUiNE. (임우영 외 옮김).

신상범 (2014): 발터 벤야민의 번역이론과 순수언어. 새한영어영문학회 학술발표회 논문집 2014-5, 94-99.

신상범 (2019): 발터 벤야민의 번역론에 의거한 문학텍스트 번역연구. 부산대학교박사학위 논문.

에코 (2005): 움베르토 에코를 둘러싼 번역이야기. 열린책들.

윤성우 (2007): 발터 벤야민(W. Benjamin)의 번역론에 관한 소고. 번역학연구 8-1, 175-191.

이재원 (2009): 고전수사학과 현대광고 I. - 키케로의 수사학 교본 "화술의 법칙(Partitiones oratoriae)"을 중심으로 -. 수사학 10, 131-158.

이재원 (2018): 텍스트언어학사. 연대기학에서 메타히스토리오그라피로. HUiNE.

정혜욱 (2010): 번역과 문화연구. 경성대학교 출판부.

최성만 (2015): 발터 벤야민. 기억의 정치학. 도서출판 길.

플라톤 (2012): 파이드로스. 크리스천라이프.

홍승우 (1985): 문예작품 번역의 가능성과 한계. 한국외국어대학교 논문집 1985-1, 161-177.

황윤영 (2021): 고대 게르만 문자 루네 푸타르크와 현대 대중문화. 문화와 융합 43-12, 527-542.

부록 2

정보성중심 번역: 한강의 『소년이 온다』의 영어본, 독일어본, 그리고 중국어본을 중심으로[*]

이재원/조신

1. 들어가기

잘된 번역은 텍스트중심 번역 die textbezogene Übersetzung 이다. 언어에서 가장 중요한 것이 의사소통이라면, 의사소통은 오직 텍스트에서만 실현되기 때문이다. 혹시라도 수술 시에 의사가 간호사에게 '가위!' 또는 '실!'이라고 외치는 낱말도 의사소통 단위로서 기능할 수 있지 않느냐고 질문할 수 있지만, 그것은 단지 표층 차원에서의 낱말이므로, – 포르찌히 W. Porzig(1975)에 의하면 – 이러한 단위들은 "한 낱말 레데/텍스트 Rede/Text"로서 오직 텍스트 차원에서만 논의될 수 있다[1]. 텍스트를 연구의 기

---

* 이 논문은 『텍스트언어학』 54집(2023)에 실린 것을 발췌한 것이다.
1 "더 이상 분절되지 않는 레데들이 있다. 이러한 레데들은 단 하나의 형태로 구성되어 있고, 아주 분명한 상황에서 발화되고, 대화 상대방으로 하여금 일정한 반응을 불러일으킨다. 이를테면, '정지! Halt!', '들어와! Herein!', '조심해! Vorsicht!', '도와주세요! Hilfe!', '아웃! Aus!', '끝났니? Fertig?' 그리고 수술 시에 외과 의사가, '가위! Schere!', '솜! Tupfer!', '바늘! Nadel!', [...] 이러한 레데들은 상이한 과제를 가지고 있다. 이러한 레데들은 요구하고, 전달하고, 묻

본단위로 설정하는 텍스트언어학에서는 텍스트 정의의 종차가 되는 텍스트성 textuality이라는 개념을 중요하게 다루어 왔다[2]. 텍스트성 개념 정립의 실질적인 출발점이라고 간주할 수 있는 보그랑데 R. de Beaugrande/드레슬러 W. Dressler(2008: 53 참조)에 기대면, 언어라는 것은 아직 사용되고 있는 않은 선택 가능한 항목으로 이루어진 잠재적 virtual 체계인 반면, 텍스트는 일곱 가지 텍스트성(본고의 2장 참조)으로 이루어진 하나의 실현적 actual 체계이다. 다시 말해서 하나의 텍스트에는 일곱 가지 텍스트성이 많건 적건 간에 포함되어 있어야 한다. '투박한', '매끄럽지 못한', '서투른', '미비한', '어색한', '부자연스러운' 등의 수식어를 가진 번역투 translationese가 심하거나 오역 같은 경우가 바로 번역에서 텍스트성을 염두에 두지 않았기 때문에 생기는 결과이다. 즉, 번역이 시원찮다는 것은 이러한 텍스트성중심 번역이 제대로 이루어지지 않았음을 의미한다.

본고는 '잘된 번역은 텍스트중심 번역'이라는 모토에 힘입어 '텍스트성중심 번역'의 체계, 그중에서도 '정보성중심 번역의 체계'를 만들어 보려는 목표를 설정하였다. 이러한 체계의 토대가 되는 것은 보그랑데/드레슬러가 제기한 정보성이다. 정보성이라는 개념은 - 비트겐슈타인 L. Wittgenstein(1994)의 '가족유사성 Familienähnlichkeit'의 개념을 빌리지

고, 입장을 취한다. 그러나 이러한 레데 들은 언제나 상황 내에서, 무엇을 요구하고, 무엇을 전달하고, 무엇에 대해서 묻고, 어떤 의미에서 입장을 취하는지, 충분할 정도로 분명하게 말한다." (포르찌히 1975: 109).

[2] 여기서 텍스트성이 텍스트언어학의 종차가 된다는 것은 "텍스트언어학은 텍스트성을 규명하는 언어학이다"라고 했을 때, '텍스트성의 규명'을 일컫는 개념이다. 즉, 이 경우에 '텍스트언어학'은 종개념이고 '언어학'은 유개념 그리고 '텍스트성의 규명'이 종차가 된다.

않더라도³ – 여러 학자들에 의해서 언급되었지만⁴, 본고의 정보성중심 번역은 텍스트언어학의 출발점이었던 보그랑데/드레슬러의 일곱 가지 텍스트성에서의 정보성 개념을 철저하게 따른다.

연구 자료로서 본고에서는 한강의 『소년이 온다』(2014/2022)[이하 ST]를 출발텍스트로, 『소년이 온다』의 영어본 『Human Acts 인간의 행동』(2014/2020)[이하 TT1]과 독일어본 『Menschenwerk 인간의 작품』(2017)[이하 TT2], 그리고 중국어본 《少年來了 소년이 온다》(2018)[이하 TT3]를 도착텍스트로 선정하였다. 문예작품이 태생적으로 가지고 있는 많은 어려움 때문에 이에 대한 번역연구가 그리 많지 않음에도 불구하고 본고에서는 문예작품을 정보성중심 번역의 연구 대상으로 선정하였다⁵. 여러 문예작품 가운데 『소년이 온다』가 선정된 이유는, 이 소설이 서정성을 담보한 순수문학의 특징보다는 참여적 성격의 다큐멘터리풍의 소설에 속하고⁶, 2014년

---

3 '가족유사성' 개념은 비트겐슈타인의 후기작 『철학적 탐구 Philosophische Untersuchungen』에 나오는 개념인데(비트겐슈타인 1994: 66절 참조) 이것을 정보성 개념에 견주면 많은 언어학자들이 '정보성' 개념에 대해서 언급했지만 경우에 따라서 두 학자들 사이의 이 개념은 전혀 공동점이 없는 경우도 생겨날 수 있다는 것이다. 그러므로 학문에서의 정확한 술어 사용은 필수적이다.

4 언어학의 '정보성' 개념은 지금까지 여러 학자들에 의해서 다루어졌다. 그러나 본고에서의 정보성은 보그랑데/드레슬러의 정보성과 관련 짓는다. 이들은 컴퓨터공학에서의 섀넌 C. Shannon(1951), 웰트너 K. Weltner(1964), 그라임스 J. Grimes(1975), 로프투스 G. Loftus & 로프투스 E. Loftus(1976), 그뢰벤 N. Groeben (1978), 보그랑데(1978, 1980)의 정보성을 언급하기도 하지만 자신들의 정보성은 이들의 개념보다도 넓고 덜 형식적인 의미로 사용된다고 정의한다. (보그랑데/드레슬러 2008: 17 참조).

5 예를 들어 스넬-혼비 M. Snell-Hornby는 예전에는 문예작품의 번역만이 진정한 번역연구의 대상이었던 반면, 새로이 태동하는 학문으로서의 번역학 연구에서는 문예작품의 번역을 배제하는 경향이 있음을 아쉬워한다: "지난 2000년간 진행되어 온 번역에 대한 이론적 논의는 예술작품의 번역에만 국한되어 있었으며, 반면 새로이 성립된 번역학 translation science, 혹은 translatology에서는 문예번역[문학번역]을 배제한 번역만이 소위 과학적 접근의 대상이 될 수 있는 것으로 간주하고, 이에 국한되어 왔다."(스넬-혼비 1988: 1).

6 이경진은 『소년이 온다』의 독일어본 Menschenwerk를 "전반적으로 5 · 18민주화운동을 증언하고 기억하는 다큐멘터리의 언어를 시적인 언어로 보듬는 이 소설의 성격을 충실히 재현"(이경

출간되어 그해에 29회 만해문학상을, 2017년 이탈리아의 말라파르테 Malaparte 문학상을 수상할 정도로 작품성을 인정받았고, 그러한 화려한 이력으로 인해 번역연구에 필요한 여러 종의 번역본과 더러의 연구 논문들이 있기 때문이다.

2. 텍스트중심 번역

텍스트중심 번역은 번역학에서 비교적 낯선 개념이지만 번역학에서 널리 알려진 스코포스 Skopos 이론에서 그 흔적이 보인다. '목적'과 '목표' 그리고 '기능'의 유의어로 간주되는 '스코포스' 개념을 모토로 하는 이 이론의 출발점을 1978년에 발표된 "일반 번역이론을 위한 틀(Ein Rahmen für eine allgemeine Translationstheorie)"(페어메어 H. J. Vermeer)로 보는 것이 정설이다. 왜냐하면 이 이론의 목표가 "어떤 경우에든 통번역의 개별적 문제나 통번역학 각 영역과 유기적으로 연결될 수 있는, 포괄적이고 일반적인 통번역 이론의 기초를 놓는 것"(라이스 K. Reiß/페어메어 2010: vii)이기 때문이다. 이들의 관심사는 궁극적으로 번역학을 위한 새로운 연구 패러다임을 구축하려는 야심찬 계획과 관련 있다. 그러나 스코포스 이론에서 "번역연구를 수행할 때 정보 개념을 최상위에 위치시켜야 한다"라는 이들의 주장은 "통번역은 응용언어학의 하위 분야로서 화용론에 속한다"(라이스/페어메어 1985/2010: 1)라는 이들의 자신감에 찬 주장과 괴리되고, 모든 도착텍스트를 정보로만 해석한다면 특정 텍스트유형이 가진 호소적 기능이나 표현적 기능도 정보적 기능으로만 간주되는 문제점도 발생한다. 이러한 점에서 보

진 2018)한 것으로 평가한다.

면 정보텍스트가 가진 정보적 기능과 호소텍스트가 가진 호소적 기능, 그리고 문예작품과 같은 표현텍스트가 가진 표현 기능을 아우르는 텍스트중심 번역학이 번역학의 패러다임 구성에 결실 있는 역할을 하고 있음을 알 수 있다. 특히 문예작품 번역에서 정보성 개념만을 취하면 많은 것들을 잃어버리는 잘못을 범하기 마련이다. 따라서 정보성 이외의 언어기능들을 아우르는 텍스트성중심 번역은 기존의 번역이론들과 확연히 구분됨을 알 수 있다.

텍스트언어학의 출발점은 하르트만 P. Hartmann의 논문 "텍스트, 텍스트들, 텍스트의 부류 Text, Texte, Klassen von Texten"(1964)로 간주된다. 특히 그가 1968년에 공표한 "텍스트언어학 강령" 중의 첫 두 구절이 텍스트언어학사에서는 중요하다.

1. 텍스트는 원초적 언어 기호를 만든다.
2. 원초적 언어 기호의 텍스트다움은 언어학적 대상의 현상학적 출발점이 되어야 한다.(하르트만 1971: 10).

여기서 '텍스트다움'은 훗날 보그랑데/드레슬러(2008)에 의해서 '텍스트성'으로 용어의 변천 과정을 거친다. 이들에게 있어서 텍스트성은 텍스트의 중요한 전제 조건이다: "텍스트는 텍스트성의 일곱 가지 기준[코헤지온(cohesion), 코헤렌즈(coherence), 의도성(intentionality), 용인성(acceptability), 정보성(informativity), 상황성(situationality), 상호텍스트성(intertextuality)]을 충족하는 의사소통적 발화체라고 정의된다.(보드랑데/드레슬러 1981/2008: 6 참조).

번역은 출발텍스트의 의미나 내용을 도착텍스트로 그대로 옮기는 것으로 정의하는 것이 일반적인데, 이때 그 의미나 내용이라는 것이 무엇이며,

출발텍스트에 중점을 두느냐 또는 도착텍스트에 중점을 두느냐에 따라서 번역연구의 다양한 갈래들이 생겨난다. 그러나 본고에서는 언어가 담지하고 있는 의미나 내용 등을 출발텍스트에서 도착텍스트로 옮기는 것으로 번역을 정의하지 않고, 출발텍스트 텍스트성의 무게와 도착텍스트 텍스트성의 무게를 최대한 비슷하게 유지하는 것을 번역이라고 정의한다. 그렇다면 텍스트성중심 번역의 하위 범주로서의 정보성중심 번역을 위해 정보성 조정자로서의 번역자는 출발텍스트와 도착텍스트 사이에서 힘겨운 싸움을 해야 한다. 보그랑데/드레슬러(2008: 4 이하 참조)에 의하면, 임의의 발화는 어느 정도의 정보성을 충족해야만 의사소통적 기능을 수행할 수 있는 텍스트가 되므로, 출발텍스트의 정보성이 도착텍스트에서도 살아남아 있어야 한다. 이제 번역이란 번역자가 출발텍스트의 정보성과 최대한 유사하게 도착텍스트의 정보성의 정도를 맞추는 작업이다. 양쪽에 있는 정보성의 정도가 같아지기 위해서 번역자는 출발텍스트와 도착텍스트의 정보성이라는 저울추를 만지작거리면서 도착텍스트에 출발텍스트에 없는 표현을 추가하거나 출발텍스트의 표현을 삭제, 또는 출발텍스트의 표현을 아무런 변형도 하지 않고 그냥 둘지를 고민해야 한다. 즉, 번역자는 출발텍스트의 정보성과 같은 무게를 가질 수 있도록 도착텍스트의 정보성을 조탁한다는 것이다.

3. 정보성중심 번역

보그랑데/드레슬러(2008: 6 이하 참조)에게 있어서 일곱 가지 텍스트성 가운데 텍스트중심 텍스트성은 코헤지온과 코헤렌즈이고, 텍스트사용자(텍스트생산자와 텍스트수용자)중심의 텍스트성은 의도성과 용인성이다. 이와 달리 정보성이란 "제시된 텍스트자료가 수용자에 의해서 예측되었거나 수용자에게 알려진 (또는 불확실한) 정도에 관여한다. […] [또한] 모든 텍스트에는 최소한 어느 정도 정보성이 있어야 한다. 어떤 텍스트의 형식과 내용이 아무리 예측 가능한 것이라 하더라도, 거기에는 완전히 예견할 수 없는 가변적인 자료들이 언제나 조금씩 있게 마련이다. 정보성이 지나치게 낮으면 이해의 혼란을 가져오기 쉽고 지루함을 야기시키며 심지어 그 텍스트가 거부당하는 원인이 된다."(보그랑데/드레슬러 1981/2008: 16 이하). 보그랑데/드레슬러가 정보성을 정의하면서 사용하는 '예측 가능한'이나 '예측 불가능한'이라는 표현은 – 출발텍스트이건 도착텍스트이건 – 오로지 텍스트수용자와 관련된 개념이다. 그러므로 출발텍스트의 수용자와 도착텍스트의 수용자가 사용하는 언어가 다르기 때문에, 만약 출발텍스트가 이상적으로 의미적 등가에 적합하게 도착텍스트로 번역되었다고 할지라도 이 두 텍스트가 비슷한 정도의 정보성을 가지지 못하는 경우가 허다하게 생겨나게 된다. 출발텍스트의 수용자에게는 큰 무리 없이 추론 가능한 개연성 있는 내용들이 도착텍스트의 수용자에게는 정보성이 높아 이해하기 힘든 경우가 자주 발생하기 때문이다. 그래서 번역자는 정보성중심 번역을 하기 위해서 보통은 출발텍스트의 정보성을 – 출발텍스트 수용자의 입장에서 보면 – 도착텍스트의 수용자를 위해서 격하시킨다. 왜냐하면 출발텍스트를 도착텍스트와 의미적 등가가 되도록 (소위) 직역했을 경우, 출발텍스트의 수용자들이 느끼는 정보성의 강도보다 도착텍스트의 수용자들이 느끼는 정보성의 정도가 더 높기 때문이다. 그러므로 출발텍스트에 없던 여러 표현들이 도착텍스트에 추가되는 것이 일반적이다.

우선, 『소년이 온다』의 겉표지부터 살펴보자. 『소년이 온다』의 ST와 그에 대한 TT들의 표지는 제목의 서체, 표지의 색채, 표지 사진의 내용 등에 있어서 각기 다른 방식으로 〈그림 1〉과 같이 제시되어 있는데, 제각기 나름대로의 정보성을 함유하고 있다고 할 수 있다.

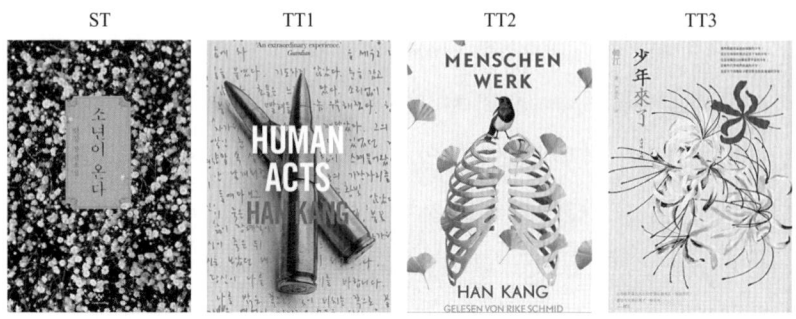

〈그림 1〉 ST, TT1, TT2, TT3의 표지

『소년이 온다』의 제목 서체의 정보성에 대해 살펴보자. 시각 디자인적 관점에서 한글 서체의 경우 다음과 같은 효과를 제공하는 것으로 알려져 있다. 여기서 효과라는 것은 정보성과 유사한 개념이다.

명조체	유연함과 섬세함, 우아함과 부드러운 느낌을 주고, 가독성이 높고 신뢰감을 준다.
고딕체	기계적이고 대칭적이며 가독성이 높고, 단순 명료한 형태로 인해 현대적인 느낌을 준다.
장식체	독특한 개성으로 시각적으로 두드러지고 강한 소구방법으로 효과적이며 강한 인상을 준다.
캘리그라피	개성적 표현이 가능하고, 흥미를 유발시켜 쉽게 내용을 인지하도록 하는 역할을 하며, 독창성과 주목성을 유도한다. 감정 표현이나 감성을 내포한다.

〈표 1〉 서체의 효과(송민정/최은유 2013: 264)

『소년이 온다』의 제목 서체로 사용된 것은 유연함과 섬세함이 특징인 명조체이다. 이와 달리 TT1과 TT2에서는 산세리프체 Sans-Serif가 사용되었다. 영어권이나 독어권에서의 산세리프체는 한글 고딕체에서 느껴지는 것과 같은 "기계적이고 대칭적이며 두드러지고 강한 소구 방법으로 효과적이며 강한 인상"을 심어 준다. 하지만 산세리프체가 선택된 이유는 해당 언어권에서 산세리프체가 소설 표지 서체의 주류를 이루는 대표적 서체이기 때문이다. 19-20세기 초에 등장한 산세리프체는 세리프체 Serif(traditional, timeless, trust, formal)와 슬랩 세리프체 Slab Serif(bold, strong, funky, contemporary), 스크립트/필기체(creative, elegant, friendly, personal)와는 달리, 영미권에서는 현대의 디지털 기기에 가장 많이 애용되고 있는 서체이기도 하다. 프랑스어에서 '-이 없는'으로 풀이되는 '산 sans'는 '세리프가 없는', 즉 '가는 장식선이 없는'이라는 의미를 가지고 있다. 이 서체는 글자에서 인지할 수 있는 장식들이 없으므로 읽기 쉬운 글꼴이고, 따라서 영문 알파벳체에서 가장 보편적인 서체라고 할 수 있다.(이주명 2020; http://www.designer-note.com/design-fonttypes-meaning-1/ 참조). 결론적으로 이 서체에는 '보편적 universal', '중립적 neutral', '깨끗한/깔끔한 clean', '간단한 simple', '현대적인 modern', '안정적인/차분한 stable', '기술중심적 tech-focused'이라는 정보가 담겨져 있다. 이런 이유로 이 서체는 영어권이나 독어권에서 광고와 책의 제목으로 많이 활용될 뿐만 아니라 거리 표지판에서도 자주 보인다.

그렇다면 TT1에서 명조체로 표기된 제목과 TT2와 TT3에서 산세리프체로 서체가 달라진 것에 대해서는 우리들은 어떤 식으로 이해해야 할까? 이것은 각각의 서체가 품고 있는 효과 내지 정보성의 문제가 아니라, 해당 언어권의 책 표지 제목 서체에 관한 의도성으로 간주하는 편이 더 용이하다. 이를테면, 명조체가 신세리프체로 변환된 것은 동양인과 서양인의 사고방식 차이에서 비롯된 것으로 볼 수 있다. 왜냐하면 동양인과 달리 서양인은 세상을 분석적으로 원자론적 시각으로 인식하므로 어떤 대상을 통제하기 위해서는 우선 그 속성을 범주화하고 체계적으로 파악하는 데 익숙하기 때문이다.(박재영 외, 2009: 273 이하).

또한 한국 소설의 표지에는 일반적으로 장르가 표시된다. 한강의 『소년이 온다』와 『채식주의자』의 표지에도 "장편소설"이라고 장르명이 표시되었다. ST 표지의 장르명이 TT1·TT2·TT3에서 다양하게 번역되었는데, 그 가운데 TT2 표지의 경우 ST의 표지처럼 "Roman"이라는 장르명이 표시되었다. 이와 달리 TT3 표지에는 장르 대신 수용자와의 공감대를 형성하기 위해서 소설의 가장 고조된 내용이나 해당 소설의 수상과 관련된 내용이 표시되었으며, TT1의 표지에는 아예 표시되지 않았다. 정보성중심 번역의 입장에서 보면 이러한 점은 크게 문제시되어 보이지 않는다. 소설 표지에 장르명이 주어지는가 그렇지 않은가는 전적으로 그 언어권의 관례에 따르기 때문이다. 한 가지 덧붙여 말할 것은 소설 표지는 언어권마다 약간씩 차이가 있으며 시대에 따라 변하고, 또한 번역자 자신의 주관적인 선택에도 달려 있다.

기호학적 관점에서 색채 또한 하나의 독립된 기호, 즉 "어떤 것을 대신하는 그 무엇"으로서 여러 가지 정보를 가지고 있디고 할 수 있다. ST의 표지에는 어두운 톤의 배경 속에 안개꽃이 전체를 뒤덮고 있다. 이것은 마치 새벽 어스름을 닮았는데, ST를 전체적으로 관통하는 죽음의 은유와도 유사하다. 또한 안개꽃으로 책의 표지를 장식한 것은 아마도 그 꽃이 가진 꽃말 때문일 것이라고 추측된다. 안개꽃에는 '사랑의 결실'이나 '깨끗한 마음'과 같은 꽃말도 있지만 '죽음'이라는 무거운 의미도 담겨져 있기 때문이다.[7] ST의 이상적 수용자가 후자의 의미를 쉽게 유추할 수 있을지에 관해

---

7   안개꽃에 얽힌 다음과 같은 이야기가 있다: "아주 옛날 제니라는 이름을 가진 여인이 있었다고 합니다. 아름다운 제니는 수많은 동네 남자들의 사랑을 받고 있었습니다. 어느 날, 바닷물에 빠지게 되는 사고가 있었고 이때 해군 장교가 제니를 구해주게 됩니다. 이것이 인연이 되어, 둘은 사랑에 빠지게 됩니다. 하지만 군인의 신분인 남자는 전쟁터로 가게 되었고, 안타깝게도 전사했다는 소식을 듣게 됩니다. 한 부잣집 아들이 슬픔에 빠져있던 제니에게 청혼했지만, 제니는 그 청혼을 받아들이지 않았습니다. 화가 난 부잣집 아들은 제니와 자신이 청혼할 것이라

서는 확신할 수 없지만, 어두운 색채와 무질서한 듯하지만 균일하게 흩어져 있는 이름 없는 꽃송이들 속에서 후자의 의미를 추측할 수 있을 가능성은 충분하다. 그러나 TT1에서는 회색빛 톤의 바탕에 저자의 육필 원고가 보이고 섬뜩한 모습의 M16 소총의 탄환 두 발이 엇갈려 놓여 있다. ST에서 간접적으로 은유된 죽음 개념이 여기서는 섬뜩한 환유의 개념을 가지고 등장했다. ST보다도 표현의 강도에 있어서 훨씬 더 직접적이다. 한국어권에서의 안개꽃보다 영어권에서의 안개꽃은 다소 생소한 꽃이다. 그래서 번역자는 영어권에서 안개꽃이 가진 죽음의 의미가 드러나기 힘들다고 간주되어 직접적으로 두 발의 총알에 그 의미를 담았을 것으로 추정된다.

이와는 조금 다르게 TT2의 표지에는 듬성듬성 노란 은행잎이 배경에 등장하였는데, 이와 함께 전면에는 인간의 갈비뼈를 형상화한 그림과 그 위에 걸터앉은 까치가 이채롭다. 독어권에서 은행나무는 항상 희망, 우정 적응력 심지어 무적의 상징으로 간주된다. 나아가 은행나무는 과거와 현대, 동양과 서양, 정신과 자연 사이의 매개체로 여겨진다. 이러한 은행나무와 죽음 또는 아픔을 상징하는 앙상한 인간의 갈비뼈와 대표적인 흉조의 하나인 까치를 하나의 표지에 넣은 것은 TT2 수용자에게 기괴하고 낯설다. 이는 ST의 간접적이고 은유적인 표현과는 대비되는데 그럼에도 불구하고 정보성의 관점에서 보면 TT1보다는 훨씬 더 ST의 정보성의 정도에 근접하고 있다고 할 수 있다.

는 거짓 소문을 퍼뜨리게 됩니다. 그러던 중 전사했다던 해군 장교가 기적적으로 돌아오게 되었고, 부잣집 아들이 해군 장교를 칼로 죽이려고 합니다. 싸움 도중 갑자기 바닷가에서 안개가 피어났습니다. 안개로 인해 앞이 잘 보이지 않는 상황에서 부잣집 아들은 해군 장교가 자신을 공격할 것 같아 무작위로 이리저리 칼을 휘두르다 실수로 자신을 찌르게 됩니다. 그 후 안개가 걷히고 제니와 장교가 만나게 된 자리에 조그맣고 하얀 꽃이 한가득 피어났고, 이 꽃이 바로 안개꽃이었다고 합니다."(https://jay-unnie.tistory.com/52 참조). 안개꽃이 가지는 모순적인 꽃말 '사랑의 결실'이나 '깨끗한 마음' 또는 '죽음'의 유래는 이러한 전설에 기인한다.

TT3의 경우 회색빛 톤의 바탕 위에 흔히 장례식이나 제례식에서 사용되는 흰색 백합 몇 송이가 드로잉풍으로 제시되어 있는데, 그 가운데 빨간색 백합 한 송이가 유난히 눈에 띈다. 빨간색의 높은 시인성 視認性으로 인해 수용자의 눈길을 사로잡을 수 있는 점이 큰 이유이겠지만 무엇보다도 중국어권에서 소위 '차이니스 레드'라고 불리는 빨간색이 가지고 있는 상징성 때문이다. 중국어권에서 빨간색은 피와 결부되어 폭력과 잔인의 상징으로 쓰이기도 하고 피의 기운과 결부되어서 생명과 정열 등의 상징으로 쓰이기도 한다. 전반적으로 보면 스케치 수법으로 백합들의 대략을 그리고, 또한 그 가운데 한 송이만 빨간색을 칠함으로써 안개꽃에서 의미하는 '죽음'과 비슷한 정보성을 가지려고 노력했다는 점이 돋보인다. 결론적으로 표지를 시각적 차원에서만 살피면, 세 개의 TT 중에서 TT3이 ST의 정보성의 정도에 가장 근접해 있다고 볼 수 있다.

『소년이 온다』의 소설 제목과 서문 그리고 장 제목들도 정보성과 관련지어 논의할 수 있다. 우선, 소설의 제목부터 살펴보자.

    ST:『소년이 온다』
    TT1: HUMAN ACTS (인간의 행동)
    TT2: MENSCHENWERK (인간의 작품)
    TT3:《少年來了》(소년이 온다)

저자에게 소설의 제목이 중요하다는 사실은 두말할 나위가 없다. 어쩌면 소설 전체에서 가장 중요한 대목일 수도 있다. 한강 역시 "제목은 왜 '소년이 온다'인가"라는 질문에 대해서 다음과 같이 의미심장하게 답한 적이 있다.

"'이 소설을 못 쓸 것 같다'라고 생각이 되었을 때 그때 만나게 됐던 자료가 (항쟁의) 마지막 날 5월 27일 새벽에 돌아가신 야학교사 박용준 선생님의 일기였어요. 그분이 굉장히, 마치 동호처럼 여린 성품의 그런 분이었다고 하는데 마지막 일기에 '하느님 왜 저에게는 양심이라는 것이 있어서 이렇게 찌르고 아프게 하는 것입니까. 저는 살고 싶습니다'라는 일기였어요. 그 일기를 보고 이 마음을 가졌던 사람이 결국은 이 소설에서는 가장 중요할 것이란 생각이 들었고, 그때 떠오른 사람이 동호라는 소년의 이미지였어요. 그리고 그렇게 도청에 남기로 결심해서 죽게 된 동호가 우리에게 오는 소설이면 좋겠다고 생각했어요. 그래서 80년 5월에서부터 5년 뒤, 10년 뒤, 20년 뒤, 30년 뒤, 천천히 이렇게 넋으로 걸어오는 걸음걸이를 상상했고, 그래서 제목도 『소년이 온다』가 됐어요."(정연욱 2021: 1).

제목 선정에 대한 위와 같은 저자의 변을 듣기 전에는 텍스트를 읽기 위해서 맨 처음 마주하게 되는 '소년이 온다'라는 제목에서 ST의 이상적인 수용자가 가질 수 있는 정보는 별로 없다. '소년'이 어떤 소년이고, 어떤 이유에서 갑자기 소년이 오는지 수용자는 알 길이 없다. 보그랑데/드레슬러의 이론에 따르면, 소설 제목 '소년이 온다'에 담겨진 정보는 ST 수용자에게 정보성의 가장 높은 단계인 3차 정보성으로 간주된다. ST의 이상적인 수용자도 스포일링 당하기 전에 이 제목을 보면 '소년'에서 황순원의 『소나기』에 등장하는 감성적인 소년을 연상했을지도 모른다. 그러나 저자의 인터뷰에서 보았듯이 이러한 제목이 탄생하게 된 이유는 철저하게 그의 개인적인 경험 때문이다[8]. 픽션텍스트의 생산자인 저자에게 이런 형식의 제목은 픽

---

[8] 한강은 1970년에 태어났기 때문에 "5·18 광주민주화운동" 때에는 10살 남짓이었다. 비록 그는 자신이 직접 경험하지 않은 사건을 『소년이 온다』에서 다루었지만, 이 책의 에필로그에서 볼 수 있는 저자의 자전적 사실들은 그가 겪은 간접 경험으로서도 충분히 그러한 테마를 다룰

션이 아닌 현실 그 자체의 의미도 지닌다. 그러므로 ST의 '소년이 온다'라는 제목을 TT1에서 – 소위 직역한 – 'The Boy is coming'이 용인성에 어긋나서 채택하지 못했다면, 'The Boy Approaches'라는 번역을 선택하는 방법도 있었다. 이를테면, TT1의 번역자인 스미스는 『점근선 Asymptote』이란 잡지에서 자신이 『소년이 온다』의 제목 번역에서 겪었던 어려움에 대해서 토로한 적이 있었다. ST의 제목을 'The Boy Comes'나 'The Boy is Coming'으로 번역되어야 하지만 영어권에서 이러한 제목으로는 [이러한 번역이 정보성은 충족될지 몰라도] 용인성이 떨어진다. '온다'에 해당하는 'comes'나 'is coming'이 영어에서는 비속어로서 '사정 射精'을 의미하기 때문이다(이경진 2018 참조). 그러나 ST의 제목인 '소년이 온다'도 ST의 이상적인 수용자에게 여전히 낯설고 정보성이 높은 축에 속하는 표현이다. 그래서 'The Boy Approaches'가 정보성중심 번역의 차원에서는 훨씬 더 적합해 보인다는 것이다. ST와 TT의 이상적인 수용자에게 정보성을 비슷하게 맞추어 준다는 의미에서 그러하다. 왜냐하면 번역자가 '소년이 온다'의 대체 번역으로 택한 'Human Acts'는 이보다도 훨씬 더 일반적이고 추상적인 표현이기 때문이다.

또한 제목이 가지고 있는 텍스트기능에 대해서 말하자면, ST에서는 전적으로 "죽은 소년 동호가 살아서 걸어왔으면 좋겠다"는 저자의 간절한 소

수 있음을 보여준다. 그는 "왜 직접 겪지 않은 5.18을 다뤘나"라는 질문에 대해서 다음과 같이 답한다: "제가 광주 사진첩을 처음 본 게 12살, 13살 즈음이었는데, 그 사진첩에서 봤던 참혹한 시신들의 사진, 그리고 총상자들을 위해서 헌혈을 하려고 병원 앞에서 줄을 끝없이 서 있는 사람들의 모습, 이 두 개가 풀 수 없는 수수께끼처럼 느껴졌거든요. 인간이란 것이 이토록 참혹하게 폭력적이기도 하고, 그리고 그렇게 위험한 상황에 집에 머물지 않고 나와서 피를 나누려고 하는 사람들이 있다는 것, 그게 너무 양립할 수 없는 숙제 같았어요. 그래서 긴 시간이 지난 후에 제 안에 아직도 이렇게 풀리지 않는 수수께끼가 있기 때문에, 제가 인간에 대해서 말하려고 할 때 '5월 광주를 결국은 뚫고 나아가야 되는 거구나, 언제나 그랬듯이 글쓰기 외에는 그것을 뚫고 나갈 수가 없구나' 하는 생각이 들어서 그래서 쓰게 됐던 거예요". (정연욱 2021: 1).

망과 관련 있다. 그래서 제목이 품고 있는 텍스트기능은 '소망'이라는 지시기능 directives이다. 이러한 정보는 저자의 인터뷰에서 찾아낼 수 있는데, 여기서 저자는 자신이 정한 제목으로 자신이 추구하는 전달 의도("자신의 발화로 이루고자 하는 바")를 제시한 것이다. 이러한 제목은 소설 전반에 포함된 명제에 대한 저자의 심리적인 입장 '소망'이 표명된 것이다. 이에 반해서 TT1의 'Human Acts'는 "중립성과 혼란과 공포스러움을 체화시키는 문구이며 각각의 인물들이 자신의 안에 부드러움과 난폭함, 잔인함과 숭고함을 모두 갖고 있다는 사실을 내재"(김대중 2021: 17에서 재인용)하고 있다. 기능적으로 살피면 'Human Acts'라는 제목은 전형적인 제보기능/정보전달기능을 가진다고 할 수 있다. 여기서 주목해야 할 것은 ST 제목과 TT1 제목의 텍스트기능이 전환된다는 점이다. 그러나 ST가 문예텍스트에 속하므로, 텍스트중심 번역의 입장에서는 어느 정도 형태중심 번역을 추구하는 것이 중요하다. 다시 말하면 문예텍스트의 경우 ST와 TT의 텍스트기능을 유사하게 하는 것이 바람직하다. 문예텍스트가 형태중심 번역이 되어야 한다는 점은 라이스가 이끌었던 스코포스 번역이론의 핵심이다. 그는 빌러 K. Bühler의 오르가논 모델 organonmodell에 등장하는 언어기능의 삼분법에 기대어 문예작품과 같은 표현적 텍스트의 경우 '표현적 기능(텍스트 생산자의 태도 존중)'이 우세하므로 미학적이고 형태중심적인 것에 초점을 맞추어서 저자 동일시 전략을 사용하여 ST 저자의 관점에서 번역하는 것이 중요함을 역설했다.(라이스/페어메어 1985/2010 참조). 이러한 논의들은 TT1에서의 'Human Acts'보다 'The Boys Approaches'가 좀 더 나아 보이는 것에 대한 입증이기도 하다. TT1에 비해서 TT2의 제목이 주는 뉘앙스는 조금 다르다. 일단 제목을 '인간의 작품 Menschenwerk'으로 번역한 것은 다분히 TT1 제목의 영향을 받은 흔적임을 알 수 있다. 그럼에도 불구하고 텍스트기능의 차원에서 따지면 TT1과 TT2는 동일하다도 할 수 있다.

이와 달리 《少年來了》로 번역된 TT3의 경우만이 – 소위 – 직역되었다. 중국어권에서 '少年'은 한국어권에서처럼 특별한 의미를 가지지는 않지만, 경우에 따라 '꿈나무'나 '유망주'와 비슷한 의미로 쓰이기도 한다. 즉 〈소년이 온다〉가 직역됨에 따라 ST 저자가 의도한 소망까지도 그대로 반영된다는 것이다. 지금까지의 논의를 살펴보면, TT3의 제목이 ST 제목의 정보성의 정도에 가장 근접했다고 할 수 있다.

이 밖에, ST에는 서문이 없는 대신에 그곳에는 소설 제목과 여섯 개의 장 제목 그리고 에필로그가 적혀 있는 '차례/목차'가 있고, 그 다음에 곧바로 장 제목 '1장 어린 새'가 등장하면서 본문이 시작된다. 반면에 TT1의 초입에는 5쪽에 달하는 긴 서문이 있다. 여기서 TT1의 번역자는 ST의 수용자와 TT1의 수용자 사이에 존재하는 정보성의 간극을 줄이기 위해 소설의 배경이 되는 여러 가지 다양한 정보들을 나열한다. 이것이 바로 번역에서 전형적인 정보성 격하의 경우에 해당된다. 예를 들어, 이 소설의 배경이 되는 전두환 정권의 역사와 광주민주화운동의 배경뿐만 아니라 번역자인 스미스 자신의 번역 전략과 소설의 저자인 한강에 대한 소개에 이르기까지 다양한 정보가 제공된다. 비록 TT1의 서문보다는 적은 분량이지만 TT2 번역자인 이기향도 Menschenwerk의 서두에 ST에 없는 소설의 창작 배경에 대해 간략하게 언급하고 있다(Han Kang 2017: 5 참조). 또한 TT3 서두에는 원본에 없는 도합 6페이지나 되는 19편의 짤막한 서평들도 실려 있다.(Han Kang 2018: 5 참조). 이러한 서평의 의해서 TT3의 수용자는 소설의 창작 배경부터 소설을 읽은 후의 소감, 소설의 내용에 이르기까지 다양한 정보를 제공받게 된다. TT1 · TT2 · TT3에 삽입된 위와 같은 정보는 ST 수용자가 1장의 서두 부분만 읽게 되면 추론할 수 있는 정보, 즉 이미 이들의 머릿속에 어느 정도 들어 있는 정보들이기 때문에 굳이 ST에 등장할 필요가 없는 것들이다. 그래서 우리들은 TT1 · TT2 · TT3에 등장하는 이러한 추가적인 정보를 ST 수용자와 TT1·TT2·TT3 수용자 간에 있을 법한 정보성의 정도를 균형 잡기 위한 번역자의 노력이라고 간주할 수 있다. 즉, 번역자들은 ST의 이상적인 수용자가 가지고 있는 소설의 배경에 대한 2차 정보성과 비슷한 강도로 유지해 주기 위해서 – TT를 단순히 직역하게 되면 TT의 수용자가 3차 정보성을 가질 것을 우려하여 – TT의 정보성 격하를 위해 TT1·TT2·TT3에 서문 등을 추가한 것이다. 그러므로 우리들의 연구 대상인 TT1·TT2·TT3에 삽입된 서문들은 ST의 수용자와 TT의 수용자가 가진 정보성의 간극을 메워 주기 위해 번역자들이 노력한 결실이다. 이제 TT에 제공되는 이러한 서문의 도움으로 ST와 TT의 수용자들은 정보성이라는 측면에서 동등한 조건하에서 텍스트를 읽게 된다.

『소년이 온다』의 번역에서 제목의 변형이나 서문의 추가 못지않게 논의될 수 있는 부분이 장 제목이다. 이 소설에는 도합 6개의 장 제목과 뒤따르는 "에필로그"가 있는데, 전체를 열거하면 다음과 같다.

장 번호	ST	TT1	TT2	TT3
1장	어린 새	The Boy, 1980	DAS VÖGELCHEN DONG-HO, 1980	雛鳥 (東浩的故事)
2장	검은 숨	The Boy's Friend, 1980	DER SCHWARZEN ATEM JEONG-DAE, 1980	黑色氣息 (正戴的故事)
3장	일곱 개의 뺨	The Editor, 1985	SIEBEN OHRFEIGEN EUN-SUK, 1985	七記耳光 (恩淑的故事)
4장	쇠와 피	The Prisoner, 1990	METALL UND BLUT JIN-SU, 1990	子彈與鮮血 (振秀的故事)
5장	밤의 눈동자	The Factory Girl, 2002	DIE IRIS DER NACHT SEON-JU, 2002	黑夜的瞳孔 (善珠的故事)
6장	꽃 핀 쪽으로	The Boy's Mother, 2010	DORTHIN, WO DIE BLUMEN BLÜHEN DONG-HOS MUTTER, 2010	往花開的地方 (東浩母親的故事)
에필로그	눈 덮인 램프	The Writer, 2013	SCHNEEBEDECKTE LAMPEN	雪花覆蓋的燭燈 (作者的自述)

〈표 2〉 ST와 TT의 장 제목

ST의 장 제목들이 TT에서 변경된 이유는 『소년이 온다』의 1장이 1980년 계엄군이 일시 퇴각하고 시민군이 도청을 점령한 5월 21일 이후의 사건, 2장이 1980년 5월 18일부터 21일까지 계엄군이 공격하던 시점의 사건, 3장과 4장 그리고 5장이 살아남은 자들이 해당연도에 기억하는 광주민주화운동, 6장은 죽은 동호의 어머니 그리고 에필로그가 살아남은 저자의 회상이 중심이기 때문이었을 것이다. 이러한 장 제목의 변경은 전형적인 정보성중심 번역과 관련 있다. 번역자들은 TT 수용자들이 대한민국에서 1980년에 있었던 광주민주화운동에 대한 정보가 거의 없으므로 그러한 정보를 어느 정도 추가적으로 제공해서 이들과 ST 수용자가 가지고 있는 배경 정보의 정도가 비슷해지도록 조정했다고 할 수 있다. 이것은 – 보그랑데/드레슬러식으로 말하면 – 정보성 격하에 해당되는데, 번역에서 가장 빈번히 발생하는 사례에 속한다. TT 수용자들은 ST 수용자들보다 ST 언어권에 대한 정보가 그리 많지 않기에 번역자가 TT 수용자들을 위해서 ST의 표층에 등장히지 않았던 정보들을 추기적으로 제공한다는 것이다. 특히 TT1·TT2의 장 제목에 친절하게 년도까지 병기해주는 방식을 택한 것도 TT 수용자들에게 정보탐색의 수고를 덜어주려는 번역자의 노력에 속한다. 더불어 TT2·TT3의 경우에는 장 제목마다 각 장의 주인공 이름을 넣어("TT2 동호/TT3 동호의 이야기", "TT2 정대/TT3 정대의 이야기", "TT2 은숙/TT3 은숙의 이야기" 등) 정보성을 낮추었다.

    그러나 광주민주화운동이라는 역사적 사건은 ST 수용자와 달리 (보통의) TT 수용자에게 정보성이 높은 것은 사실이겠지만, 여섯 개의 장 제목으로 제시된 ST의 표현들만을 가지고서 따지게 되면 ST 수용자에게도 여전히 정보성이 높고 또한 함축적이다. 왜냐하면 ST 수용자들에게도 '어린 새'나 '검은 숲' 또는 '일곱 개의 뺨'과 같은 장 제목에서 추정되는 것은 그리 많지 않기 때문이다. ST의 뒤표지에 문학평론가가 쓴 "물방울이 내쏘는 햇빛의 파편에도 눈이 시린 순결한 '어린 새'의 흔적을 쫓는 이 소설"(백지연 2022)이라는 구절을 보기 전에는, ST 수용자가 가진 '어린 새'나 '검은 숲' 등의 함축의미나 연상의미는 TT 수용자들이 이 표현에서 갖는 그것과 그리 큰 차이가 나지 않을 것이다. 다시 말해서, ST의 장 제목들을 TT에서 의미 번역하게 되면 ST와 TT의 정보성 정도 역시 비슷하게 된다는 것이다. 이런 경우, ST와 TT의 장 제목이 모두 다 3차 정보성을 가졌다는 것을 의미하고, 이런 식의 번역이야말로 정보성중심 번역이라고 할 수 있다. 그러나 TT1의 모든 장 제목은 새로운 표현으로 대체되어 TT 수용자에게 본문의 내용을 추정할 수 있는 여지를 주었고, 연도까지 추가되어 ST 장 제목에 내재한 정보성은 TT에서 더 낮아졌다. 이제 ST 수용자들이 정보성이 높아서 예측하기 힘든 본문의 내용들을 TT1 수용자들은 'The Editor', 'The Prisoner', 'The Factory Girl', 'The Boy's Mother' 또는 'The Writer'라는 ST 장 제목의 대체 표현에서 어느 정도의 정보를 얻을 수 있다.

이와는 달리 TT2에서 장 제목들은 ST의 충실한 의미번역으로 구성되었다. 그러나 TT2에서도 장마다 장의 주인공이자 중심인물들의 이름을 장 제목에 추가하고 TT1과 마찬가지로 연도를 추가하여 정보성을 낮추었다. 이에 비해서 TT3에서는 ST의 장 제목을 의미번역하고 장의 주인공이 되는 특정인의 이름에 '이야기'라는 표현을 추가하여 좀 더 구체적인 번역을 시도하였다. 그러나 TT3의 장 제목에는 연도가 제시되지 않았다. 결론적으로 ST의 장 제목이 높은 정보성을 가졌다면, TT에서도 비슷한 정도의 정보성을 가져야 하므로 위와 같은 경우는 의미번역을 하는 것이 적합하다. 굳이 연도를 삽입하거나 각장 주인공의 이름을 추가하거나 좀 더 정보성을 낮추기 위한 추가적인 표현의 삽입은 정보성중심 번역에 적합하지 않다. 또한 ST에서 '3장 일곱 개의 뺨' 같은 경우도 이어지는 장의 첫 문장인 "그녀는 일곱 대의 뺨을 맞았다"(한강 2014/2022: 65)를 보면 ST의 수용자는 단박에 '일곱 개의 뺨'의 의미와 그 이어지는 소절들의 제목인 '뺨 하나'나 '뺨 둘' 등과의 관련성을 찾아갈 수 있다.

또한 ST에서 장 제목인 '일곱 개의 뺨'과 장의 소제목인 '뺨 하나'나 '뺨 둘' 등이 서로 연관되면서 코헤렌즈 수단에 버금하는 역할을 하지만, TT1의 경우 장 제목인 'The Editor 1985'와 장의 소제목인 'Slap One'이나 'Slap Two'는 전혀 그러한 역할을 하지 못한다. 왜냐하면 'Editor'와 'Slap' 사이에는 어떤 동위소 isotopie도 없기 때문이다[9]. 텍스트중심 번역의 입장에서 보면 표현적 텍스트 유형인 문예텍스트 번역에서 형식중심 내지는 형태중심 번역에 있어서 문제가 있다는 것이다. 그런데 혹시 TT1의 번역자는 ST의 책 제목에 있는 '소년'을 책 제목에서 구현하지 못했으므로 이를 장 제목에서 복구하기 위해 TT1의 제1장과 제2장 그리고 6장에 'The Boy'를 삽입했을 가능성도 있다. 우리들은 이것을 '정보성 등가 이동'으로 간주하고 이런 방식은 필요하다는 입장을 취한다.

ST 에필로그의 제목인 '눈 덮인 램프'도 논의가 필요한데, 일단 ST의 수용자에게 '눈 덮인 램프'라는 표현이 약간은 생소하다는 사실이 중요하다. "그 이야기를 들었을 때 나는 열 살이었다"(한강 2014/2022: 193)로 시작되는 에필로그의 첫 문장을 읽게 되면, ST가 허구로서의 문예작품이 아니라 실제의 이야기라고 저자가 기술하고 있음을 알게 된다. 여기에 등장하는 많은 내용들도 자신의 어린 시절과 젊은 시절에 겪은 이야기라는 것이다. 그래서 TT1의 번역자는 이 부분을 'The Writer. 2013'으로 하여 ST의 저

---

[9] '동위소'는 화학에서 유래한 텍스트언어학의 핵심 개념 중의 하나이다. 원래 자연과학적 의미에서 은유화 된 언어학의 술어 '동위소'란 의미특징 Sem의 반복 출현으로 간주되는데, 예를 들어 그레마스 A. J. Greimas는 의미 자질을 표현하기 위해서 '의미 특징'이라는 술어를 사용한다. 따라서 동위소는 의미 특징의 반복 Semrekurrenz 으로 정의된다. 다시 말해서 한 텍스트 안에서 최소한 두 개의 어휘가 동일한 자질을 가지게 되면, 동위소가 생겨나게 된다. (그레마스 1974: 126, 이재원 2018: 230 참조).

자가 이 작품을 탈고하던 시점까지를 명확하게 표현하고 있는 것이다. 아마도 에필로그에 등장하는 단 한 문장 "2013년 1월의 서울 거리는 며칠 전의 꿈속처럼 황량하고 차가웠다"(2014/2022 한강: 205)라는 표현에 기대서 TT1 번역자는 에필로그의 시점을 추측하였을 것이다. 이것을 텍스트언어학적 용어를 빌어 말하면, 에필로그의 첫머리에 등장하는 '그 이야기'는 대용형 중에서도 대명사와 대문장을 넘어서 대텍스트에 해당되는 코헤지온 장치인데, 이것은 에필로그가 앞쪽에 있는 장들과는 다른 위치에 있다는 확고한 표시인 것이다. 그렇지만 소설이라는 장르의 차원에서 본다면 에필로그 또한 하나의 장 역할을 하면서, 허구의 작품에 기댄 기생텍스트의 역할을 한다고 간주할 수 있다.

특히 에필로그의 제목인 '눈 덮인 램프'라는 제목이 선정된 이유를 마지막 부분에 등장하는 "눈 덮인 무덤들 속에서 마침내 그의 것을 찾아냈다"(2014/2022 한강: 214)와 "나는 가방을 열었다. 가지고 온 초들을 소년들의 무덤 앞에 차례로 놓았다. 한쪽 무릎을 세우고 쪼그려 앉아 불을 붙였다.[...] 초들은 느리게 탔다. 소리 없이 일렁이며 주황빛 불꽃 속으로 빨려들어 차츰 우묵해졌다."(2014/2022 한강 215)에서 찾을 수 있는데, 그러나 어느 곳에도 '램프'는 없다. 단지 '초'와 '촛불'만이 등장할 뿐이다. 그래서 에필로그의 ST 제목을 의미번역하지 않고 '雪花覆蓋的燭燈(눈 덮인 촛불(조명))'으로 대체 번역한 TT3은 정보성중심 번역과 관련 있다. 이것은 마치 벤야민 W. Benjamin의 '번역자의 과제'에 걸맞은 번역임을 상기시킨다: "즉 어떤 사기그릇의 파편들이 다시 합쳐져 완성된 그릇이 되기 위해서는 가장 미세한 파편 부분들이 하나하나 이어져야 하면서 그 파편들이 서로 닮을 필요는 없는 것처럼, 이와 마찬가지로 번역도 원작의 의미에 스스로를 비슷하게 만드는 대신 애정을 가지고 또 그 세부에 이르기까지 원작이 의도하는 방식에 자신의 언어로 스스로를 동화시켜 원작과 번역 양자가 마치 사기그릇의 파편이 사기그릇의 일부를 이루듯이 보다 큰 언어의 파편으로 인식되도록 하지 않으면 안 된다."(벤야민 2021: 136 이하).

4. 나가기

텍스트중심 번역, 그 중에서도 정보성중심 번역을 위해 한강의 『소년이 온다』를 ST로 하고, 영어본·독일어본·중국어본을 TT1·TT2·TT3으로 하여 책 제목, 책 표지의 시각정보 그리고 개별 장의 제목과 절의 제목, 마지막으로 에필로그 제목의 번역 등을 살폈다. 이외에도 『소년이 온다』에는 정보성중심 번역과 관련하여 논의할 수 있는 많은 장소들이 있다. 이를테면, ST의 본문에 등장하는 많은 고유명사들의 번역과 관련된 부분들이 그러하다. 이러한 경우들에서는 ST 수용자와 TT 수용자가 가지고 있는 세상에 대한 정보가 확연히 상이함으로 이를 유사하게 만들기 위해서 – 대부분의 경우 – 번역자가 TT 수용자를 위해서 어느 정도의 정보를 추가해서 정보성 격하를 단행해야 함을 알 수 있다. 그러나 이러한 경우들은 지면 관계상 본고에서 다루지 못했다. 훗날의 과제로 미룬다.

참고문헌

김대중 (2021): 『소년이 온다』의 번역을 통해 살펴본 번역가의 과제와 혼란. 영어영문학 21(34-1), 5-29.

김태옥/이현호(역) (2008): 텍스트언어학 입문(R. de Beaugrande · W. Dressler, The Introduction to Text Linguistics, 1981). 한신문화사.

백지연 (2022): 평론. 소년이 온다. 창비. (뒷표지).

송민정/최은유 (2013): 분야별 책표지디자인의 시각적 요소 분석을 통한 시각적 특징. 한국디자인문화학회지 19-1, 261-271.

스미스 (2018): 한강 작품 배신했다? 번역자가 직접 밝힌 '오역 논란'. 오마이뉴스 2018. 1.

22.

스미스/고정애 (2016): 한국과 문학을 매혹시킨 번역의 힘. 문예중앙 2016 여름.

안인경/정혜연/이정현(역) (2010): 일반 통번역 이론 기초(K. Reiß/H. J. Vermeer, Grundlage einer allgemeinen Translationstheorie, 1991), 한국외국어대학교 출판부.

이경진 (2018): '소년이 온다'에서 '인간의 작품'으로 – 독역 한강 장편소설『소년이 온다』리뷰. 대산문화 86. (http://www.daesan.or.kr/webzine_read.html?uid=3463).

이재원 (2018): 텍스트언어학사. 연대기학에서 메타히스토리오그라피로. HUiNE.

이재원/조신 (2023):『소년이 온다』(한강)의 텍스트성중심 번역을 위한 기고. – 영어본(D. Smith)과 독일어본(Ki-Hyang Lee)을 중심으로 (I). 한국독어학회 2023 겨울철학술대회 자료집, 1-40.

이주명 (2020): 세리프와 신세리프만 알면 된다고? Brunch, 2020. 05. 25.

정연욱 (2021): '소년이 온다' 한강 '압도적인 고통으로 쓴 작품'. KBS NEWS 2021.10.31.

조의연/조숙희 (2019): "데보라 스미스의 번역관 '결여-향상'과 '해석-다양성'. 재번역의 관점에서 본 The Vegetarian". 번역학연구 20-5, 197-216.

최성만(역) (2021): 번역자의 과제. 언어일반과 인간의 언어에 대하여. 번역자의 과제 외 (W. Benjamin, Die Aufgabe des Übersetzers, 1923), 도서출판 길, 119-142.

한강 (2014/2022): 소년이 온다. 창비.

尹嘉玄(譯) (2018): 少年來了(한강, 소년이 온다, 2014). 台北.

Greimas, A. J. (1974): Isotopie der Rede. In: W. Kallmeyer/W. Klein/R. Meyer-Hermann/K. Netzer/H. J. Siebert (Hrsg.), Letürekolleg zur Textlinguistik. Band 2: Einführung, 126-152.

Han Kang (2014/2020): Human Acts. London. (English translation by D. Smith). London.

Han Kang (2017): Menschenwerk. Berlin. (Aus dem Koreanischen von Ki-Hyang Lee). München.

Porzig, W. (1975): Das Wunder der Sprache. München.

Vermeer, H. J. (1978): Ein Rahmen für eine allgemeine Translationstheorie. In: Lebende Sprachen 23, 99-102.

Wittgenstein, L. (1994): Philosophische Untersuchungen. Zweite Auflage. Oxford.

참고문헌

Austin, J. L. (1962): How To Do Things with Words. Cambridge/Mass.

Barthes, R. (1968/1984): La mort de l'auteur. In: Le Bruissement de la langue (Essais critiques IV). Paris, 61-67.

Bassnett, S. (1991): Translation Studies. London/New York.

Berman, A. (1984): L'épreuve de l'étranger: Culture et traduction dans l'Allemagne romantique. Paris.

Betti, E. (1967): Allgemeine Auslegungslehre als Methodik der Geisteswissenschaften. Tübingen.

Buck, P. S. (1990): The Living Reed. Kingstone.

Bühler, K. (1934/1982): Sprachtheorie. Die Darstellungsfunktion der Sprache. Ungekürzter Neudruck. Stuttgart/New York.

Blum-Kulka, S. (1986): Shifts of cohesion and coherence in translation. In: J. House/ S. Blum-Kulka (eds.), Interlingual and Intercultural Communication: Discourse and Cognition in Translation and Second Language Acquisition Studies. Tübingen.

Caillé, P. -F. (1955): Climats de la Traduction. Babel 1-1, 83-86.

Callow, K. (1974): Discourse Considerations in Translating the Word of God. Michigan.

Catford, J. C. (1965/2000): A Linguistic Theory of Translation. London.

Chemorion, D. C. (2009): Considerations for acceptability in Bible translation. Verbum et Ecclesia 30(2), 110-114.

Chesterman, A./Arrojo, R. (2000): Shared ground in translationstudies. Target 12(1), 151-160.

Chesterman, A. (1989): Readings in Translation Theory. Helsinki.

Chesterman, A. (1998): Causes, Translation, Effects. Target 10(2), 201-230.

Chesterman, A. (2001): Empirical research methods in Translation Studies. Erikoiskielet jaköönnösteoria (VAKKI-symposiumi XX) 27, 9-22.

Chomsky, N. (1957/1964): Syntatic Structures. The Hague.

Cicero, M. T. (BC 46/1960): De optimo genere oratorum. In: Cicero De invention, De optimo genere oratorum, topica, translated by Hubell. Cambridge, MA/London, 347-373.

Clinton, H. R. (1996): It Takes a Villige. Cambridge.

Coseriu, E. (1988): Falsche und richtige Fragestellungen in der Übersetzungstheorie. In: Albrecht, J. (Hrsg.), Energeia und Ergon. Band I. Tübingen.

Dijk, T. A. V. (1977): Acceptability in context. In: S. Greenbaum (eds.), Acceptability in Language, 39-61.

Even-Zohar, I. (1981): Translation Theory Today. Poetic Today 2(4), 1-7.

Even-Zohar, I. (1990): Polysystem Studies. Tel Aaviv.

Fawcett, P. (1995): Translation and power play. The Translator 1(2), 177-192.

Fillmore, C. J. (1976): Frame Semantics and the Nature of Language. Annals of the New York Academy of Science 280, 20-31.

Gentzler, E. (1993): Contemporay Translation Theories. London/New York.

Göpferich, S. (1995): Textsorten in Naturwissenschaften und Technik. Pragmatische Typologie - Kontrastierung - Translation. Tübingen.

Greimas, A. J. (1974): Isotopie der Rede. In: W. Kallmeyer/W. Klein/R. Meyer-Hermann/K. Netzer/H. J. Siebert (Hrsg.), Letürekolleg zur Textlinguistik. Band 2: Einführung, 126-152.

Grice, P. (1975): Logic and Conversation. In: Speech Act. E. P. Cox/J. I. Morgan (eds.), Syntax and Semantics 3, 41-48.

Grimm, G. (1977): Rezeptionsgeschichte. Grundlegung einer Theorie. Mit Analysen und Bibliographie. München.

Grosse, E. U. (1976): Text und Kommunikation. Eine linguistische Einführung in die Funktionen der Text. Stuttgart.

Hall, E. (1959): The Silent Language. Garden City/New York.

Hartmann, P. (1964/1972). Text, Texte, Klassen von Texten. In: W. A. Koch (Hrsg.), Strukturelle Textanalyse. Hildesheim, 1-22.

Hartmann, P. (1968). Textlinguistik als linguistische Aufgabe. In: S. J. Schmidt (Hrsg.), Konkrete Dichtung, Konkrete Kunst. Karlsruhe, 62-77.

Hartmann, P. (1971). Text als linguistische Objekte. In: W. D. Stempel (Hrsg.), Beiträge zur Textlingustik. München, 9-29.

Heinemann, W./Viehweger, D. (1991). Textlinguistik. Eine Einführung. Tübingen.

Hermans, T. (1985): The Manipulation of Literature. Studies in Literary Translation. London.

Hermans, T. (eds.) (2002): Crosscultural transgressions: Research models in Translation studies: v. 2: Historical and ideological issues. Manchester.

Holms, J. S. (1988): Translated!: Papers on Literary Translation and Translation Studies. Amsterdam.

Holms, J. S. (1988/2000): The name and nature of translation studies. In: Indian Journal of Applied Linguistics 12(2), 172-185.

Holz-Mänttäri (1984): Translatorisches Handeln. Theorie und Methode. Helsinki.

Hörman, H. (1976): Meinen und Verstehen. Grundzüge einer psychologischen Semantik. Frankfurt am Main.

House, J. (1977/1981): A Model for Translation Quality Assessment. Tübingen.

Humboldt, W. v. (1960-1964). Schriften zur Sprachphilosophie. Werke in fünf Bänden. A. Flitner und K. Giel (Hrsg.). Stuttgart.

Hung, E./Pollard, D. (1997): The Chinese tradition. In: M. Baker (eds.), The Routledge Encyclopedia of Translation Studies. London/New York, 365-374.

Jakobson, R. (1959/2000): On linguistic aspects of translation. In: L. Venuti (eds.). 113-118.

Jakobson, R. (1960/1971): Linguistik und Poetik. In: J. Ihwe (Hrsg.), Literaturwissenschaft und Linguistik 1. Frankfurt am Main, 99-135.

Jumpelt, R. W. (1961): Die Übersetzung naturwissenschaftlicher und technischer Literatur. Sprachliche Maßstäbe und Methoden zur Bestimmung ihrer Wesenszüge und Probleme. (Diss. Bonn). Berlin-Schöneberg.

Kade, O. (1968): Zufall und Gesetzmäßigkeit in der Übersetzung. Beihefte zur Fremdsprachen 1. Leipzig.

Kade, O. (1971): Zum Verhältnis von Translation und Transformation. In: Studien zur Übersetzungswissenschaft, 7-26,

Kafka, F. (1962): Das Urteil und andere Erzählungen. Frankfurt am Main.

Kapp, V. (1976): Übersetzungswissenschaft und vergleichende Stilistik. In: Drescher/Scheffzek (eds.), 33-47.

Kassühlke, R. (1998): Eine Bibel - viele Übersetzungen. Ein Überblick mit Hilfen zur Beurteilung. Wuppertal.

Kallmeyer, W./Schütze, F. (1976): Konversationsanalyse. In: Studium Linguistik 1. 1-28.

Kallverkämper, H. (2000): Vorläufer der Textlinguistik: die Rhetorik. In: K. Brinker/G. Antos/W. Heinemann/S. F. Sager. (Hrsg.), Text- und Gesprächlinguistik, 1-17.

Kluge, F./Mitzka, W. (1975): Etymologisches Wörterbuch der deutschen Sprache. Berlin.

Koller, W. (1978/1992): Einführung in die Übersetzungswissenschaft. Heidelberg/Wiesbaden.

Koschmieder, E. (1965): Beiträge zur allgemeinen Syntax. Heidelberg.

Kristeva, J. (1967): Bakhtine, 'le mot, le dialogue et le roman'. In: Critique 33/239, 438-465.

Kußmaul, P. (1990): Die Übersetzung von Sprechakten in Textsorten. In: Der Deutschunterricht 42(1), 17-22.

Laderer, M. (1994/2001): La traduction aujourd'hui. Le modèle interprétatif. Paris.

Ladmiral, J.-R. (1994): Traduire : théorèmes pour la traduction. Paris.

Larson, M. L. (1984): Meaning Based Translation: A Guide to Cross-Language Equivalence. Laham/New York/London.

Lee, Jae-Won (2006): Zur Geschichte der kommerziellen Werbung in Korea. - Unter besonderer Berücksichtigung der Sprachfunktion. Textlinguistics 20, 100-121.

Lefevere, A. 1977: Translating Literature. The German Tradition from Luther to Resenzweig (Approach to Translation 4). Assen/Amsterdam.

Levý, J. (1967/2000): Translation as a decision process. In: To Honor Roman Jakobson. Essays on the Occasion of his 70th Birthday, repr. The Translation Studies Reader. L. Venuti (eds.), 148-171.

Lux, F. (1981): Text, Situation, Textsorte. Probleme der Textanalyse, dargestellt am Beispiel der britische Registerlinguistik. Mit einem Ausblick auf adäquate Textsortentheorie. (Diss. Bochum 1980). Tübingen.

Malblanc, A. (1968): Stylistique comparée du français et de l'allemand. Essai de representation linguistique compareé et étude de traduction. Paris.

Michel, M. (1974): Gone with the Wind. London.

Neubert, A. (1972): Theorie und Praxis für die Übersetzungswissenschaft. In: Applied Contrastive Linguistiscs, Proceedings of the Third AILA Congress Copenhagen, 38-60.

Neubert, A. (1979): Word and Texts. Linguistische Studien. Reihe A(55), 16-29.

Neubert, A. (1981): Translation, Interpreting and Text Linguistics. In: A. Chesterman(eds.), Readings in Translation Theory. Helsinki, 141-156.

Neubert, A. (1984): Text-bound Translation Teaching and the Prototype View. In: W. Wilss/G. Thome (Hrsg.), Die Theorie des Übersetzens und ihr Aufschlußwert für die Übersetzung und Dolmetschdidaktik, 61-70.

Newmark, P. (1988): A Textbook of Translation. London/New York.

Newmark, P. (1991): About Translation. Clevedon.

Nida, E. A. (1964): Toword a Science of Translating. With special reference to principle and procedures involved in Bible translating. Leiden.

Nida, E. A. (1988): Intelligibility and acceptability in Bible translating. The bible Translator, 39(3), 301-308.

Nida, E. A./Taber, C. R. (1969): Theorie und Praxis des Übersetzens: unter besonderer Berücksichtigung der Bibelüberseztung. Weltbund der Bibelgesellschaften.

Nord, C. (1991): Scopos, Loyalty, and Translational Conversations. Target 3(1), 91-109.

Nord, C. (1997): Translating as a Purposeful Activity. Manchester.

Paepcke, F. (1986): Im Übersetzen leben. Übersetzen und Textvergleich. K. Berger/H. M. Speier(eds.). Tübingen.

Platon(1973): Platon. Phaidon. Das Gastmahl. Kratylos. Bearbeitet von D. Kruz. Griechischer Text von L. Robin und L. Méridier. Deutsche Übersetzung von F. Schleiermacher. Darmstadt.

Porzig, W. (1950/1975): Das Wunder der Sprache. München.

Reiss, K. (1971): Möglichkeiten und Grenzen der Übersetzungskritik. München.

Reiss, K. (1976) (Übers.): José Ortega y Gasset, Miseria y splendor de la traducción. Elend und Glanz der Übersetzung. München.

Reiss, K. (2000): Translation Criticism — The Potentials and Limitation. Categories and Criteria for Translation Quality Assessment, transl. E. F. Rhodes. Manchester.

Robins, R. H. (1968): General Linguistics. London.

Rowling, J. K. (1999): Harry Potter and the Prisoner of Azkaben. New York.

Rübberdt, I./Salevsky, H. (1997): New ideas from historical concepts: Schleiermacher and modern translation theory. In: Translation as Intercultural Communication. M. Schnell-Hornby et al. (eds.), 301-312.

Sandig, B. (1972): Zur Differenzierung gebrauchssprachlicher Textsorten im Deutschen. In: Gülich, E./Raible, W. (Hrsg.), Textsorten. Differenzierungskriterien aus linguistischer Sicht. Wiesbaden, 113-124.

Saussure, F. de (1915/1967): Grundfragen der allgemeinen Sprachwissenschaft. C. Bally und A. Sechenaye (Hrsg.). Unter Mitwirkung von A. Riedlinger. Übersetzt v. H. Lommel. 2. Auflage. Mit neuem Register und einem Nachwort von P. v. Polenz. Berlin.

Schenkein, J. N.: Towards an analysis of natural conversation and the sense of 'Heheh'. In: Semiotica 6, 344-377.

Schleiermacher, A. (1813/1992): Ueber die verschiedenen Methoden des Uebersetzens. In: R. Schulte/J. Biguenet (eds.), 36−54.

Schleiermacher, A. (1814): Alte Literatur: Ueber die Farbengebung des Alterthümlichen in Verdeutschung alter klassischer Prosa. In: Die Musen. Hrsg. von Friedrich Baron de la Motte Fouqué u. Wilhelm Neumann. Jg. 1814, Erstes Stück. Berlin, 102−120.

Scherner, M. (1984): Sprach als Text. Ansätze zu einer sprachwissenschaftlich begründeten Theorie des Textverstehens. Forschungsgeschichte − Problemstellung − Beschreibung. Tübingen.

Schröder, H. (1987): Heding and its Liguistic Realizations in German, English and Finnish Philosophical Texts: A Case Study. In: Erikoiskieler ja käännösteoria. VAK-KI−seminari VII−1, 47−57.

Searle, J. (1969): Sprechakte. Ein sprachphilosophischer Essay. Übersetzt von R. Wiggershaus. Frankfurt am Main.

Seele, A. (1995): Römische Übersetzer − Nöte, Freiheiten, Absichten. Darmstadt.

Snell−Hornby, M. (1984): Sprechbare Sprache − Spielbarer Text. Zur Problematik der Bühnenübersetzung. In: Modes of Interpretation. Essays Presented to Ernt Leisi on the Occasion of his 65th Birthday, R. J. Watts and U. Weidmann (eds.), 101−116. Tübingen.

Snell−Hornby (1986/1994): Übersetzungswissenschaft − Eine Neuorientierung. Zur Integrierung von Theorie und Praxis. Tübingen.

Snell−Hornby, M. (1988/1995): Translation Studies. An Integrated Approach. Amsterdam/Philadelphia.

Snell−Hornby, M. et al. (1992): Translation studies: An Interdiscipline: Selected papers from the Translation Studies Congress. Amsterdam/Philadelphia.

Spiller, B. (1980): Semiotische Aspekte der Übersetzung von Comics−Texten. In: Semiotik und Übersetzen. W. Wills (eds.). Tübingen, 73−86.

Spitzbardt, H. (Hrsg.) (1972): Spezialprobleme der wissenschaftlichen und technischen Übersetzung. Halle(Saale).

Sdun, W. (1967): Probleme und Theorien des Übersetzens in Deutschland von 18. bis zum 20. Jahrhundert. München.

Toury, G. (1980): In Search of a Theory of Translation. Tel Aviv.

Toury, G. (1985): A Rational for Descriptive Translation Studies. In: The Manipulation of Literature. T. Hermans (ed.), 16−41.

Toury, G. (1995): Descriptive Translation studies and Beyond. Amsterdam/Philadelphia.

Trosborg, A. (1994): 'Acts' in contracts: Some guidelines for translation. In: Translation

Studies. An Interdiscipline: Selected papers from the Translation Studies Congress. M. Schnell-Hornby et. al. (eds.), 309-318.

Vater, H. (1992): Einführung in die Textlinguistik. 2. überarbeitete Auflage. München.

Vannerem, M/Snell-Hornby, M. (1986): Die Szene hinter dem Text. "Scenes-and-frame semantics" in der Übersetung. In: Übersetzungwissenschaft - Eine Neuorientierung, M. Snell-Hornby (ed.), 184-205.

Vermeer, H. J. (1978): Ein Rahmen für eine allgeneine Translationstheorie. In: Lebende Sprachen 23, 99-102.

Venuti, L. (1995): The Translator's Invisibility. A History of Translation. London/New York.

Vermeer, H. J. (1979): Vom 'richtigen' Verstehen. In: Mitteilungsblatt für Dolmetscher und Übersetzer 4, 2-8.

Vermeer, H. J. (1994), Translation today. Old and new problems. In: Translation Studies. An Interdiscipline: Selected papers from the Translation Studies Congress. M. Schnell-Hornby et. al. (eds.), 3-16.

Vinay, J.-P./Darbelnet, J. (1958): Stylistique compare du Français et de l'Anglais. Méthode de traduction. Paris.

Weaver, W. (1955): Translation, a memorandum, 15.07.1949. In: Machine Translation of Language, W. N. Lock and A. D. Booth(eds.), New York, 15-23.

Weinreich, U. (1955): Translation, a memorandum, 15.19.1949. In: Machine Translation of Language, W. N. Locke and A. D. Booth (eds.), 15-23, New York.

Weinrich, H. (1970/2000): Linguistik der Lüge. Heidelberg.

Wendland, E. R. (2001): Towards a "literary" translation of the scriptures: with special reference to a "poetic" rendition, Acta Theologica Supplementum 2, 164-201.

Wills, W. (1977): Übersetzungswissenschaft, Probleme und Methoden. Stuttgart.

Wills, W. (1992): Übersetzungfertigkeit. Tübingen.

Wotjak, G. (1969): Zu einigen Fragen der Univalenz bei der Übersetzung. In: Fremdsprachen 1969, 257-263.

강주헌 (2002): 강주헌의 영어 번역 테크닉. 국일 미디어.

구하나/이영훈 (2010): 기데온 투리의 '용인성' 개념과 그 해석. 번역학연구 11(4), 25-56.

곽성희 (2002): 영한 결속구조 비교 연구. 텍스트언어학 12, 139-156.

곽성희 (2006): 번역입문. ㈜이지북스.

고호 (1999/2005): 반 고호, 영혼의 편지. 예담. (신성림 옮기고 엮음).

기퍼 (2016): 언어 상대성 원리는 있는가? 사피어-워프 가설 연구. 아카넷. (곽병휴 옮김).

김미숙 (2004): 포우의 시 연구. 여인의 이미지와 음악성을 중심으로. 연세대학교 교육대학원 석사학위 논문.

김순영 (2008): 문학 작품 속의 감정은유 번역 – 개념적 은유 이론의 관점에서 본 '슬픔(애)'과 '화(怒)'의 한영번역 양상을 중심으로. 번역학연구 9(3), 7-26.

김정우 (2003): 자연 과학 텍스트의 번역 방법론 시론. 번역학연구 4(1), 27-49.

김정우 (2013): 영어 복수 표현의 한국어 번역에 관한 종합적 고찰. 번역학연구 14(4), 61-90.

김지원 (2004): 번역학의 어제와 오늘. 번역학연구 5(1), 55-74.

김지원 (2000): 번역학의 발전과 최근 동향에 관한 연구. 비평문학 14, 115-131.

김욱동 (2007/2010): 번역인가 반역인가. 문학수첩.

마우리스 (2001): 번역의 사회학적 기반. 고려대학교출판부. (김현권/노윤채 옮김).

김효중 (2004): 해석학적 번역이론과 텍스트 기능. 번역학연구 5(1), 77-94.

노르트 (1997/2006): 번역 행위의 목적성. 한국외국어대학교 출판부. (정연일/주진국 옮김).

노이베르트/슈레베 (2000/2013): 텍스트로서의 번역. 동인. (주진국 옮김).

라이스/페어메어 (1985/2010): 일반 통번역 이론 기초. 한국외국어대학 출판부. (안인경/정혜연/이정현 옮김).

롤링 (2000): 해리 포터와 아즈카반의 죄수. 문학수첩. (김혜원 옮김).

류성렬 (2001): 번역을 위한 한·영어 문화적 내용과 발상 및 언어 표현의 고찰. 동화와 번역 1, 123-148.

먼데이 (2000/2006): 번역학 입문. 한국외국어대학교 출판부. (정연일/남원준 옮김).

모파상 (1988): 비곗덩어리. 을유문화사. (양원달 옮김).

문소영 (2023): "I am 신뢰에요"(전창조) "미스터 린튼"(이준석) … 안 한 것만도 못한 '구분짓기' 영어. 중앙일보 2023.11.10.

미첼 (1992): 바람과 함께 사라지다. 학원사. (안정효 옮김).

박범준/소수환/박태근 (2010): 콘텐츠 로봇의 감성적 반응을 위한 지능형 메신저 개발. 한국콘텐츠학회논문지 10, 9-17.

박여성 (2000): 번역학의 인식론적·언어학적 정초. 번역학연구 1, 59-91.

방교영/신항식/배선경 (2011): 한-EU FTA 협정내용 번역불일치의 사회기호학적 조망. 민변 반박사례를 중심으로. 통번역학연구 15, 29-52.

벅 (1996): 살아있는 갈대. 동문사. (장왕록/장영희 옮김).

베이커 (2005): 말 바꾸기. 한국문화사. (곽은주 외 옮김).

벤야민 (1923/1983): 발터 벤야민의 문예이론. 민음사. (반성완 옮김).

보그랑데/드레슬러 (1981/2008): 텍스트언어학 입문. 한신문화사. (김태옥/이현호 옮김).

봉일원 (1998): 일간지의 텍스트언어학적 분석 - 사설을 중심으로. 독어독문학 67, 435-456.

브링커 (1985/2007): 텍스트언어학의 이해. 도서출판 역락. (이성만 옮김).

비트겐슈타인 (1952/1994): 철학적 탐구. 서광사. (이영철 옮김).

서의석/유명우/손일현 (2007): 영어번역의 길라잡이. 한국번역가협회출판국.

송인애 (2007): 상호텍스트성의 번역: 미셸 우엘베크 소설의 불한번역을 중심으로. 이화여자대학교통역번역대학원 석사논문.

슈톨체 (2001/2016): 번역이론 입문. 번역학 꿰뚫기. HUiNE. (임우영 외 옮김).

스넬-혼비 (2006/2010): 번역학 발전사. 이화여자대학교출판부. (허지운 외 옮김).

스지 유미 (2008): 번역사 오디세이. 끌레마. (이희재 옮김).

신형욱/이재원 (2013):『크라튈로스 Kratylos』에 나타난 언어기호에 대한 발상과 그에 대한 비판적 해석. 독일언어문학 57, 21-46.

안정효 (1996/2006): 안정효의 영어 길들이기. 번역편. 현암사.

에코 (2005): 움베르트 에코를 둘러싼 번역이야기. 열린책들.

영미문학연구회 번역 평가 사업단 (2005): 영미 명작, 좋은 번역을 찾아서. 창비.

오주훈 (2008): 에콜로지카 서평. 북리뷰.

유명숙 (2000): 고전 번역의 실제. -'Wuthering Heights'를 중심으로. 국어문화학교 3, 73-84.

윤성우/이향 (2009): 번역학은 설명의 과학인가? : 체스터먼(Chesterman)에 대한 비판적 논의를 중심으로. 통역과 번역 11(2), 111-129.

윤일숙 (1992): 카프카의 작품 번역의 비교분석 - 작품「변신」을 중심으로 - . 단국대학교 석사학위 논문.

윌리암스/체스트만 (2006): 번역학 연구의 길잡이 서울. (정연일 옮김).

이계연 (2013): 한국어-아랍어 번역의 언어 연구 - "골드미스" 어휘망을 중심으로. 중동연구 32(2), 141-174.

이근희 (2005/2015): 번역의 이론과 실제. 실질적이고 효율적인 도움을 주는 번역의 방법과 전략에 관한 이론과 실제. 한국문화사.

이상원 (2006): 한국 출판 번역 독자들의 번역 평가 규범 연구. 한국학술정보(주).

이석규 (2002): 우리말답게 번역학기. 역락.

이성민 (2023): 비행기 사고까지 부른 존댓말 문화 … '이름+변형반말' 평어 쓰자. 중앙일보. 2023.11.8.

이재원 (2001): 고리적 텍스트응집성 수단들. 텍스트언어학 9, 67-90.

이재원 (2004): 플라톤의『크라틸로스 Kratylos』해설 - 언어적 성찰을 중심으로. 독일문학 95, 270-290.

이재원 (2006): 광고 언어를 위한 소고. 인문과학연구 10, 87-107.

이재원 (2013): 번역에서의 텍스트성 등가를 위한 기고 – 응결성 등가를 중심으로. 언어와 언어학 59, 217-240.

이재원 (2016): 연설의 종류와 텍스트 종류. 수사학 27, 33-56.

이재원 (2017): 소쉬르 F. de Saussure의 언어학은 – 소위 '과학 Wissenschaft'인가? (I) – 『일반언어학의 근본 문제들 Grundfragen der Allgemeinen Sprachwissenschaft』(1967)을 중심으로. 독어교육 69, 57-77.

이재원 (2018): 텍스트언어학사. 연대기학에서 메타히스토리오그라피로. HUiNE.

이재원 (2022): 챗봇의 역사 – 심리치료 방식에서 언어행위까지. 독일어문학 97, 1-26

이창수 (2003): 기능주의적 번역이론에서 본 우리나라 관광안내 사이트 번역의 실태연구. 국제회의 통역과 번역 5(2), 101-126.

이창수 (2007): 영역된 관광안내 텍스트의 기능적 효과성 분석연구. 국제회의 통역과 번역 9(2), 155-180.

이창수 (2009): 뉴질랜드 관광청 한국어사이트의 번역에 관한 독자반응 연구. 통역과 번역 11(2), 151-162.

이창수 (2018): 국내 번역연구의 어제와 오늘: 텍스트 마이닝 분석 – 『번역학연구』를 중심으로. 번역학연구 19(2), 233-252.

이향 (2007): Snell-Hornby를 중심으로 살펴본 번역학에서의 학제성 개념 고찰. 한국국제회의통역학회 9(1), 55-72.

이해윤 (2021): 독일과 한국의 제품 경고문에 대한 비교. 독어학 44, 47-70.

장 콕토 (1958): 무서운 아이들. 동아출판사. (오현우 옮김).

장하석 (2015/2022): 과학, 철학을 만나다. 지식플러스.

정호정 (2007): 동일한 언어로 말하기 – 번역학 연구를 위한 용어 통일의 시급성. 국제회의 통역과 번역 9(1), 173-204.

정호정 (2010): 번역과 전문 용어학, 전문용어학과 번역학. 통역과 번역 12(2), 235-255.

정혜용 (2012): 번역논쟁. 열린책들.

조신 (2022): 텍스트성의 번역 전환 – 한국과 중국의 정치연설을 중심으로. 한국외국어대학교 박사학위 논문.

진실로/곽은주 (2009): 언어사용역을 고려한 영한 수량표현 번역. 번역학연구 10(1), 171-198.

카프카 (1972/1984): 카프카 단편집. 서울: 서문당 문고. (구기성 옮김).

카프카 (1990): 변신. 학원사. (한일섭 옮김).

콜러 (1990): 번역학이란 무엇인가. 숭실대학교출판부. (박용삼 옮김).

쿠스마울 (2009/2012): 번역 쉽지 않다. HUFS BOOK'S. (김남희 옮김).

쿤 (1962/1999): 과학혁명의 구조. 두산동아. (김명자 옮김).

클린턴 (1996): 집 밖에서 더 잘 크는 아이들. 디자인하우스. (이수정 옮김).

키케로 (2007): 생각의 수사학. 유로서적. (양태종 옮김).

하이네만/피베거 (1991/2001): 텍스트언어학. 역락. (백설자 옮김).

황세정 (2007): 텍스트 유형과 텍스트성에 따른 번역 방법 연구. 세종대학교 박사학위 논문.

호프스테터 (1999): 영원한 황금노끈. 까치. (박여성 옮김).

홍승우 (1985): 문예작품 번역가능성과 한계. 한국외국어대학교 논문집, 161-177.

헤일리 (1977): 뿌리. 청람. (장왕록/임헌영 옮김).

텍스트중심 번역학

1판 1쇄 발행 2024년 2월 28일
1판 2쇄 발행 2024년 10월 24일

지 은 이 | 이재원·조 신
펴 낸 이 | 김진수
펴 낸 곳 | 한국문화사
등   록 | 제1994-9호
주   소 | 서울시 성동구 아차산로49, 404호(성수동1가, 서울숲코오롱디지털타워3차)
전   화 | 02-464-7708
팩   스 | 02-499-0846
이 메 일 | hkm7708@daum.net
홈페이지 | http://hph.co.kr

ISBN 979-11-6919-184-5 93700

· 이 책의 내용은 저작권법에 따라 보호받고 있습니다.
· 잘못된 책은 구매처에서 바꾸어 드립니다.
· 책값은 뒤표지에 있습니다.

오류를 발견하셨다면 이메일이나 홈페이지를 통해 제보해주세요.
소중한 의견을 모아 더 좋은 책을 만들겠습니다.